십대를 위한
한국사
어휘력
만점공부법
1592
1392
1894
1952
1945
BC

십대를 위한 **한국사 어휘력 만점공부법**
(한국사 흐름을 읽는 61가지 그물망 공부법)
[만점 공부법®] 시리즈 **NO.26**

지은이 ㅣ 박기복
발행인 ㅣ 김경아

2014년 10월 25일 1판 1쇄 발행
2015년　5월 18일 1판 2쇄 발행
2015년　8월 15일 1판 3쇄 발행

이 책을 만든 사람들
책임 기획 ㅣ 김경아
디자인 ㅣ 김효정
교정 ㅣ 좋은글
경영 지원 ㅣ 홍종남

이 책을 함께 만든 사람들
종이 ㅣ 제이피씨 정동수
제작 및 인쇄 ㅣ 다오기획 김대식, 알래스카커뮤니케이션 장준우

베타테스터
박가흔(강명 중학교) ㅣ 박효원(홈스쿨)

펴낸곳 ㅣ 행복한나무
출판등록 ㅣ 2007년 3월 7일. 제 2007-5호
주소 ㅣ 경기도 남양주시 도농로 34, 부영아파트 301동 301호
전화 ㅣ 02) 322-3856
팩스 ㅣ 02) 322-3857
홈페이지 ㅣ www.ihappytree.com
도서 문의(출판사 e-mail) ㅣ book@ihappytree.com
내용 문의(책말글 연구소) ㅣ cafe.naver.com/booktalkwrite
※ 이 책을 읽다가 궁금한 점이 있을 때는 책말글 cafe를 이용해주세요.

ⓒ 박기복, 2014
ISBN 978-89-93460-57-5
"행복한나무" 도서번호 : 068

십대를 위한 한국사 어휘력 만점 공부법

한국사 흐름을 읽는 61가지 그물망 공부법

박기복 지음

한국사,
재미있고 과학적으로
공부할 수 있습니다!

스마트폰을 붙들고 사는 요즘 학생들에게 며칠만 스마트폰을 빼앗으면 답답해 미치겠다고 합니다. 스마트폰을 다시 돌려받으려고 별의별 노력을 다하지요. 그러다가 스마트폰을 돌려받으면 미친 듯이 들여다봅니다. 며칠만 스마트폰이 없어도 이렇게 답답한데 스마트폰이 없던 시절 사람들은 답답해서 어떻게 살았을까요? 그러나 여러분, 스마트폰이 없던 시절에도 사람은 살았습니다. 상상력을 조금만 더 뒤로 돌려보지요. 스마트폰은 고사하고 컴퓨터도 없던 시절 사람들은 어떻게 살았을까요? 자동차도 없고, 전기도 없고, 철로 만든 물건도 없던 시절 사람들은 어떻게 살았을까요? 상상해 보세요.

역사 공부의 본질은 상상입니다

공상과 상상은 다릅니다. 공상이 과학과 근거를 무시하고 마구잡이로 펼치는 생각의 나래라면, 그럴듯한 자료를 바탕으로 펼치는 생각이 상상입니다.

'돌을 깨서 쓰다가 갈아서 쓰고, 떠돌이를 하다가 농사를 짓게 되면 삶이 어떻게 달라질까? 당나라에 가서 열심히 공부해 왔는데 골품제 때문에 출세할 수 있는 막혀 버린 6두품은 어떤 심정인가? 김좌진 장군 옆에서 총을 쏘던 독립군은 어떤 마음으로 총을 쏘았을까? 토지조사사업으로 자기 땅을 빼앗긴 농민은 무슨 심정이었을까? 전태일의 분신을 여공의 눈으로 바라보면 어떨까?'

이렇게 당시 시대상황을 파악한 뒤 그 시대에 살던 사람들의 삶과 생각과 고민을 상상해보세요. 역사는 사람들이 살았던 이야기입니다. 책속에 갇힌 지식이나 객관적 사물을 관찰한 기록이 아닙니다. 우리와 마찬가지로 생각하고, 고민하고, 사랑하고, 미워하고, 분노하고, 기뻐하고, 춤추고, 먹고, 마시던 사람들의 이야기입니다. 역사를 접할 때는 늘 상상해야 합니다. 상상이야말로 역사의 본질입니다.

이 책의 1단계는 〈한국사 일기〉인데 해당하는 역사를 살았던 평범한 인물이 그 시대를 살면 어떤 삶을 살고, 어떤 생각을 했을지 상상해서 일기 형식으로 꾸몄습니다. 〈한국사 일기〉를 읽으면 해당하는 역사 시기의 핵심적인 사건을 이해하고, 당시를 살았던 사람들이 사는 모습과 생각을 짐작하는 데 도움이 됩니다. 읽지만 말고 독자 여러분도 상상의 힘을 발휘해보시기 바랍니다. 당시 시대 상황에 맞게 다양한 인물들의 관점에서 그들의 삶을 상상해보시기 바랍니다. 짧은 이야기 한 편을 짓는다 여기고 상상력을 발휘해보세요. 상상은 생각 놀이입니다. 생각 놀이는 역사를 이해하는 힘을 키울 뿐 아니라, 21세기에 꼭 필요한 창의력을 키우는 가장 효과 높은 방법입니다. 만약 상상했던 이야기를 글로 옮기기까지 한다면 금상첨화겠죠.

역사는 그물망으로 연결된 인과관계입니다

학생들에게 '너는 누구냐?'고 물으면 대답을 잘 하지 못합니다. 기껏 한다는 대답이 이름, 학교, 학년, 주민번호 따위입니다. 자신의 본질과는 아무런 관련이 없는 신상명세서를 읊을 뿐이죠. 학생들은 자기 존재가 무엇인지 잘 모릅니다. 하긴, 어른이라고 다를 바 없긴 합니다.

나는 아버지와 어머니에게서 왔습니다. 아버지는 할머니와 할아버지에게서 왔고, 어머니는 외할머니와 외할아버지에게서 왔습니다. 나는 아버지이기도 하고, 어머니이기도 하며, 외할머니이기도 하고, 외할아버지이기도 하며, 할아버지이기도 하고, 할머니이기도 합니다. 나는 그 모든 분의 결합체입니다. 이렇게 사고를 계속 확장하면 나는 우주가 시작된 시점부터 끝없는 사건의 결과물입니다. 우주의 기나긴 역사가 끊이지 않고 나 자신에게 이어지고 있습니다. 가만히 하늘을 보며 130억 년이 넘는 우주의 역사를 상상해 보세요. 놀랍지 않나요? 그 어떤 기적도 이보다 놀랍지 않으며, 기적은 곧 감사를 낳습니다. 자기 존재에 감탄하고 감사해야 합니다.

우리가 배우는 역사란 130억 년의 우주 역사 중에서 기껏해야 5천 년에 대한 기록입니다. 5천 년 중에서도 집중적으로 배우는 역사는 2천 년 밖에 안 됩니다. 길고 긴 우주의 시간에 견주면 티끌만한 시간을 통해 내 존재가 어디서 왔는지, 내가 무엇인지 탐구하는 과정이 바로 역사 공부입니다.

내가 어느 날 갑자기 창조되지 않았듯이 모든 역사적 사건은 원인의 결과입니다. 원인과 결과가 얽히고 얽혀있습니다. 나를 알려면 윗대의 삶과 특성을 알아야 하듯이, 하나의 역사적 사건을 제대로 알려면 그와 밀접히 연관된 역사를 함께 탐구해야 합니다. 인과관계의 그물망을 통해서 역사를 익히면 역사가 고립된 지식에 머물지 않고, 체계가 잡힌 이해의 그물망이 됩니다. 그래서 2단계 〈한국사 그물망〉에서는 원인과 결과로 이어진 사건과 상황을 하나의 그물망으로 엮어서 이해하도록 했습니다.

그물망은 총 61개입니다. 한국사에서 핵심적인 부분들을 61개 영역으로 나누고 그때 벌어진 사건과 상황, 인물과 특성들을 하나로 모아 그물망을 만들었습니다. 그물망은 인과관계와 밀접한 관련성을 고려하여 만들었습니다. 61개의 〈한국사 그물망〉은 한국사 중요 사항을 일목요연하게 정리하는 데 큰 도움이 될 것입니다.

뇌는 간단명료하게 기억하길 원합니다

진리는 쉽고 간단명료합니다. 예부터 인류의 스승들은 진리가 복잡하지 않다고 누누이 강조했습니다. 과학을 쉽게 설명하기로 유명한 파인만은 '만약 우리가 쉽게 설명하지 못한다면 제대로 이해하지 못했음이 분명하다'고 했습니다. 파인만은 제대로 이해했다면 쉬운 설명이 가능해야 한다고 보았습니다. 우리가 기억하는 인생의 진리들, 삶에 아주 큰 영향을 끼치는 신념들을 떠올려 보세요. 굉장히 단순명쾌한 몇 개 단어로 이루어진 문장입니다. 복잡하고 기나긴 논리나 주장은 기억 속에는 있어도 인생과 사회에 그리 큰 영향을 끼치지 못합니다.

사람의 뇌는 엄청나게 복잡합니다. 인간의 과학기술이 아무리 발전한다 해도 뇌의 비밀을 모두 밝혀내기는 쉽지 않을 정도로 뇌의 복잡성은 상상을 초월합니다. 뇌는 복잡하지만 인간은 기억을 단순하게 저장하기를 원합니다. 복잡한 논리보다는 단순명쾌한 논리를 좋아합니다. 특히 현대인들은 너무나 복잡한 세상과 다량의 지식을 습득해야 하는 상황 때문에 되도록 뇌에 가해지는 스트레스를 줄이려고 합니다.

진리는 단순하고, 사람들은 단순명쾌함을 선호하고, 현대인들은 복잡함에 질려버렸다는 사실, 이로부터 한국사를 공부하는 원리가 자연스럽게 도출됩니다. 한국사를 공부할 때 개별적인 사안은 되도록 단순하고 명쾌하게 기억해야 합니다. 복잡한 설명은 없애고 핵심만 간추려서 명쾌하게 기억해야 합니다.

이 책에 실린 784개 어휘는 수능과 수능 모의고사에 출제된 한국사 시험을 바탕으로 뽑았습니다

4단계 〈한국사 어휘사전〉은 복잡한 설명을 제거했습니다. 최대한 간단하고 명쾌하게 역사적 개념과 사건을 정리하였습니다. 〈한국사 어휘사전〉에서 설명한 한국사 어휘는 총 784개로 〈한국사 그물망〉에 담긴 어휘들입니다. 〈한국사 어휘사전〉에 실린 784개 핵심 어휘는 수능과 수능 모의고사에 출제된 한국사 시험을 바탕으로 뽑았습니다. 물론 수능에 초점을 맞추었다고 해서 학교나 한국사능력시험에 도움이 되지 않는 것은 아닙니다. 수능 출제 경향에 바탕을 두면서도 한국사의 핵심을 놓치지 않도록 핵심 어휘를 뽑았습니다. 〈한국사 그물망〉과 연계해서 〈한국사 어휘사전〉에 실린 설명을 공부하면, 한국사 이해에 꼭 필요한 핵심 어휘와 개념을 쉽게 익히게 될 것입니다.

＊　＊　＊

이 책을 집필하는 도중에 역사 공부를 어려워하는 몇몇 학생들에게 이 책에서 사용한 〈한국사 그물망〉의 방법을 활용하여 몇몇 사건을 설명해 주었습니다. 한 학생에게는 여러 가지 그물망을 연결해서 조선시대 전체를 설명해주기도 했습니다. 학생들의 한결같은 반응은 '너무 쉽다'였습니다. 고립된 사건, 너무 긴 설명으로 인과관계가 끊어진 채 역사 공부를 할 때는 전부 외워야만 했는데, 역사를 인과관계 속에서 하나의 그물망으로 엮어서 간단하게 설명해주니 한 번에 정리가 되는 느낌이 든다고 하더군요. 체계가 잡히니 전체적으로 이해하게 되고, 세부적인 암기도 훨씬 편하게 된다고 했습니다.

지식을 습득할 때 부분만 따로 떼어 내어 습득하면 안 됩니다. 인과관계를 무시하고 따로 떼어 낼 경우 온통 암기해야만 하는 대상으로 전락해 버립니다. 그 기나긴 역사를 전부 암기하려고 하면 얼마나 힘들겠습니까? 인과관계 없는 무조건적인 암기가 역사를 재미없고 힘든 과목으로 만듭니다.

이제 분리된 공부가 아니라 하나로 엮어진 공부를 하십시오. 역사는 인과관계 속에서 그물망처럼 얽혀 있는 사건의 연속입니다. 그물망으로 공부하면 역사는 아주 쉬운 과목이 됩니다.

메마른 대지를 적시는
단비와 같은 삶을 꿈꾸며

時雨

과학적인 구성과 특징

1단계 · 한국사 일기

〈한국사 일기〉에서는 해당하는 역사를 살았던 평범한 인물이 그 시대에 어떤 생각을 했는지를 상상하여 일기 형식으로 꾸몄습니다. 역사는 수학과 달라서 계산이 아니라 상상으로 시작합니다. 상상으로 쓴 〈한국사 일기〉는 여러분이 좀 더 빠르고 재미있게 역사를 이해하는 데 도움을 줄 것입니다.

한 권의 책을 다 읽을 시간이 없다면 〈한국사 일기〉부터 읽어보세요. 역사의 흐름을 알 수 있습니다.

2단계 · 한국사 그물망

〈한국사 그물망〉에서는 원인과 결과로 이어진 역사를 하나의 그물망으로 엮어서 이해하도록 했습니다. 784개 어휘를 61개의 그물망으로 엮었습니다. 61개 그물망을 통해 한국사의 흐름과 핵심 어휘를 한눈에 이해할 수 있도록 과학적으로 구성했습니다. 한국사에서 가장 중요한 '흐름'을 한눈에 볼 수 있습니다.

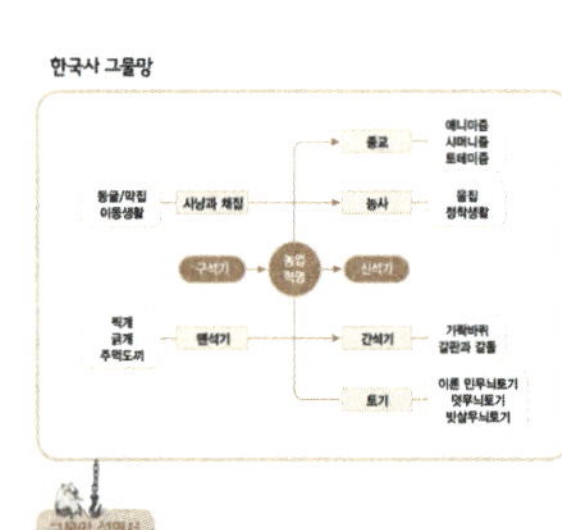

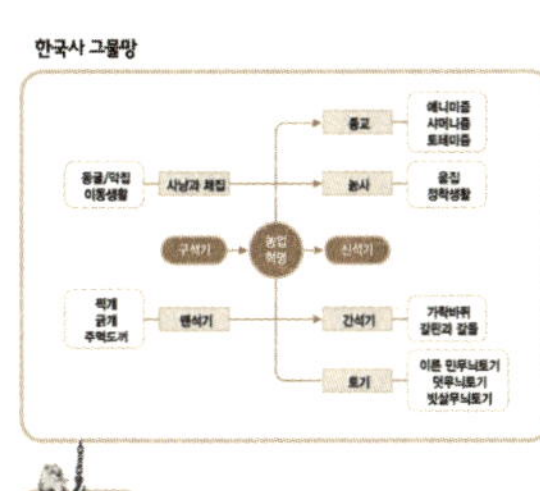

구석기와 신석기를 가르는 핵심은 농업이다. 농사를 지음으로써 그 이전까지 떠돌아다니던 사람들은 한 곳에 정착해 농사를 짓고, 사회조직과 문화를 발전시켰으며, 농사에 필요한 도구를 발전시켰다. 뗀석기는 깨뜨려 만들었기에 주로 우연에 의지해야 했지만, 간석기는 갈아서 만들었기에 목적의식이 강했다. 음식을 담을 그릇은 무에서 유를 만들어내는 창작이었다. 농사를 짓기 위해서는 식물의 생장과 날씨의 변화를 정확히 이해해야 했다. 그만큼 두뇌가 발전하고 창조적인 능력이 향상되었다. 농사가 중요해지고, 사회문화 생활을 통해 의식이 성장하면서 삶과 죽음에 대한 고민, 대자연의 질서에 대한 설명이 필요해 종교에 대한 인식이 생겨났다. 그야말로 인간의 삶이 근본적으로 바뀌었기에 농사로 인한 변화를 '농업혁명'이라 부른다.

1부 고대사회 019

3단계 그물망 설명서

〈한국사 그물망〉을 그냥 그림으로 이해하고 끝내서는 안되겠죠? 그물망 안에 있는 사건과 개념들이 어떤 식으로 연결되는지 핵심 흐름을 중심으로 간단명료하게 정리했습니다. 그물망을 살펴본 다음 〈그물망 설명서〉를 읽으면 한국사의 핵심을 정리할 때 큰 도움이 될 것입니다.

한국사 어휘사전

뗀석기	돌을 깨뜨려서 만든 도구. 구석기시대에 주로 쓰인 석기로 찍개, 주먹도끼, 긁개, 밀개, 자르개 등이 있다.
간석기	돌을 갈아서 만든 도구. 신석기와 청동기시대에 사용한 석기로 돌도끼, 돌창, 돌낫, 돌화살촉, 갈돌, 갈판, 그물추, 가락바퀴 등이 있다.
주먹도끼	찍는 날과 자르는 날이 있어 다양한 용도로 사용한 뗀석기. 구석기시대의 대표적인 도구다.
가락바퀴	섬유에 꼬임을 주어 실을 만든 간석기.
갈판과 갈돌	채집한 열매와 수확한 농산물을 갈 때 쓰는 간석기.
애니미즘	자연물에 영혼이 있다고 믿는 사상.
토테미즘	부족이 특정한 동식물과 연결되었다고 믿는 사상.
샤머니즘	하늘과 인간을 연결해주는 사인(무당)과 그 주술을 믿는 사상.
이른 민무늬토기	한반도 최초의 토기로 무늬가 없는 토기. 청동기시대의 민무늬토기와 구분해서 이른 민무늬토기로 부른다.
덧무늬토기	띠 모양으로 흙을 덧붙여 무늬를 만든 토기. 빗살무늬토기와 함께 신석기시대의 대표적인 토기다.
빗살무늬토기	아래가 뾰족하고 빗살이 그려진 토기. 신석기시대의 대표적인 토기다.
농업혁명	구석기에서 신석기로 넘어가는 시기에 수렵·채집 경제에서 농업·목축 경제로 전환하면서 발생한 급격한 변화를 일컫는 말. 농업혁명은 18세기 산업혁명과 더불어 인류에게 가장 큰 변화를 일으킨 혁명으로, '신석기혁명'이라고도 한다.

020 한국사 어휘와 인물도감맵

4단계 한국사 어휘사전

마지막 단계인 〈한국사 어휘사전〉은 복잡한 설명을 제거했습니다. 사람의 뇌는 간단하고 명료한 것을 좋아합니다. 최대한 간단하고 명쾌하게 역사적 개념과 사건을 정리했습니다. 어휘는 총 784개이며, 수능과 한국사 시험을 바탕으로 뽑았습니다.

:1장: 고대사회

: 삼국의 관계를 중심으로 이해하라 · 016

2장 고려와 조선
: 닮은 듯 다른 고려와 조선을 이해하라 · 060

5장 신(新) 남북국시대
: 한국현대사, 시기별 핵심 특징을 정리하라 · 234

고대사회

: 삼국의 관계를 중심으로 이해하라

1장

1980

구석기와 신석기

어제 최신식 움집으로 이사했다. 새집은 너무 따스하고 좋았다. 얼마 전까지 동굴에서 지냈는데, 새집으로 이사 오고 보니 동굴은 짐승들이나 사는 곳이란 생각이 들었다. 오늘은 새로 구입한 최첨단 제품이 들어왔다. 갈돌과 갈판, 그리고 가락바퀴다. 엄마는 갈돌과 갈판을 써보고는 벌어진 입을 다물지 못하신다. "세상에 이렇게 편한 첨단 제품이 있다니, 여보 너무 고마워요." 아빠는 엄마의 말에 어깨를 으쓱하며 활짝 웃었다. 빗살무늬토기에 맛난 고깃국을 담아 먹으니 신령님이 먹는 음식이 이러나 싶었다. 동굴에서 불에 고기를 구워 우적우적 집어먹을 때와는 차원이 달랐다. "내일은 이 가락바퀴로 새 옷 지어줄게." 엄마가 가락바퀴로 내 옷을 만들어 주신단다. "진짜? 엄마 사랑해." 드디어 내게도 옷이 생긴다. 이제 풀과 짐승털이 아니라 진짜 옷이 생긴다. 옷이 생기면 친구들에게 자랑해야겠다. 너무 행복해서 방방 뛰면서 기뻐하고 싶지만, 지나치게 높이 뛰어 움집에 구멍이 생길까 봐 가까스로 앉아서 기쁨으로 고동치는 가슴을 진정시켰다.

'곰 신령님! 감사합니다. 앞으로도 착하게 살게요.' 나는 아빠가 시키지 않아도 절로 감사의 기도를 올렸다.

_신석기시대 한 아이의 일기

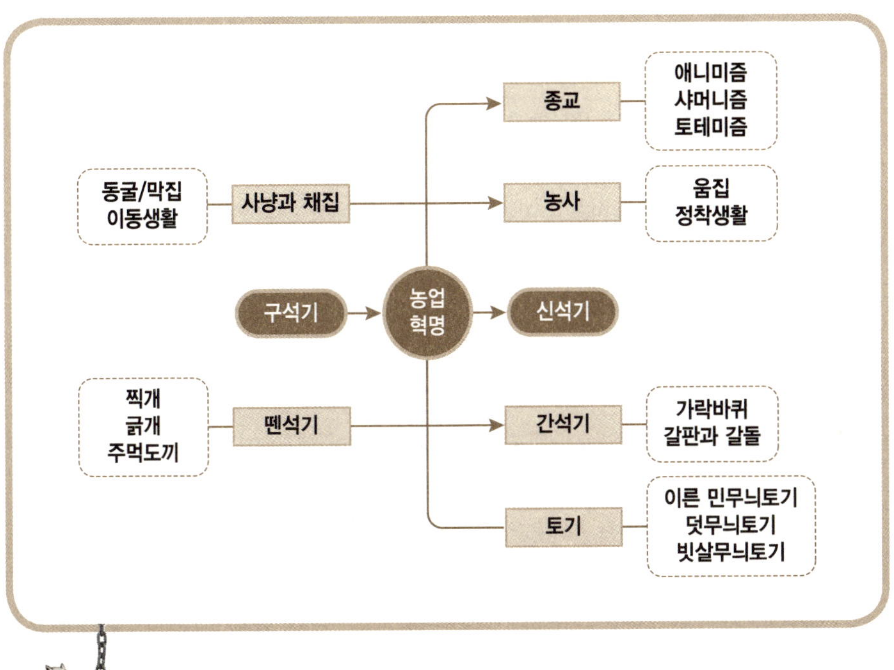

구석기와 신석기를 가르는 핵심은 농업이다. 농사를 지음으로써 그 이전까지 떠돌아다니던 사람들은 한 곳에 정착해 농사를 짓고, 사회조직과 문화를 발전시켰으며, 농사에 필요한 도구를 발전시켰다. 뗀석기는 깨뜨려 만들었기에 주로 우연에 의지해야 했지만, 간석기는 갈아서 만들었기에 목적의식이 강했다. 음식을 담을 그릇은 무(無)에서 유(有)를 만들어내는 창작이었다. 농사를 짓기 위해서는 식물의 생장과 날씨의 변화를 정확히 이해해야 했다. 그만큼 두뇌가 발전하고 창조적인 능력이 향상되었다. 농사가 중요해지고, 사회문화 생활을 통해 의식이 성장하면서 삶과 죽음에 대한 고민, 대자연의 질서에 대한 설명이 필요해 종교에 대한 인식이 생겨났다. 그야말로 인간의 삶이 근본적으로 바뀌었기에 농사로 인한 변화를 '농업혁명'이라 부른다.

뗀석기	돌을 깨뜨려서 만든 도구. 구석기시대에 주로 쓰인 석기로 찍개, 주먹도끼, 긁개, 밀개, 자르개 등이 있다.
간석기	돌을 갈아서 만든 도구. 신석기와 청동기시대에 사용한 석기로 돌도끼, 돌창, 돌낫, 돌화살촉, 갈돌, 갈판, 그물추, 가락바퀴 등이 있다.
주먹도끼	찍는 날과 자르는 날이 있어 다양한 용도로 사용한 뗀석기. 구석기시대의 대표적인 도구다.
가락바퀴	섬유에 꼬임을 주어 실을 만든 간석기.
갈판과 갈돌	채집한 열매와 수확한 농산물을 갈 때 쓰는 간석기.
애니미즘	자연물에 영혼이 있다고 믿는 사상.
토테미즘	부족이 특정한 동식물과 연결되었다고 믿는 사상.
샤머니즘	하늘과 인간을 연결해주는 샤먼(무당)과 그 주술을 믿는 사상.
이른 민무늬토기	한반도 최초의 토기로 무늬가 없는 토기. 청동기시대의 민무늬토기와 구분해서 이른 민무늬토기로 부른다.
덧무늬토기	띠 모양으로 흙을 덧붙여 무늬를 만든 토기. 빗살무늬토기와 함께 신석기시대의 대표적인 토기다.
빗살무늬토기	아래가 뾰족하고 빗살이 그려진 토기. 신석기시대의 대표적인 토기다.
농업혁명	구석기에서 신석기로 넘어가는 시기에 수렵·채집 경제에서 농업·목축 경제로 전환하면서 발생한 급격한 변화를 일컫는 말. 농업혁명은 18세기 산업혁명과 더불어 인류에게 가장 큰 변화를 일으킨 혁명으로, '신석기혁명'이라고도 한다.

:02: 청동기와 철기

밭에서 오전 내내 수수와 콩 주변에 풀을 뽑느라 힘들었다. 저 멀리 동생이 저 습지에서 벼를 가꾸는 모습이 보였다. 오늘 따라 날씨가 더워선지 유난히 반달돌칼이 무거웠다. 집에 가서 점심을 먹고 다시 일을 하러 가려고 했는데 군장이 모두를 소집했다. 군장은 화려한 장식을 하고 나타났다. 오른 손엔 방울, 왼손엔 청동검, 가슴엔 번쩍이는 청동거울이 달려 있었다. 나는 다른 건 몰라도 저 청동거울이 진짜 무섭다. 빛이 번쩍번쩍 빛나고 청동거울 안에서 어떤 사람이 날 쳐다보는데 혼비백산하는 줄 알았다. 군장은 새로운 고인돌을 만들 계획을 발표했다. 바쁜 농사철에 고인돌을 만든다니 여기저기서 불만이 쏟아져 나왔다. 그러나 군장이 청동검을 높이 쳐들고 방울을 흔들고 가슴에 달린 청동거울에서 불빛을 쏘아대자, 모여 있던 사람들의 불만은 쏙 들어가 버렸다. 군장은 하늘과 통하는 신령스런 사람이다. 만약 군장에게 대항하면 신의 노여움을 사서 죽거나 노예가 된다. 나는 얼른 무릎을 꿇고 군장의 명령에 복종하겠다는 뜻을 밝혔다. 주변 사람들도 무릎을 꿇었다. 내일부터는 농사도 짓고, 고인돌도 만들어야 한다. 얼마나 힘들지 생각만 해도 한숨이 나온다.

_청동기시대 청년의 일기

한국사 그물망

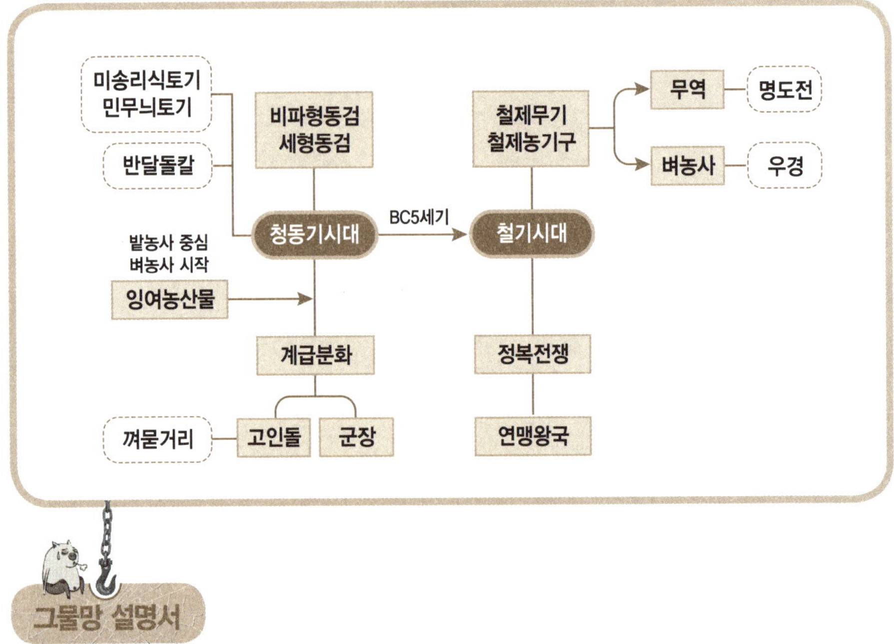

그물망 설명서

청동기시대에는 밭에서 조, 피, 수수, 기장, 보리, 콩을 기르고, 일부 저습지에서는 벼농사도 지었다. 이렇게 식량생산량이 늘자 잉여농산물이 생겼고, 이로 인해 계급이 발생했다. 지배계급의 우두머리는 군장이었고 고인돌을 만들만큼 강한 권력을 지녔다. 그러나 청동기는 무기나 장식으로 사용했지만 흔하지도 단단하지도 않아 농사를 짓기에는 적절하지 못했기 때문에 농기구는 석기를 사용했다.

철기가 등장하면서 청동기시대에 나타난 계급분화, 전쟁이 더욱 확산되었다. 기원전 4~5세기부터 철기를 사용했는데 철기는 흔하고 단단해서 무기와 농기구로 널리 사용하였다. 철제 농기구를 사용하면서 그 이전과 견줄 수 없을 만큼 농업생산력이 증가하였다. 잉여생산량이 늘어나면서 계급격차가 심해졌고 남는 농산품을 거래하는 무역도 활발해졌다. 또한 인구가 늘어나면서 전쟁에 동원할 인력이 늘었고, 무기를 만들기 쉬웠기에 풍요로운 지역을 점령해 권력과 부를 확대하려는 지배세력의 욕구도 그만큼 강해졌다. 이로 인해 전쟁이 많아졌고 군장들이 연합하여 국가를 이루면서 국가의 규모가 급격하게 커졌다.

미송리식토기　조롱박의 위와 아래를 자른 듯한 모양으로 양쪽에 손잡이가 달린 토기. 고인돌, 비파형동검과 더불어 고조선의 영역을 나타내는 유물이다.

고인돌　좌우에 고임돌을 세우고 위에 덮개돌을 얹은 청동기시대의 무덤. 거대한 돌무덤을 만들려면 지배세력의 힘이 강해야하므로 청동기시대가 계급사회로 진입하였음을 보여주는 유물이다.

민무늬토기　무늬 없는 항아리 모양으로 청동기시대의 대표적인 토기.

비파형동검　비파 모양으로 생긴 청동검. 북방의 영향을 받은 청동검으로 고조선이 중국과 다른 독특한 청동기 문화를 이루었음을 보여준다.

세형동검　날렵하게 생긴 청동검. 철기시대 초기에 한반도에서 독자적으로 개발한 청동검으로 거푸집을 이용해 제작하였다.

반달돌칼　청동기시대에 사용한 농기구. 곡식의 이삭을 자르는 용도로 사용하였다.

껴묻거리　무덤에 시신과 함께 묻는 물건. 군장이 죽으면 청동기와 생활도구 등을 함께 묻었는데, 죽은 뒤 세상을 믿는 내세관에서 비롯한 풍습이다.

명도전　중국 춘추전국시대에 사용된 청동으로 만든 화폐. 우리나라의 철기시대 유적에서 많이 발견되어 중국과 활발한 교류가 이루어졌음을 보여주는 유물이다.

우경　소를 이용한 농사. 6세기 들어서 등장했으며, 우경으로 농업생산력이 크게 향상되었다.

고대국가

　오늘 몇 년 동안 이곳저곳을 떠돌아다닌 친구가 와서 주변 나라 이야기를 들려주었다. 이 친구가 원래 뻥이 심해서 별로 믿음이 가지는 않았지만 신기하긴 했다. 가장 인상 깊은 나라는 고조선이었다. 고조선은 곰이 변한 여자가 낳은 단군이 세운 나라라고 하는데, 곰에서 변한 여자가 어떻게 생겼는지 나도 한 번 구경하고 싶었다. 우리는 여우의 정기를 이어받은 부족이라 아내들이 전부 여우처럼 지혜롭다. 그런데 고조선은 곰의 정령을 받았으니 여자들이 무지하게 힘도 좋고 우직할 것 같다. 곰이 변한 여인이라니, 솔직히 마음에 들지는 않는다.

　"저 남쪽엔 진한, 변한, 마한이라고 부르는 여러 나라가 있는데 합쳐서 삼한이라고 해. 고조선과 달리 지배자와 제사장이 같은 사람이 아니야. 하늘에 제사를 지내는 사람을 천군이라 하고, 천군이 다스리는 소도는 죄인이 도망가도 쫓지 못한대."

　죄를 지어도 소도로 도망가면 못 잡아간다니 믿어야 할지 말아야 할지 모르겠다. 그럴 일은 없겠지만 나도 혹시나 죄를 지으면 얼른 소도로 도망쳐야겠다는 나쁜 생각을 잠깐 했다. 아무튼 세상에는 참 이상한 나라가 많다.

_북방의 작은 나라 어른의 일기

한국사 그물망

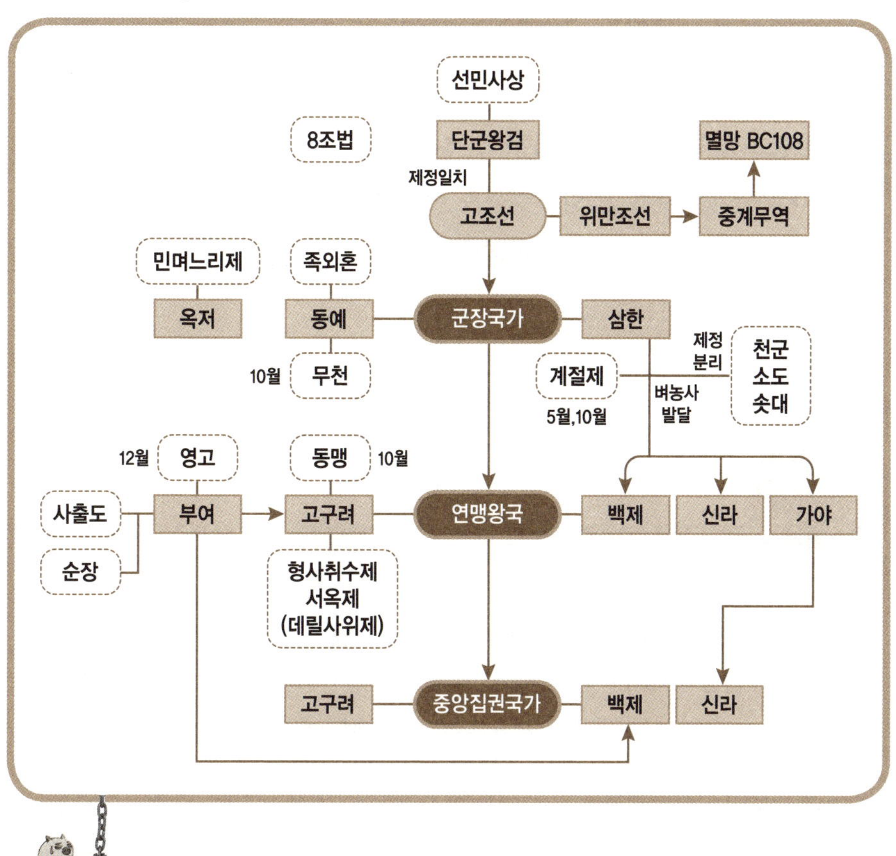

그물망 설명서

고대국가는 군장국가, 연맹왕국, 중앙집권국가 단계로 발전했다. 고조선, 동예, 삼한, 옥저 등은 군장국가였다. 부여, 고구려, 백제, 신라, 가야는 여러 군장이 연합하여 연맹왕국으로 발전했는데, 한나라와 맞서 싸울 정도였던 고조선도 연맹왕국 단계 정도까지는 발전한 것으로 보인다. 부여와 가야는 연맹왕국 단계에서 더 이상 발전하지 못하고, 고구려와 백제, 신라만 중앙집권국가로 발전한다.

고조선은 위만조선이 들어선 뒤 한나라와 중계무역으로 큰 이득을 보지만, 이를 경계한 한나라에 의해 멸망당하고 만다. 그런데 이 시대의 고조선, 고구려, 신라의 신화에서는 하늘의 자손이라는 선민사상이 엿보인다. 지배자는 하늘이 내린 특별한 사람이라는 신화는 백성들의 복종을 이끌어내는 중요한 수단으로 이용한 것이다. 농사가 중요했고 농사는 날씨에 큰 영향을 받았기에 왕은 하늘과 닿는 특별한 사람이어야 했다. 지배자들은 자신들의 신령함을 보여주기 위해 특정한 시기에 하늘에 제사를 지내고 단결을 꾀하는 축제를 벌였는데 동예의 무천, 삼한의 계절제, 고구려의 동맹, 부여의 영고 등이 그런 축제였다.

한국사 어휘사전

군장국가   하나의 군장이 하나의 지역을 기반으로 세운 국가. 대부분 초기 국가 형태는 군장국가였다.

연맹왕국   여러 군장국가가 연합하여 세운 국가. 연맹왕국에는 왕이 있으나 왕의 권력은 그리 강하지 않았다.

중앙집권국가   왕의 권력이 강력해지고 연맹에 참가한 세력들은 귀족으로 전환되는 국가. 우리 역사에서는 고구려, 백제, 신라가 중앙집권국가로 성장한다. 고조선도 왕위를 세습하고 한나라와 대립할 정도로 국력이 강력해진 것으로 봐서 연맹왕국 단계 이상으로 성장했을 가능성이 있다.

단군왕검   고조선을 통치하는 최고 권력자를 부르는 칭호. 단군은 제사장, 왕검은 정치적 군장을 뜻하므로 단군왕검은 정치와 종교를 통합한 지도자다.

선민사상   하늘이 자신들을 특별하게 선택했다고 믿는 사상. 단군 신화에서 하늘을 다스리는 환인의 손자인 단군이 왕이 되고, 고구려 건국 신화에서 하백의 외손자요 하늘신의 아들인 주몽이 고구려의 왕이 되었다는 데서 선민사상이 엿보인다.

8조법   노동력 중시, 사유재산 제도, 노예제도, 생명존중 사상 등이 드러난 고조선의 법.

천군   삼한 지방의 종교적 지배자.

소도	천군이 다스리는 신성한 지역. 소도로 범인이 도망치면 잡아가지 못했고, 솟대는 소도의 상징물이었다.
사출도	부여는 나라를 4곳으로 나누어 다스렸는데 이 네 지역의 단위를 사출도라 한다. 동물의 명칭을 딴 마가(馬加), 우가(牛加), 구가(狗加), 저가(猪加)가 사출도를 통치했다.
순장	높은 지위의 인물이 죽을 때 주변 사람들이 함께 무덤에 묻히는 풍습. 부여뿐 아니라 고조선, 고구려, 신라 등에서 행해졌다. 그러나 노동력이 중요해지면서 순장 풍습이 사라졌다.
계절제, 영고, 동맹, 무천	하늘에 제사를 지내는 행사. 농사가 중심이었기에 매우 중요했으며, 지배세력의 정당성을 확보하고 국가를 하나로 뭉치게 하는 행사였다.
민며느리제	며느리로 삼을 어린 소녀를 데려다 키운 뒤 아들과 혼인시키는 풍습.
족외혼	같은 부족끼리 결혼하지 않는 풍습. 근친혼은 유전적 다양성을 떨어뜨린다.
형사취수제	형이 죽으면 동생이 형수를 데리고 사는 풍습. 전쟁으로 남자들이 많이 죽는 상황에서 혈족의 재산이 여성을 통해 외부로 유출되는 것을 막고 홀로된 여성을 보호하기 위해 실시한 제도다.
서옥제	결혼하면 남자가 여성의 집에 들어가서 사는 데릴사위제의 하나. 서옥은 '신부 집 근처에 지은 사위의 집'이란 뜻이다. 자식을 낳고 기르다 자식이 크면 아내를 데리고 신랑 집으로 돌아간다.

04

고구려의 발전

한국사 일기

　오전엔 머리를 빡빡 깎은 스님을 뵙고 왔다. 스님은 부처님을 믿고 극락왕생하라고 가르쳤다. 그동안 하늘에 제사를 지내고, 임금을 하늘의 자손이라 믿어 왔는데 갑자기 부처님을 믿으라니 헷갈렸다. 고구려 백성이라면 다들 부처를 믿어야 한다고 임금님이 명령을 내렸다고 한다. 임금님은 부처님을 대신해 이 땅을 다스리는 분이시라고 한다. 아무래도 부처님이 하늘을 다스리는 분인 모양이다. 오후에는 태학에 가서 공부를 해야 한다. 태학도 얼마 전에 생겼다. 아버지는 고구려의 힘을 키우고, 고구려에 필요한 인재가 되려면 태학에서 제대로 배워야 한다고 강조하며 가기 싫어하는 나를 억지로 떠밀었다. 나는 그냥 사냥하고 말 타고 활 쏘는 게 좋은데 도대체 왜 지루한 책을 읽으며 공부를 해야 하는지 모르겠다. 아버지는 관리이신데 옷이며 직책도 다 바뀌었다. 백성들에게 적용되는 법도 새롭게 만들었다고 하는데 복잡해서 이해하기가 어려웠다. 불교에, 태학에, 새로운 법률까지 나라가 온통 변화의 소용돌이에 빠졌다. 나라가 발전한다니 좋긴 한데, 변화가 너무 빨라서 머리가 아프다.

_소수림왕 때 귀족층 젊은이의 일기

한국사 그물망

고구려는 초기부터 강력한 정복 국가였다. 주변에 강한 나라가 많은 만주를 터전으로 삼았기에 정복국가일 수밖에 없었다. 늘 전쟁을 했기에 처음부터 왕권이 강했다. 강한 적과 싸우려면 왕을 중심으로 뭉치는 수밖에 없었기 때문이다. 신라는 4세기에 들어서야 왕위 세습을 하는데 고구려는 2세기 고국원왕 때 이미 왕위 세습 체계를 갖추었다. 고구려가 강한 나라긴 했지만 주변의 나라는 더 강했다. 따라서 중국의 강력한 제국에 크게 패하기도 하고, 백제의 근초고왕에게 고국원왕이 전사하는 등 위기를 겪기도 한다. 위기를 극복한 기틀을 마련한 왕이 바로 소수림왕이다.

고국원왕의 뒤를 이은 소수림왕은 율령반포, 불교공인, 태학 설립 등으로 국력을 단단히 한다. 율령으로 제도를 정비하고, 태학으로 인재를 기르며, 불교를 통해 국가의 단결과 왕권강화를 꾀했다. 소수림왕이 다져놓은 토대 위에 광개토대왕과 장수왕이 정복전쟁을 벌여 고구려의 영토를 크게 넓혔다. 광개토대왕은 신라를 도와 왜군을 격퇴하고 가야를 공격했으며, 장수왕은 수도를 평양으로 옮겨 중국의 침략에 대비하고 남진정책으로 한강 이남 지역까지 장악했다. 고구려는 삼국 중 가장 강력한 국가였을 뿐 아니라 동북아시아의 절대 강자였다.

진대법	흉년이 들거나 봄에 곡식이 부족하여 어려움을 겪는 농민들에게 곡식을 빌려주는 제도.
낙랑 축출	한나라가 고조선을 무너뜨리고 세운 한사군(낙랑군, 진번군, 임둔군, 현도군) 중 마지막까지 남아있던 낙랑군을 미천왕이 점령했다. 호동왕자와 낙랑공주 이야기로 유명하다.
태학	귀족들의 자식을 대상으로 유교를 가르치는 교육기관.
경당	평민들의 자식을 대상으로 유교와 무술을 가르친 민간 교육기관.
율령반포	법률을 만들어 시행함. 율령(律令)과 법률(法律)은 같은 률(律) 자를 쓴다. 법률이 정비된다는 것은 국가의 신분질서와 제도가 체계적으로 정비되었다는 뜻이다. 율령이 서면 왕권이 강화되고 국력이 강력해진다. 중국의 춘추전국시대에 진시황이 천하를 통일한 힘도 강력한 '율령'을 토대로 하였다.
호우명 그릇	그릇 밑바닥 '을묘년 국강상 광개토지호태왕'이라는 글씨가 새겨 있어 고구려가 신라에 큰 영향을 끼치고 있음을 보여주는 유물.
중원고구려비	정식 명칭은 충주고구려비. 고구려가 한강 이남을 장악하였으며, 신라와 고구려의 관계를 보여주는 비석이다.

신라의 발전

한국사 일기

　점심 무렵에 당항성에 도착했다. 당나라로 향하는 배가 모래 출발하니 오늘과 내일은 여유가 있다. 일행과 함께 푹 쉬기로 했다. 내일도 시간이 있으니 주변 구경을 할 겸 점심을 먹고 밖으로 나섰다. 단단한 성벽이 주위를 감싸고 있었다. 서해의 넓은 바다와 무수히 많은 배들, 그리고 군인과 상인들이 넘쳐나는 당항성은 활기가 넘쳤다. 예전에 이곳은 백제의 땅이었고, 한 때는 고구려가 지배했다. 그러나 지금은 우리 신라의 땅이다.

　당항성은 신라의 국력이 삼국 중에 가장 강함을 증명하는 상징적인 곳이다. 이곳을 통해 우리는 당나라와 활발하게 교류한다. 나도 당나라에 물건을 팔고 당나라의 물건을 들여오려고 여기에 왔다. 이번 장사가 성공적으로 끝나면 나는 큰 부자가 되리라 확신한다. 서해를 가슴에 품고 하늘 높이 날아 보리라!

_진흥왕 때 한 신라 상인의 일기

한국사 그물망

초기의 신라는 고구려나 백제뿐 아니라 가야보다 약했다. 내물마립간(왕) 때는 가야가 침입하자 고구려 광개토대왕의 힘을 빌어야 했다. 신라는 거의 고구려의 속국이나 마찬가지였다. 고대사회의 국력은 왕권과 비례했다. 왕권이 강하면 국력이 강했고, 왕권이 약하면 국력도 약해졌다. 왕권이 약해지면 귀족의 힘이 강하고, 귀족이 강하다는 말은 백성들이 살기 힘들다는 뜻이다. 내물마립간 이전까지는 석, 박, 김씨가 번갈아가며 왕을 했으니 초창기 신라의 왕권은 아주 약했다. 내물마립간은 김씨만 왕위를 계승하게 했는데 그만큼 왕의 힘이 강해졌다는 뜻이다.

눌지마립간은 한강을 잃은 백제와 손잡고 고구려에 대항하지만 그 힘은 약했다. 지증왕부터 '왕'이라는 칭호를 썼는데 왕권이 강화되었다는 증거다. 지증왕 때는 우산국(울릉도)을 정복하기도 했다. 본격적인 왕권 강화와 제도 정비는 법흥왕 때다. 법흥왕이 이차돈의 순교를 내세워 불교를 공인한 이유도 귀족들의 힘을 약화시키고 왕권을 강화하기 위함이었다. 내물왕부터 법흥왕에 이르는 동안 다져진 신라의 국력은 진흥왕 때 꽃을 피운다. 진흥왕은 가야를 공격해 신라로 통합하고, 백제와 손잡고 한강 유역을 차지한 뒤 백제의 뒤통수를 쳐 한강 유역 전체를 차지한다. 진흥왕은 자신의 공적을 알리고 신라의 영토를 표시하기 위해 곳곳에 진흥왕순수비를 세운다. 이렇게 신라는 한강 유역을 차지하면서 중국과 직접 교류하는 통로를 확보했는데, 당항성은 당나라와 교류하는 핵심 항구였다. 진흥왕 시기 신라는 최전성기를 맞이한다.

한국사 어휘사전

나제동맹 장수왕의 남진정책에 맞서 백제와 신라가 433년(비류왕–눌지마립간)에 맺은 동맹. 약 120여 년 동안 유지되었다.

동시전 경주에 설치된 시장인 '동시(東市.동쪽에 있는 시장)'를 관리하고 감독하는 관청. 상업이 활성화되었음으로 보여준다.

관산성전투 나제동맹이 깨진 뒤 성왕이 신라를 공격하다 죽은 전투. 나제동맹으로 한강 이북은 신라, 한강 이남은 백제가 차지했는데 신라 진흥왕이 배신하여 한강 이남을 빼앗겼다. 이에 백제 성왕이 신라를 공격했는데 554년 관산성전투에서 성왕이 죽으면서 백제가 패배하고, 신라가 한강 유역을 장악했다. 한강 유역을 둘러싼 전쟁이 치열해졌고, 백제와 신라 간 싸움이 격렬해지는 계기가 된 전투였다.

진흥왕순수비 진흥왕이 새로 넓힌 영토를 직접 돌아보고 세운 비석.

단양적성비 진흥왕 시기에 충북 단양에 세운 비석. 당시 신라의 법과 제도를 짐작할 만한 내용이 담겨있다.

당항성 한강 유역을 장악한 이후 신라가 당나라와 교류하는 통로가 된 항구. 현재 경기도 화성에 위치.

백제와 가야

우리 군대는 신라군과 연합하여 한강 유역을 차지하고 있던 고구려군을 공격했다. 고구려군을 물리치면 북쪽은 신라, 남쪽은 백제가 차지하기로 굳게 약속했다. 두 나라가 뭉친 군대의 힘은 강했다. 그리고 고구려군은 예전과 달리 강하지 않았다. 우리는 함께 승리의 축배를 들었다. 그런데, 그런데, 약속을 저버리고 진흥왕이 한강 남쪽까지 차지해 버렸다. 이 어찌 통탄할 일이 아닌가?

지난날 개로왕께서 장수왕의 남진정책으로 목숨을 잃은 뒤 우리 백제는 한강을 잃었다. 그때부터 우리는 복수의 칼을 갈며 오직 한강 유역을 회복할 날만 기다려 왔다. 신라와 손을 잡은 것도 그 때문이었다. 그런데 그 꿈을 이룬 순간, 진흥왕이 뒤통수를 치다니! 분노한 왕께서 진흥왕을 응징하러 나섰다가 오히려 적의 화살에 돌아가시고 말았다.

아, 아무리 나라 사이에는 어제의 친구가 오늘의 원수가 되고, 오늘의 원수가 내일의 친구가 된다고 하지만 어찌 이럴 수 있단 말인가? 왜 하늘은 배신자는 떵떵거리게 살게 하고, 약속을 충실히 지킨 우리 임금님의 목숨은 빼앗아간단 말인가? 백제의 앞날이 걱정이다.

_성왕의 죽음을 슬퍼하는 백제 군인의 일기

한국사 그물망

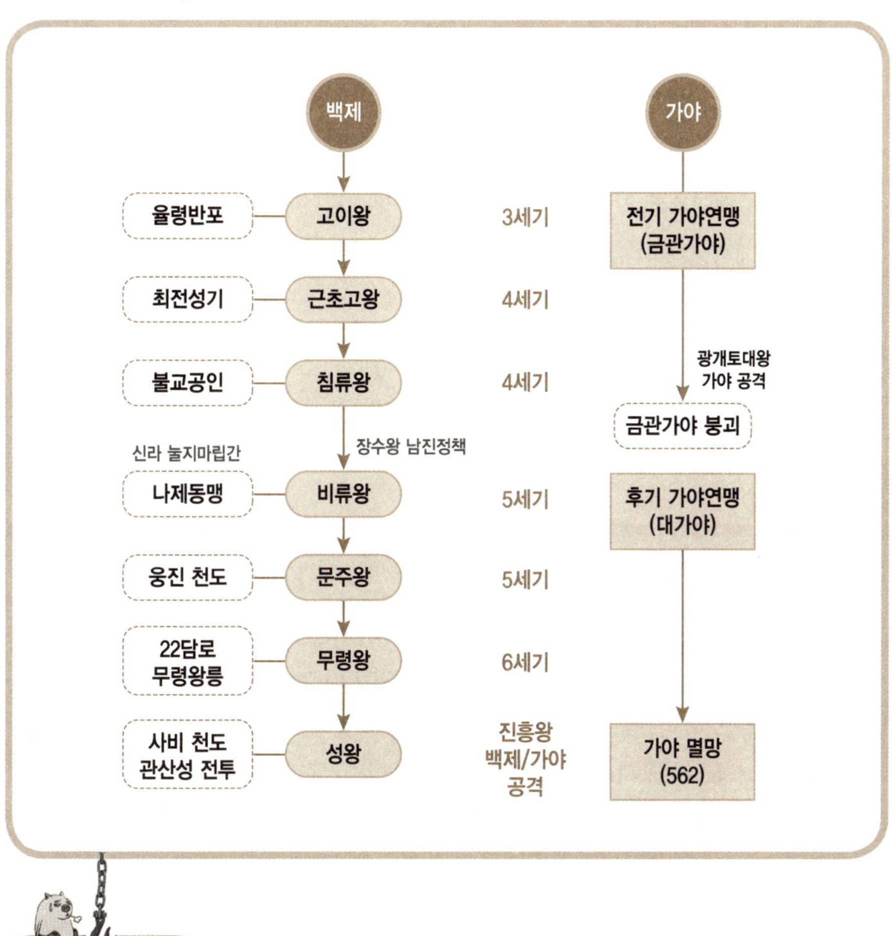

삼국 중 가장 앞선 나라는 백제였다. 백제는 3세기 고이왕 때 율령을 반포하여 국가 통치 체제를 정비했고, 이를 바탕으로 4세기 근초고왕 때 최전성기를 맞이했다. 근초고왕은 고구려 평양성을 공격해 고국원왕을 죽이기도 했다. 침류왕 때 불교를 받아들인 백제는 더욱 강성한 국력을 자랑했으나, 광개토대왕과 장수왕이란 걸출한 고구려 왕들이 나타나면서 한강 유역을 빼앗겼고, 개로왕은 장수왕에게 죽임을 당하기도 했다. 그 뒤 백제의 목표는 오직 한강 유역 회복이었다. 백제의 비류왕은 신라와 동맹을 맺어 힘을 합쳤다. 문주왕은 웅진으로 수도를 옮기고, 무령왕은 22담로로 지방 행정조직을 개편해 나라의 힘을 모았다. 성왕은 웅진에서 사비로 수도를 옮기고 더욱 국력을 길렀다. 그리고 마침내 신라 진흥왕과 힘을 합쳐 한강 유역을 회복한다. 그러나 진흥왕의 배신으로 한강 유역을 빼앗기고, 이를 만회하기 위해 공격에 나섰으나 관산성전투에서 성왕이 죽으면서 한강 유역 회복은 실패하고 만다. 이후 백제는 오직 신라를 공격하는 데 모든 국력을 모은다.

한국사 어휘사전

백제의 수도   위례성(한강 유역) → 웅진성(공주) → 사비성(부여).

22담로   담로는 백제의 지방 행정구역으로 무령왕 때 22개로 정비했다. 왕족을 담로에 보내 다스림으로써 중앙의 지방 장악력을 높이고자 했다.

무령왕릉   충남 공주시 송산리 고분군에 위치한 백제 25대 무령왕과 왕비의 무덤. 중국의 무덤 형식을 모방한 벽돌무덤 형식이다. 무덤의 주인이 정확히 밝혀졌고 무덤에서 발견된 문화제의 양도 많고, 그 질도 매우 우수하기에 백제사 연구에 기여한 문화제다.

전기 가야연맹   김해 지방의 금관가야를 중심으로 한 가야연맹. 김해는 농업에 유리하고 철이 풍부해 나라를 발전시키기 유리하였다. 가야의 철은 널리 수출하고 화폐로 사용될 정도로 질이 우수했다. 한 때 신라보다 강력한 국력을 자랑했으나 고구려의 공격으로 금관가야가 무너지면서 전기 가야연맹이 붕괴하고 국력이 크게 약화되었다.

후기 가야연맹   경상도 내륙인 고령 지방의 대가야를 중심으로 한 가야연맹. 5세기 후반 국력이 다시 강해지면서 성장하지만 6세기에 들어서 신라와 백제 양쪽에서 압박을 받다가 신라의 법흥왕 때 금관가야가 신라에 정복당하고, 진흥왕 때 대

가야도 신라에 정복당하면서 가야는 역사 무대에서 사라진다. 그러나 가야의
귀족 세력은 신라의 지배 세력에 편입되면서 이후 삼국전쟁에서 큰 역할을
한다.

: 07 :
삼국의 귀족회의

한국사 일기 📖

화백회의를 하다 잠시 쉬었다. 회의가 너무 길어져 다들 지쳤기 때문이다. 과연 내가 고집하는 의견이 맞는 걸까? 전투를 하지 말자는 의견을 계속 밀어붙여야 하는 걸까? 잠시 고민하며 먼 산을 바라보는데 누군가 다가오는 기척이 들려 몸을 돌렸다. 의견을 일치시키기 위해 애쓰던 상대등이었다.

"특별한 날이 아니면 하늘엔 늘 구름이 있지요."

그 말이 다른 의견도 인정하자는 말로 들리기도 했고, 만장일치라는 화백회의 형식에 대한 원망으로 들리기도 했다. 그렇게 한참 나란히 서서 하늘을 보았다.

"하늘은 구름을 품고, 구름은 하늘의 벗입니다. 이제 다시 회의 시작입니다. 들어가시지요."

상대등이 먼저 몸을 돌렸다. 나도 따라서 몸을 돌렸다. 몸이 돌면서 내 생각도 돌았다. 나는 상대등의 판단을 믿기로 했다. 나는 의견을 바꿨다. 내 의견이 바뀌면 나를 따르던 두 귀족도 생각을 바꿀 것이고, 그러면 만장일치가 된다. 내가 의견을 바꾸자 회의는 금방 끝났고, 모든 귀족들의 의견이 하나로 모아졌다.

_화백회의에 참석한 귀족의 일기

한국사 그물망

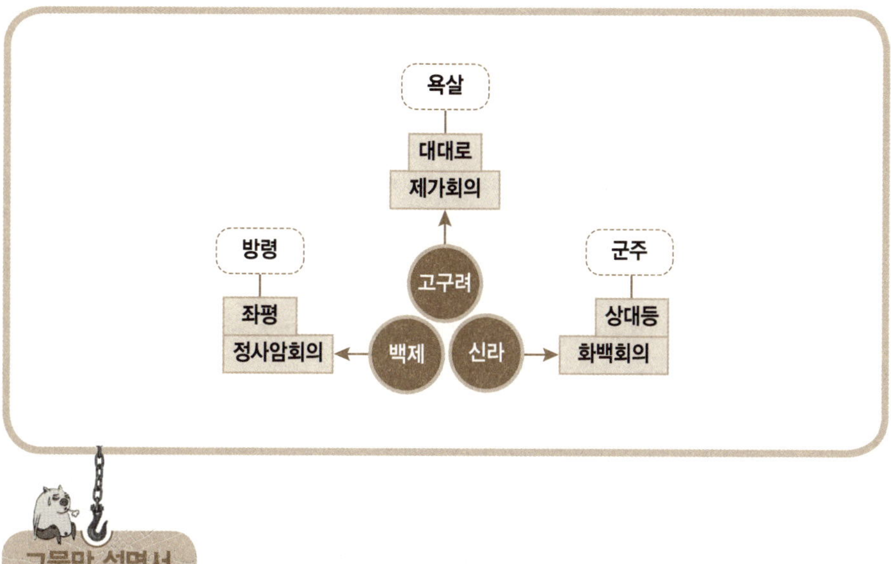

그물망 설명서

고구려, 신라, 백제는 연맹왕국이었다가 중앙집권국가로 변신했다. 연맹왕국에서 중앙집권국가가 되면서 연맹의 고위층들은 중앙집권국가의 귀족이 되었다. 연맹의 다른 세력들이 가장 강한 세력을 왕으로 인정해주는 대신에, 왕이 된 세력은 다른 연맹의 지배자들에게 특권을 주는 거래를 한 것이다. 중앙집권국가는 왕권이 강했지만 귀족의 힘도 만만치 않았다. 그래서 왕과 귀족은 협력관계면서 한편으로는 갈등관계였다. 귀족들은 자기들만의 회의를 만들어 왕권을 견제했고, 왕은 제도를 정비해 귀족들의 힘을 약화시키려고 했다.

신라의 화백회의, 고구려의 제가회의, 백제의 정사암회의는 모두 귀족회의다. 상대등은 화백회의, 대대로는 제가회의, 좌평은 정사암회의를 이끄는 귀족의 우두머리였다. 왕이 각 지방에 지방관을 파견한다는 것은 지방 곳곳에 왕의 권력이 미친다는 뜻이다. 원래 각 지방은 귀족들의 영향력이 강한 곳이었는데, 왕은 지방에 지방관을 파견함으로써 전국을 실질적으로 통치하고자 했다. 신라의 지방관은 군주, 고구려의 지방관은 욕살, 백제의 지방관은 방령이라 불렀다.

제가회의와 대대로　　제가회의는 고구려의 귀족회의, 대대로는 제가회의의 우두머리.

정사암회의와 좌평　　정사암회의는 백제의 귀족회의, 좌평은 정사암회의의 우두머리이자
　　　　　　최고 관직.

화백회의와 상대등　　화백회의는 신라의 귀족회의, 상대등은 화백회의의 우두머리. 신라의
　　　　　　최고 관직은 상대등이 아니라 집사부의 시중이었다. 집사부는 왕의 직할 기관
　　　　　　이었기에 왕권이 강할 땐 시중의 힘이 상대등보다 강했다.

욕살/방령/군주　　고구려, 백제, 신라 중앙정부가 지방에 파견한 지방관.

08

수당전쟁과 나당전쟁

한국사 일기

어제 아빠가 돌아오셨다. 살아서 돌아오셨다. 딱 10년이다. 아빠는 당나라 군대와 함께 고구려를 공격할 때 처음으로 군인이 되어 나가셨다. 그때는 내가 태어난 지 얼마 안 돼서 아빠가 전쟁터에 가신 줄도 몰랐다. 나는 태어나면서부터 늘 엄마하고 지냈다. 엄마는 아빠 없이 고생고생하며 나를 기르셨다.

"고구려를 무너뜨린 뒤 전쟁은 이제 더 이상 없을 줄 알았는데, 이번에는 고구려 부흥군과 싸워야 했어. 그래서 얼마 전까지 서로 죽이기 위해 싸웠던 고구려 부흥군과 손을 잡고 당나라 군대와 맞서 싸웠지."

아빠는 술 한 잔을 들이키고는 털털한 미소를 지으며, 내 머리를 계속 쓰다듬어 주셨다. 아빠 입에서 나오는 평양성, 기벌포, 매소성 등이 어딘지 몰라도 아빠가 돌아오셨고, 전쟁이 다시는 없을 거라는 말이 너무 반가웠다.

"너는 전쟁터에서 죽을 걱정은 안 해도 돼. 수백 년 이어진 전쟁이 끝났으니까."

아빠는 이 말을 몇 번이나 반복하셨다. 나도 평화가 좋다. 아빠 없이 살기도 싫고, 아빠가 무사히 돌아오길 기도하는 엄마의 애처로움을 마주하고 싶지도 않다.

_나당전쟁 뒤 평민 소년의 일기

한국사 그물망

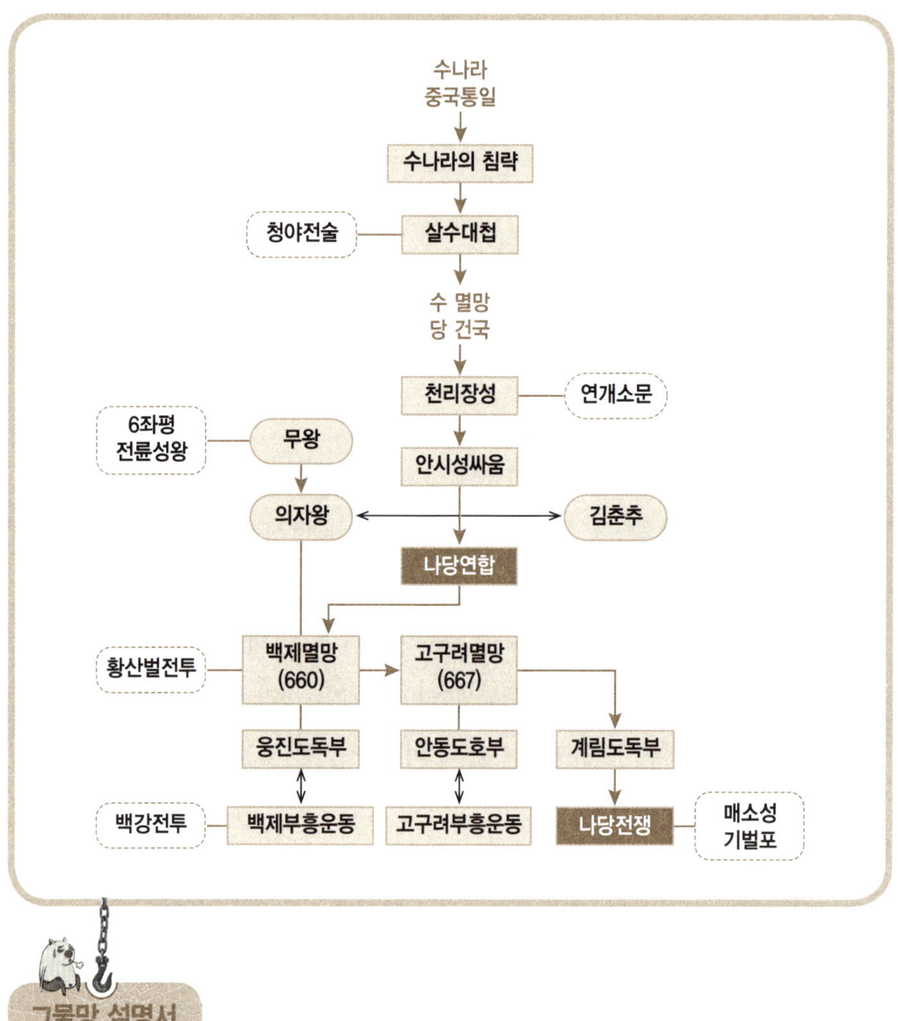

4백여 년 동안 분열되어 대립하던 중국 대륙은 7세기 들어 하나로 통일된다. 대륙을 통일한 수나라는 동북아시아의 패권국가인 고구려와 전쟁을 준비했고, 고구려는 북쪽의 돌궐과 남쪽의 백제, 왜와 연합하여 수나라에 맞섰다. 신라는 백제와 고구려의 협공을 이겨내기 위해 수·당 세력과 연합했다. 7세기에 벌어진 전쟁은 이러한 대결

구도에 따라 일어난다. 수나라는 고구려를 공격했으나 을지문덕이 이끄는 고구려군에게 패했고, 그로 인해 나라가 멸망하고 당나라가 들어선다.

연개소문이 이끄는 고구려는 당나라와 전쟁에서도 승리한다. 고구려와 정면 대결에서 패배한 당나라는 남쪽에 있는 신라와 연합한다. 고구려를 양쪽에서 협공하는 것만이 고구려를 이길 가장 좋은 방법이었기 때문이다. 한편 백제는 관산성전투에서 성왕이 죽은 뒤 오직 신라만을 주적으로 삼고 국력을 길러 신라를 공격한다. 고구려와 백제의 공격에 위기를 맞이한 신라는 당나라와 연합하여 이에 맞선다. 나당연합군은 먼저 백제를 멸망시키고, 연개소문이 죽은 뒤 분열된 고구려마저 무너뜨린다. 이후 백제와 고구려 유민들은 부흥운동을 통해 잃어버린 나라를 되찾으려 한다. 백제부흥운동은 나당연합군에 패하며 실패하고, 고구려부흥운동은 나중에 발해 건국으로 결실을 맺는다.

백제와 고구려를 무너뜨린 뒤 당나라는 웅진도독부, 안동도호부 등을 두어 고구려와 백제 옛 땅뿐 아니라 신라마저 지배하려 한다. 이에 신라는 백제·고구려 유민과 함께 나당전쟁을 벌였고, 매소성과 기벌포에서 당나라군을 크게 물리치고 청천강 이남 지역을 장악하며 오랜 전쟁의 시대를 끝낸다.

한국사 어휘사전

청야전술　군대가 사용할만한 식량을 모두 없애고 우물도 메운 뒤 백성들을 험준한 산성으로 모조리 대피시키는 전술. 고구려는 수나라 대군과 직접적 대결을 피하고 수나라 군대의 보급을 차단함으로써 전쟁을 승리로 이끌었다.

살수대첩　청야전술과 유인전술에 걸려 진격했던 수나라 별동대 30만을 청천강(살수)에서 을지문덕이 이끄는 고구려군이 몰살시킨 전투. 우리 역사상 가장 큰 승리를 거둔 전투다.

천리장성 고구려가 당나라 침입에 대비해 발해만에서 부여성까지 천리에 거쳐 쌓은 성. 연개소문이 천리장성 공사 책임자였다.

연개소문 쿠데타를 일으켜 영류왕을 죽이고 스스로 대막리지가 되어 군사독재를 펼친 고구려의 귀족. 당과 대결 정책을 지지하던 연개소문은 당과 화해를 중요시하는 영류왕을 몰아내고 쿠데타를 일으켜 권력을 잡은 다음 당나라에 강경정책을 편다. 연개소문이 이끄는 고구려는 이후 당나라와 전쟁에서 큰 승리를 거두지만, 국제적으로 고립되어 연개소문이 죽은 뒤 당나라에 멸망당하고 만다.

안시성싸움 양만춘이 이끄는 고구려군이 당나라 대군을 안시성에서 크게 이긴 싸움. 이 싸움에서 패배한 당나라의 당태종이 싸움의 후유증으로 죽었다.

나당연합 고구려와 전면전에서 패배한 당나라가 고구려를 고립시켜 남북에서 협공하기 위해 신라와 손을 잡은 정책. 이것으로 신라는 고구려와 백제의 협공에서 살아남았고 결국 전쟁에서 승리했다.

김춘추 무열왕. 신라 귀족으로 나당연합을 성사시키고 가야계인 김유신과 연합하여 왕위에 오른 뒤 백제를 멸망시켰다. 이민족을 끌어들인 반역자라 비판받기도 하고, 신라의 승리를 이끈 탁월한 외교관이자 정치가라는 평가를 받기도 한다.

무왕 스스로를 인도 신화에 나오는 전설의 왕인 '전륜성왕'이라 칭하며 강력한 왕권 강화를 추진한 백제의 왕. 수도를 지금의 전라북도 익산으로 옮겨 왕권을 강화하고자 했으나 귀족들의 반발로 실패했다.

6좌평 좌평은 백제 16관등 중 최고 관등인데 내신좌평, 내두좌평, 내법좌평, 위사좌평, 조정좌평, 병관좌평 등 여섯 좌평을 지칭하는 말. 귀족인 6좌평이 권력의 중심에 서서 백제의 정치를 좌우했다. 무왕은 귀족 중심 체제를 극복하고자 했으나 실패했다.

의자왕 백제의 마지막 왕. 6좌평 중심의 귀족 체제를 누르고 강력한 왕권을 구축한 뒤 신라 대야성(경남 합천)을 점령하는 등 신라를 끊임없이 공격했다. 의자왕의 공격으로 대야성에서 사위와 딸을 잃은 김춘추는 나라의 위기와 개인적인 원한을 갚기 위해 나당연합을 맺었고, 이로 인해 백제는 멸망당하고 만다. 그러나 의자왕이 3천 궁녀를 두고 타락을 일삼았다는 이야기는 사실과 다르다.

황산벌전투 백제의 장군 계백이 5천 결사대를 이끌고 신라군과 맞서 싸우다 장렬히 전사한

전투. 황산벌전투에서 패하면서 백제는 멸망에 이르고 만다.

웅진도독부 백제 멸망 후 당나라가 백제를 직접 통치하기 위해 세운 5개 도독부 중 중심이 된 기관.

백제부흥운동 백제가 멸망한 뒤 백제를 다시 일으키기 위해 백제 유민들이 일으킨 전쟁. 흑치상지, 복신, 도침, 부여풍 등이 중심이 되어 일으켰으나 내부 분열과 나당연합군의 공격으로 실패했다.

백강전투 백강(백촌강)에서 백제부흥군과 왜군의 연합군대가 나당연합군에 맞서 싸운 해전. 이 전투에서 패하면서 백제부흥운동은 거의 종말을 맞게 된다.

안동도호부 고구려가 멸망한 뒤에 당나라가 고구려 땅을 지배하기 위해 설치한 기관.

고구려부흥운동 고구려가 멸망한 뒤 당나라의 지배에 맞서 고구려 유민들이 일으킨 전쟁. 검모잠, 안승, 고연무 등이 이끌었는데, 고구려부흥운동 세력 중 일부는 나중에 신라와 연합하여 나당전쟁에 참여했고, 일부 세력은 발해 건국에 참여했다.

계림도독부 당나라가 신라를 지배하기 위해 신라를 부른 호칭. 당나라는 신라를 계림도독부로 부르고 문무왕을 계림도독으로 칭하며 신라를 당의 속국으로 삼으려 했다.

나당전쟁 고구려 멸망 직후부터 676년까지 신라와 당나라 사이에 벌어진 전쟁. 백제와 고구려를 무너뜨린 당나라는 신라마저 지배하려 들었고 이에 신라는 백제, 고구려 유민들과 힘을 합쳐 당나라에 맞서 싸웠다.

매소성·기벌포전투 나당전쟁에서 신라군이 당나라를 결정적으로 물리친 전투. 매소성은 현재 경기도 양주, 기벌포는 금강 하구다. 매소성과 기벌포전투에서 신라군이 당나라군을 크게 물리치면서 당나라를 청천강 이북으로 몰아냈고, 수백 년 동안 이어진 전쟁을 끝내고 평화의 시대가 왔다.

09

발해의 발전

아침 해가 떴다. 다시 길을 걸었다. 길고 험한 길이었다. 혹시나 당나라 군대가 추격해 올까 봐 가슴을 졸였다. 밤에도 거의 쉬지 못하고 걷고 또 걸었던 한 달이었다. 이제 마지막이다. 저 고개만 넘으면 동모산이다. 우리의 희망이 자라나는 곳이다. 태양 빛이 남쪽 하늘을 가득 메울 때 드디어 일행 사이로 환호성이 퍼졌다. 동모산이었다. 수많은 동포들이 우리를 반겨주었다. 열린 성문 사이로 들어서는데 나도 모르게 하염없이 눈물이 흘렀다. 얼마만인가? 젊은 시절 당나라 군대에 끌려가 이국땅에서 온갖 핍박을 당하며 살던 날들이 주마등처럼 스쳐갔다. 잠시 뒤 말을 탄 군인들이 다가왔다. 군인들 제일 앞에는 딱 보기에도 범상치 않은 장군이 서 계셨다. 대조영 장군이다! 우리 고구려인의 희망! 무너진 고구려를 다시 일으켜 세우신 분! 천문령에서 원수 당나라 대군을 격파한 불세출의 장군! 장군은 말에서 내려 우리들의 손을 한 사람씩 잡아주셨다. 나도 장군님의 손을 잡았다. 나는 무릎을 꿇고 장군의 발에 입을 맞추었다. 장군은 무릎을 꿇은 나를 일으켜 세웠다. 가슴은 기쁨으로 넘치는데 눈에선 눈물이 멈추지 않았다.

_발해 건국을 맞이한 고구려 유민의 일기

한국사 그물망

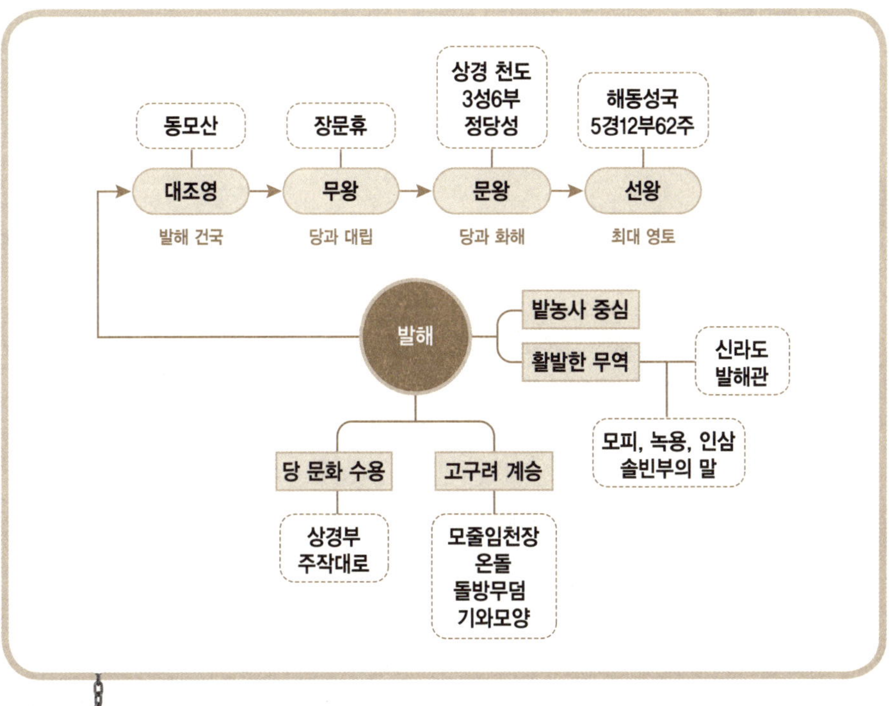

고구려 유민인 대조영은 천문령에서 당나라 군대를 물리치고 동모산을 수도로 하여 발해를 세웠다. 그리고 무왕이 즉위할 때에는 고구려를 무너뜨린 원수인 당나라와 맞서 싸웠는데, 장문휴를 보내 산동 반도를 공격하기도 했다. 그러나 그 다음 왕인 문왕은 당과 화해하고 수도를 중경에서 상경으로 옮겼으며, 당나라 제도를 본 떠 상경의 거리를 만들고 당의 지배체제를 받아들여 지배체제를 정비했다.

그러다가 선왕 때는 고구려보다 넓은 영토를 지배했고, 5경12부62주를 두었다. 당나라는 발해를 '해동성국'으로 부르며 발해의 강대함을 인정해 주었다. 발해는 당나라 문화를 많이 받아들이긴 했으나 고구려 전통도 꿋꿋하게 지켰다. 무엇보다 발해는 스스로 고구려의 후예임을 명백히 했다. 발해는 밭농사가 중심이었으며, 외국과 무역도 활발히 했다.

동모산　698년 대조영이 발해를 건국한 뒤 3대 문왕이 상경용천부(상경)로 도읍을 옮기기 전까지 발해의 수도.

장문휴　발해 무왕 때의 장수. 군대를 이끌고 당의 영토인 산동 반도를 공격해 당을 크게 놀라게 했다.

3성6부　발해의 중앙정부 관료제도. 3성은 정당성, 선조성, 중대성이며 정당성 밑에 6부를 두었다.

정당성　3성의 하나로 행정과 사법을 담당하는 최고 행정기관.

해동성국　바다 동쪽의 전성기를 맞이한 나라. 중국에서 볼 때 발해만(요동 반도와 산동 반도 사이의 바다) 동쪽에 있으므로 해동(海東)이라고 불렀다. 발해의 국력을 높이 평가하여 붙인 이름이다.

신라도　동해안을 따라 발해와 신라가 무역을 하던 교통로.

솔빈부의 말　솔빈부는 발해의 지방행정구역의 한 곳으로 이곳에서 기른 말이 아주 유명했다.

발해관　발해의 사신들이 당나라에 갈 때 머문 여관. 산동 반도에 위치했다.

상경부(상경용천부)　발해의 수도. 중국 장안성을 모방하여 세웠다.

주작대로　상경부 한 가운데로 난 큰 도로. 중국 장안성을 모방하였음으로 보여준다.

돌방무덤　돌로 벽을 쌓고 앞은 트여서 외부와 통하게 쌓는 무덤 양식. 삼국시대에 널리 퍼진 무덤양식이다. 정혜공주 묘가 돌방무덤인데 고분양식이 고구려와 비슷하다.

모줄임천장　네 귀에서 세모의 굄돌을 걸치는 식으로 반복해 모를 줄여가며 올리는 돌방무덤의 천장구조. 고구려에서 유행한 양식으로 발해가 고구려를 계승했음을 보여주는 증거.

신라 후기의 변화

골품이 무엇이기에 날 이렇게 좌절하게 한단 말인가? 능력도 없는 자들이 귀족이랍시고 높은 자리는 다 차지하고, 당나라의 빈공과에 합격할 정도로 실력을 인정받은 나는 늘 그들 밑에서 굽실거리며 살아야 한다. 능력이 없으면 청빈하기라도 하면 좋으련만 그자들은 백성을 착취해 금으로 만든 부처를 집안에 두고, 포석정에서 산해진미를 먹으며 사치스런 잔치를 일삼는다. 귀족의 집안에선 고기가 썩어 나가는데 백성들은 굶주리다 못해 산으로 가서 도적이 된다.

내가 왜 이런 자들 밑에서 지내야 한단 말인가? 어제 한 친구는 지방으로 떠났다. 완주 쪽에 새로 일어난 견훤이란 호족이 널리 인재를 구한다는 소문을 듣고 떠났다. "새로운 세상을 꿈꿔야 하지 않겠는가?" 그 친구가 떠나며 남긴 말이 내 가슴을 뒤흔들었다. 나도 그 친구가 선택한 길을 따라야 할까? 아니면 끝까지 경주에 남아 무언가를 해야 할까? 아니면 그냥 세상을 등지고 깊은 산으로 들어갈까? 어린 자식이 자꾸 눈에 밟힌다.

_신라 말 6두품의 일기

한국사 그물망

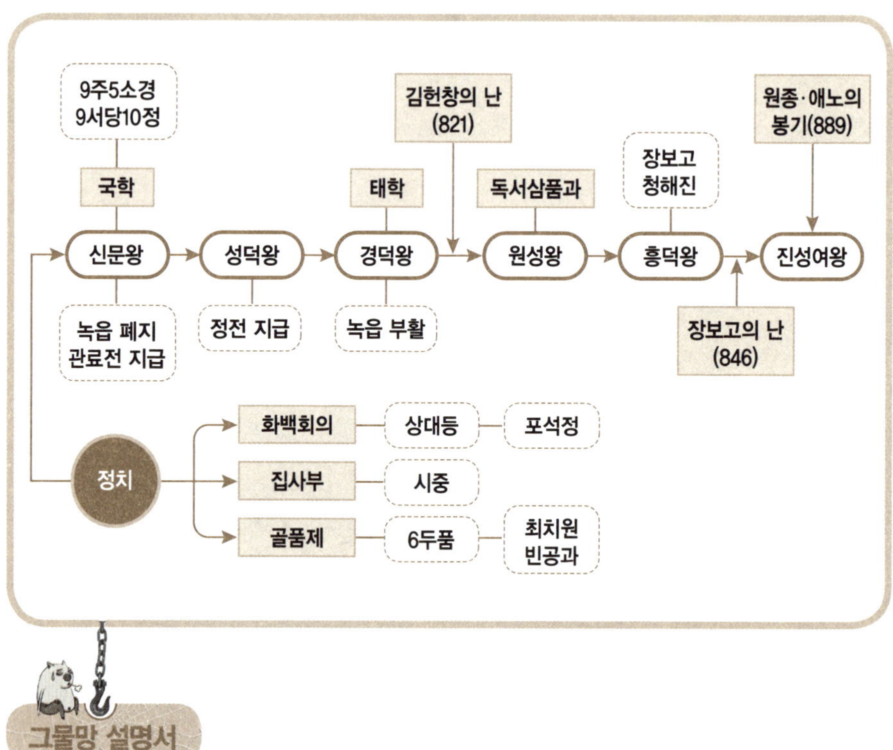

그물망 설명서

신문왕은 국학을 만들고, 9주5소경의 행정구역과 9서당10정의 군대조직을 만들어 커진 나라를 다스릴 기반을 만들었다. 무엇보다 귀족들이 힘을 행사하는 근거였던 '녹읍'을 폐지하고 '관료전'을 지급함으로써 귀족의 힘을 약화시키고, 왕권을 강화했다. 성덕왕 때는 백성들에게 '정전'을 지급해 생활 안정을 꾀했다. 왕권이 강해지면서 행정기관인 집사부의 힘이 강했다. 그러나 경덕왕 때 왕권이 약화되고 귀족들의 힘이 커지면서 '녹읍'이 부활한다. 집사부와 시중의 힘은 약해졌고, 반대로 화백회의와 상대등의 힘은 강해졌다. 그때 왕 자리를 둘러싸고 김헌창의 난이 발생하면서 혼란은 점점 커져갔다. 거기에 엄격한 신분제인 골품제의 문제까지 겹치니 나라가 점점 엉망이 되어갔다. 귀족들은 호화롭게 지냈지만 백성들은 점점 살기 어려워졌다. 결국 참

다못한 백성들의 봉기가 이곳저곳에서 일어났다. 6두품들은 귀족들 바로 아래 신분으로 당나라에서 유학을 공부하고 돌아온 이들이 많았는데, 골품제와 귀족들의 횡포에 불만이 많았다. 이 불만은 6두품들이 호족과 손잡고 새로운 세상을 꿈꾸게 한다.

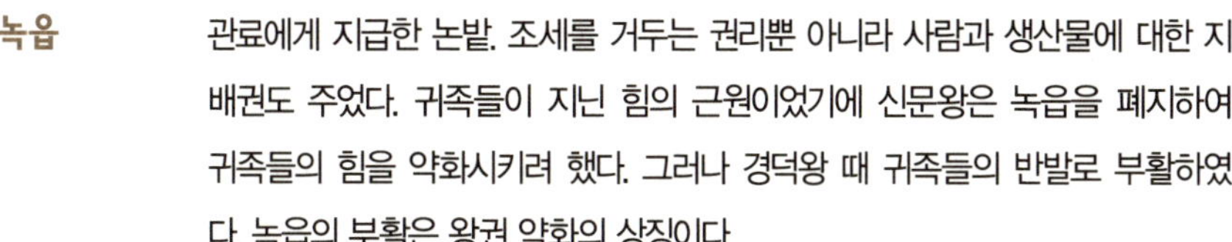

녹읍	관료에게 지급한 논밭. 조세를 거두는 권리뿐 아니라 사람과 생산물에 대한 지배권도 주었다. 귀족들이 지닌 힘의 근원이었기에 신문왕은 녹읍을 폐지하여 귀족들의 힘을 약화시키려 했다. 그러나 경덕왕 때 귀족들의 반발로 부활하였다. 녹읍의 부활은 왕권 약화의 상징이다.
관료전	녹읍을 폐지하고 귀족들에게 지급한 땅. 녹읍과 달리 토지에서 조세만 받고 사람을 다스릴 권한은 없었으며, 관직에서 물러나면 반납해야 했다.
정전	일정한 연령의 백성에게 지급한 토지.
국학과 태학	신라의 최고 교육기관. 신문왕 때 국학이라 불렀고, 경덕왕 때 태학으로 이름을 고쳤다.
9주5소경	통일신라의 지방행정 제도. 전국을 9주로 나누고 지방관을 파견하였다. 수도인 금성(경주)이 동남쪽에 치우쳐 있는 것을 보완하고 지방 세력을 견제하기 위해 특별행정구역인 5소경을 두었다.
9서당10정	9서당은 중앙군대, 10정은 지방군대. 9서당은 신라, 고구려, 백제, 말갈인들의 혼합부대였다. 지방에는 각 주(9주)마다 1정씩을 두었는데, 발해와 국경을 맞댄 지역에는 특별히 2정을 두어 총 10정이다.
김헌창의 난	태종무열왕의 후예인 김헌창이 아버지가 왕위에 오르지 못하자 불만을 품고 지금의 공주 지역에서 일으킨 반란. 신라 귀족 내 권력투쟁을 보여주는 사건이다.
독서삼품과	국학에 재학하는 학생들을 실력에 따라 3등급으로 구분하여 보는 졸업시험. 시험 결과에 따라 관리 임용을 결정하였다.

장보고의 난　청해진을 근거로 바다를 장악한 장보고가 일으킨 반란. 막강한 군대를 거느리고 있던 장보고는 김우징과 함께 손을 잡고 군대를 동원해 김우징이 왕위에 오르게 돕는다. 김우징은 왕위에 오른 뒤 얼마 지나지 않아 죽었고, 아들이 왕이 되었으니 그가 문성왕이다. 장보고는 자기 딸을 문성왕의 왕비로 삼을 것을 요구하였으나 받아들여지지 않자 반란을 일으켰다. 장보고는 자객 염장에게 죽임을 당했다.

원종·애노의 봉기　889년 지금의 상주 지방에서 원종, 애노가 농민들을 이끌고 일으킨 신라 말의 대표적인 농민 봉기. 귀족들의 가혹한 수탈에 맞서 농민들이 일으킨 봉기였다. 9세기에는 신라 곳곳에서 봉기가 일어났고 이들 중 세력이 강했던 견훤, 궁예 등이 나라를 세우면서 후삼국이 열린다.

집사부와 화백회의　화백회의가 강하면 왕권이 약하고, 집사부가 강하면 왕권이 강하다. 신문왕 때 집사부를 중심으로 나라를 다스렸으나, 왕권이 약화된 신라 후대에는 화백회의가 왕권을 능가했다. 귀족들의 다툼은 신라 말의 혼란한 상황을 불러일으켰다.

시중　집사부의 우두머리.

골품제와 6두품　골품제는 신라의 엄격한 신분제도. 6두품은 골품제에 가장 불만이 많았던 세력. 6두품은 귀족 바로 아래 골품으로 실력은 뛰어났으나 관직에 한계가 있었기 때문에 불만이 많았다. 6두품들은 호족들과 연합하여 신라를 무너뜨리는 중심 세력이 된다.

빈공과　당나라 과거시험. 최치원을 비롯해 뛰어난 신라인들이 빈공과에 많이 합격했다. 그러나 이들은 6두품이란 이유로 신라에서는 제대로 대접을 받지 못했다.

포석정　후기 신라시대의 정원 시설물. 돌로 만든 구불구불한 도랑에 물을 흘려보내는 시설로 귀족과 왕이 화려한 잔치를 벌였다. 신라 경애왕이 이곳에서 후백제군의 공격을 받아 죽었다.

11. 신라 후기의 사회

　오늘은 엄마를 따라서 시장 구경을 갔다. '동시東市'로 갔는데 별의별 진귀한 물건이 많았다. 특히 이슬람에서 왔다는 물건은 신비롭기 그지없었다.

　"이렇게 무역이 잘 되는 이유는 다 청해진 때문이야. 청해진이 해적들을 물리쳐서 해상무역을 보호해주니 자유롭게 무역을 하지. 당나라에는 신라인을 위한 마을, 여관, 절 등이 많이 있을 정도라고 하는구나."

　엄마의 설명을 들으니 시장 구경이 더 재미났다. 시장 구경을 더 하고 싶은데 엄마는 절에 가야한다며 서둘러 나를 이끌었다. 불국사에 들러 석가탑과 다보탑 주변을 몇 바퀴 돌았다. 도대체 왜 탑 주변을 도는지 알지도 못한 채 나는 엄마를 따라 빙글빙글 돌았다. 어지러웠다. 잠시 뒤 산으로 올라가 석굴암 앞에서 수십 번 절을 했다. 무릎이 아프고 허리가 쑤셨다. 집으로 오는 길에 엄마는 의상, 원효, 혜초와 같은 유명한 스님들 얘기를 많이 해주셨는데, 솔직히 그분들의 가르침이 너무 어려워서 기억이 잘 안 난다. 아직도 머리가 빙글빙글, 허리가 욱신거린다.

_신라 후기 때 한 아이의 일기

한국사 그물망

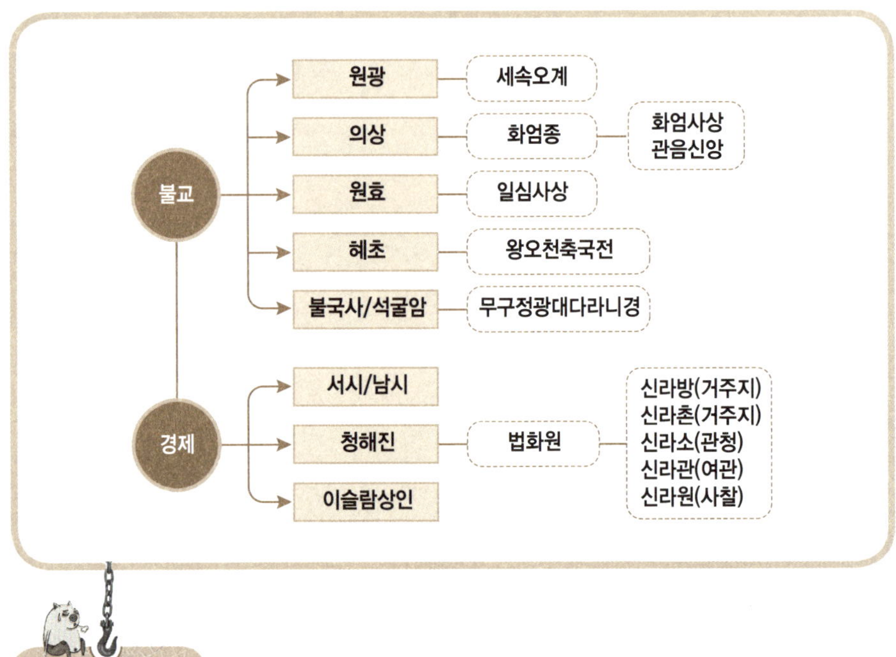

그물망 설명서

신라는 불교 국가였다. 불국사와 석굴암은 이 땅에 부처님 나라를 실현하고자 하는 열정의 산물이었다. 불교 국가였기에 유명한 스님도 많았다. 원광은 세속오계로 화랑도의 기초를 세웠고, 의상은 화엄사상과 관음신앙을 바탕으로 화엄종을 일으켰으며, 원효는 일심사상을 바탕으로 갈등을 해소하고자 했다. 이렇게 많은 승려들이 불교 대중화에 크게 기여하였으며, 혜초는 인도를 여행하고 『왕오천축국전』을 남기기도 했다.

신라는 상업이 발전하고 국제 무역이 활발하여 경주에는 동시, 서시, 남시와 같은 시장이 활발하게 운영되었으며, 장보고의 청해진이 자리 잡으면서 안정적인 무역이 이루어졌다. 심지어 이슬람 상인이 왔을 정도로 국제 무역이 번창하였다.

특히 당나라와 활발하게 교류했는데 당나라에는 신라방, 신라촌, 신라소, 신라관, 신

라원과 같은 신라인 관련 시설이 많았으며, 법화원은 장보고가 세운 대표적인 신라
원(절)이다.

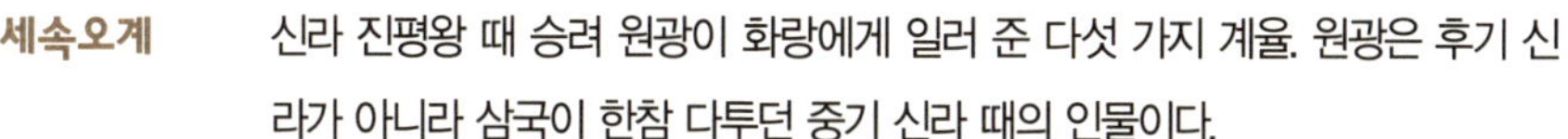

세속오계　　신라 진평왕 때 승려 원광이 화랑에게 일러 준 다섯 가지 계율. 원광은 후기 신
　　　　　　라가 아니라 삼국이 한참 다투던 중기 신라 때의 인물이다.

화엄사상　　우주의 모든 사물이 서로 연결되어 서로가 원인과 결과가 된다는 사상.

관음신앙　　관세음보살을 염불하여 현재의 고난에서 벗어나고자 하는 신앙. 지금도 절에
　　　　　　가면 '나무아미타불 관세음보살'이라고 계속 염불을 왼다.

화엄종　　　화엄사상에 기반을 둔 불교 종파. 의상에 의해 시작되었다.

일심사상　　모든 것은 하나의 마음에서 출발한다는 사상. 원효는 일심사상으로 불교 종파
　　　　　　의 대립을 극복하려고 했다.

왕오천축국전　신라의 승려 혜초가 고대 인도의 다섯 나라를 답사하고 쓴 여행기.

무구정광대다라니경　　경주 불국사 석가탑에서 발견된 경전으로 세계에서 가장 오래된 목판
　　　　　　인쇄물.

서시/남시　　동시(東市)만으로 상업 활동의 공간이 부족하자 효소왕(695년) 때 설립한 시장.
　　　　　　서시는 서쪽에 위치한 시장, 남시는 남쪽에 위치한 시장이란 뜻이다. 서시와 남
　　　　　　시가 만들어지면서 상업 활동이 더욱 활성화되었다.

법화원　　　장보고가 세운 절로 대표적인 신라원. 당나라에는 신라 사람들이 많이 진출하
　　　　　　였고 이에 따라 신라방과 신라촌(신라인 거주지), 신라소(신라의 관청), 신라관(신라인
　　　　　　이 머무는 여관), 신라원(신라인이 세운 사찰) 등이 많이 있었다.

12

고대사의 역사왜곡

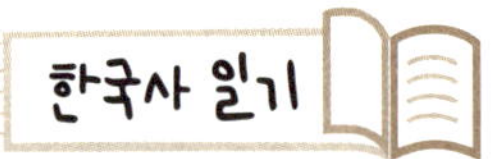

"한인의 연못 덕에 농사짓기 정말 편해졌지?"

"그러게 말이네. 신라인이 전해준 제방 쌓기 기술이 이렇게 큰 도움이 될 줄 누가 알았겠나?"

두 일본인 농부의 대화는 한인의 연못에서 호류사 이야기로 넘어갔다.

"참, 자네 소문 들었나? 호류사에 고구려 승려인 담징이 그린 금당벽화가 있는데, 정말 누가 봐도 훌륭한 그림이라고 하더군."

"나도 들어서 알고 있네. 금당벽화를 한 번 보면 부처님을 뵌 듯 감격스럽다네. 이번 농사철이 지나면 꼭 가보려고 하네."

"자네 벌써 그런 계획까지 세웠단 말인가? 나도 빠질 수 없지. 자네가 갈 때 나도 꼭 함께 가겠네. 이런 좋은 기회를 절대 놓칠 수 없지."

나는 흐뭇하게 미소 지으며 그들이 준 음식을 감사히 먹고 인사를 한 뒤 길을 재촉했다. 우리가 전해준 문물을 감사히 받아들이는 일본인들을 만나니 바다 건너 온 보람을 느꼈다. 먼 곳에 문물을 가르치러 가는 발걸음도 가볍고 상쾌했다.

_왜에 건너간 한 신라인의 일기

한국사 그물망

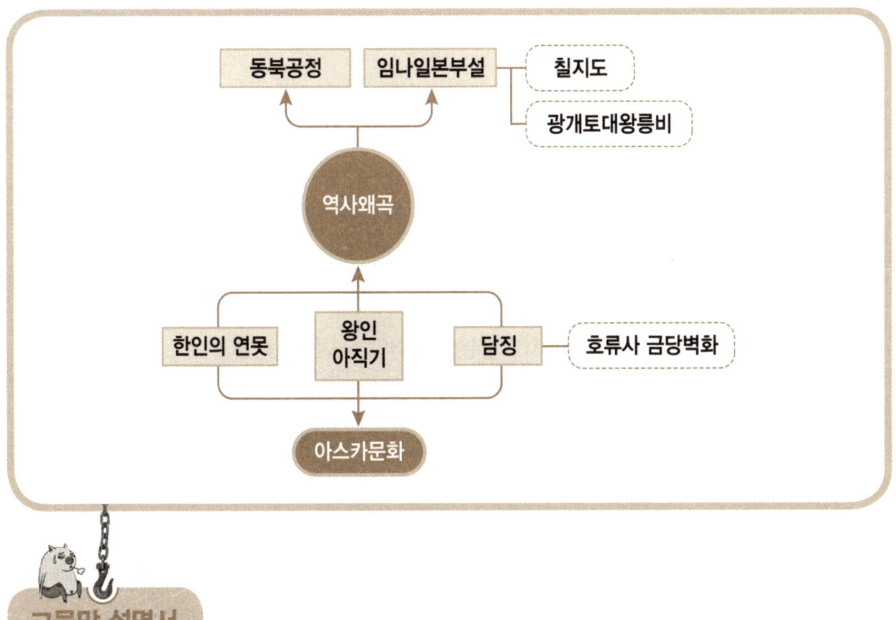

그물망 설명서

지금 동아시아는 역사 전쟁 중이다. 중국은 동북공정을 통해 발해와 고구려의 역사를 자신들의 역사로 편입하려 하고, 일본은 임나일본부설 등을 통해 고대 한반도의 역사를 왜곡하려 한다. 역사 전쟁은 단지 역사 서술을 어떻게 할지의 문제가 아니라, 현재 동아시아 질서와 주도권에 관한 문제와 연결되어 있기에 아직까지도 진행 중인 문제다.

고구려와 발해가 우리 역사임은 굳이 설명하지 않아도 분명하며, 일본이 고대에 한반도를 지배했다는 주장은 전혀 근거가 없다. 한인의 연못, 담징, 왕인, 아직기, 칠지도 등은 고구려, 신라, 백제가 일본보다 선진 국가였음을 보여주는 증거다. 일본의 첫 번째 고대문화인 아스카문화는 삼국의 발전된 문화가 전해진 결과였다. 임나일본부설을 주장하는 근거인 광개토대왕릉비의 비문 내용도 일부 일본학자들의 자의적인 해석일 뿐이다. 바른 역사를 세워야 바른 미래가 가능하다. 역사 왜곡을 막아야 하는 이유다.

광개토대왕릉비　　고구려 건국 신화와 광개토대왕의 업적을 기린 능비. 일본의 일부 학자들이 광개토대왕릉비의 내용을 왜곡해 임나일본부설을 주장했다.

칠지도　　백제의 왕이 왜왕에게 하사한 철제 칼. 일부 일본학자들은 칠지도의 의미를 멋대로 해석해서 고대 일본이 가야 지역을 200년간 지배했다는 임나일본부설의 한 근거로 이용했다.

왕인　　백제 근초고왕 때 학자로 일본에 논어와 천자문을 전했다.

아직기　　근초고왕 시기 백제로 건너가 일본 태자의 스승이 되었다.

한인의 연못　　신라가 제방 쌓는 기술을 전수받아 만든 저수지를 불렀던 명칭.

담징　　고구려의 승려이자 화가. 일본에 종이, 먹, 맷돌 등의 제조법을 전했고, '호류사 금당벽화'를 그렸다.

아스카문화　　7세기 초 고구려, 신라, 백제, 중국에서 건너온 문화를 받아들여 일본 아스카 지역에서 발달한 일본 최초의 발전된 고대 문화. 불교 문화 색채가 강했으며 다양한 나라의 문화가 융합된 국제적인 성격을 띠었다.

동북공정　　중국 국경 안에서 일어난 모든 역사를 중국 역사로 삼기 위해 2000년대 초부터 중국 동북쪽 지역을 대상으로 중국 학자들이 벌이는 역사 연구. 중국 역사학자들은 고구려와 발해 영토가 상당부분 현재 중국 영토에 속한다는 이유만으로 고구려와 발해를 자기 역사로 만들려는 역사 왜곡을 벌이는 중이다. 동북공정을 벌이는 목적은 크게 두 가지인데 하나는 여러 민족이 섞여 사는 중국의 통일성을 강화하기 위함이고, 다른 하나는 북한에 문제가 생기거나 한반도가 통일 될 때 중국의 이익을 실현하기 위해서다.

임나일본부설　　일본이 4세기 후반에 한반도 남부 지역에 진출하여 이 지역을 지배하고, 가야에는 임나일본부를 설치해 6세기 중엽까지 지배했다는 학설. 일본이 고대부터 강대한 국가였음을 자랑하고, 일제의 한반도 식민지 지배는 고대 역사를 되돌린 것으로 정당하다는 주장을 뒷받침하는 학설이다. 4세기 경 일본은 그 정도 수준의 국력에 이르지 못했으며, 일본이란 명칭도 4세기 중반에 존재하지 않았다. 여러 역사적 사실들과 견줘 보면 임나일본부설이 허구임이 드러난다.

재미있는 구성과 알찬 짜임으로 한국사가 쉽게 다가왔다!

아직은 한국사를 깊게 배우지 않아서 종종 어려운 부분이 있었지만, 무조건 외우지 않고 소설처럼 배울 수 있어서 좋았다. 또 이미 배운 내용은 다시 정리되어 내 머릿속이 꽉 차는 느낌이었다. 무엇보다 이 책의 매력은 재미있는 구성과 알찬 짜임으로 한국사가 쉽게 다가온다는 것이다. 내 나름대로 이 책의 특징을 정리해 보았다. 이 책을 보는 친구들에게 도움이 되었으면 좋겠다.

☐ 간결한 구성과 알찬 짜임으로 이해가 쉬웠다.
☐ 한 주제에 대해 너무 길게 설명하지 않아서 지루하지 않았다
☐ 특히 〈한국사일기〉는 그 시대의 상황을 쉽게 알 수 있어서 주제를 파악하는데 너무 쉬웠다.
☐ 한국사의 특징은 흐름을 볼 수 있어야 한다고 했는데, 한 눈에 흐름을 볼 수 있어서 좋았다.

_박가흔, 서울 강명중학교 1학년

한국사 어휘력 책이 아니라 상상력 사전이다. 그만큼 재미있는 책이다!

내가 보기에 이 책은 단순한 한국사 어휘력 책이 아니라 즐거운 상상력 사전이다. 상상으로 쓴 〈한국사 일기〉는 딱딱한 정보들을 부드럽게 흐르게 하며 무엇보다 재미있다. 특히 왕이 아니라 백성의 눈으로 본 역사를 생생한 일기로 재현한 것이 독특하다. 뿐만 아니라 그 많은 한국사 어휘를 명쾌하게 정리가 되어 있어 교과서보다 훨씬 쉽고 많은 양의 공부를 할 수 있었다.
한국사 일기, 한국사 그물망, 그물망 설명서, 한국사 어휘 사전식으로 따라가다 보면 조각조각 기억했던 역사가 하나의 흐름으로 잡힌다. 이것이 참 신기하다. 친구들이 한국사는 외워야할 분량이 너무 많아서 싫다고 하는데, 이렇게 핵심 부분만 짧은 문단으로 묶어서 부담이 없을 것 같다. 무엇보다 교과서보다 훨씬 정리가 잘 되어 있어 좋다.

_박효원, 홈스쿨

고려와 조선

: 닮은 듯 다른 고려와 조선을 이해하라

2장

1980

13

귀족사회의 형성과 갈등

한국사 일기

이 일을 어찌 한단 말인가? 내 힘의 근원인 노비들의 열에 아홉을 양민으로 되돌려 주어야 한다니……. 노비는 내 재산일 뿐 아니라 군대였다. 이제 나는 날개 꺾인 독수리요, 이빨 빠진 호랑이다. 반면에 왕은 독수리 날개를 단 호랑이가 돼 버렸다. 왕이 권력을 키우고 싶은 욕심이야 이해한다. 그런데 자식들의 앞길까지 막으니 환장할 노릇이다. 앞으로는 벼슬길에 나가려면 과거시험이란 걸 봐야 한다. 아니 관리가 되려면 좋은 가문에서 태어나야지 시험을 왜 본단 말인가? 좋은 가문에서 태어나 좋은 핏줄을 타고 나야 나라를 제대로 다스리는 것이지, 근본도 모르고 가문도 초라한 자들이 책에서 배운 알량한 지식으로 관리가 된다면 나라의 앞날이 어찌 될지 심히 걱정스럽다. 내가 죽고 자식들의 벼슬길이 막히면 우리 가문은 어찌될 것인가? 걱정이 이만저만 아니다. 비슷한 처지의 호족끼리 왕에게 저항해볼까 했지만, 왕은 조금이라도 저항할 낌새가 보이면 군대를 동원해 가문 자체를 말살해 버리니 감히 저항할 엄두를 내지 못하겠다. 아! 선조들이 태조 대왕과 힘을 합쳐 후삼국을 통일하기 위해 피를 흘린 대가가 결국 이런 비참한 현실이라니……. 가슴을 치고 통탄해보지만 힘이 약하니 어쩔 수가 없다.

_광종 때 호족의 일기

한국사 그물망

그물망 설명서

왕건은 궁예를 몰아내고 고려를 세운 뒤 많은 호족들을 자기 편으로 끌어들인다. 호족의 힘을 끌어들여야 후백제와 전쟁에서 승리할 수 있다고 판단했기 때문이다. 왕건은 많은 호족의 딸들과 결혼하여 29명의 부인을 두었다. 또한 호족들에게 지방 이름이 붙은 성씨(경주 김씨, 밀양 박씨, 해주 최씨 등)를 주어 호족들의 지방 지배권을 보장하고 역사성과 정통성을 선물함으로써 충성을 이끌어냈다. 또한 백성들이 세금을 수확물의 10%만 내게 함으로써 백성의 생활을 안정시켰다. 이러한 호족융합정책과 민생안정정책은 왕건에 대한 지지를 강화시켰고 후삼국 통일의 원동력이 되었다. 그러나 호족융합정책은 고려가 후삼국 전쟁에서 승리하도록 해주었지만, 호족들의 힘이 강해지면서 왕권이 약화되고 많은 왕자들이 권력을 두고 다투는 결과를 빚었다.

왕건은 호족을 포섭하면서도 기인제도와 사심관제도를 통해 호족을 견제했지만 한계가 분명했다. 광종은 왕위에 오른 뒤 과거제도와 노비안검법 등을 통해 호족의 힘을 약화시킨 뒤 저항하는 호족은 가차 없이 제거했다. 왕권은 막강해졌고 호족의 힘은 약화되었다. 성종은 최승로의 '시무28조'를 받아들여 유교를 정치 원리로 삼으면서,

공음전과 음서 등을 통해 호족들의 권력을 보장해 주었다. 이로 인해 대대로 권력을 누리는 문벌귀족이 형성되었고, 이들 문벌귀족은 왕권을 위협하는 수준에 이르렀다. 결국 왕의 자리를 넘보는 이자겸의 난이 발생했고, 문벌귀족끼리 권력을 두고 다툰 묘청의 난도 일어났다. 무소불위의 권력을 장악한 문벌귀족은 막강한 권력을 휘둘렀고 백성들의 삶은 고단해졌다.

한국사 어휘사전

호족	신라 말기에 지방을 장악한 세력. 신라를 무너뜨리고 고려를 세우는데 결정적 역할을 한다.
호족융합정책	왕건이 호족 세력을 끌어들이기 위해 펼쳤던 정책. 호족들과 혼인 관계를 맺고 호족들에게 관직과 토지를 주며, 호족들에게 성씨를 주었다. 혼인을 통해 친인척 관계를 맺었으며, 관직과 토지로 경제적 부를 약속해 주고, 성씨를 줌으로써 지방의 지배권을 인정해주고 가문에 대한 자부심과 정통성을 확보해주었다.
훈요10조	고려 태조 왕건이 죽으면서 자손에게 남긴 10가지 가르침. 불교와 풍수지리설 우대, 고구려 옛 땅을 수복하는 북진 정책 강조, 유교적 정치이념 지키기, 현명한 통치 방법 등에 대한 내용이 담겨 있다.
기인제도	지방 호족의 아들을 수도에 머물게 하는 제도. 명분은 출신지 행정에 대해 자문을 하는 것이지만, 실제로는 수도 개경에 호족의 아들을 인질로 잡아둠으로써 호족을 견제하기 위한 목적이었다.
사심관제도	해당 지방 출신인 사람을 그 지방의 사심관으로 임명하는 제도. 민심을 안정시키고, 지역 세력을 끌어들여 반역을 일으키지 못하게 하려는 목적으로 시행했다.
과거제도	출신을 따지지 않고 시험을 통해 관리를 선발하는 제도. 광종 때 쌍기의 건의로 시행한 제도로 공신과 호족 세력을 누르고 왕권을 강화하기 위해 시행했다.

노비안검법 양인이었다가 노비가 된 사람을 다시 양인으로 되돌아가게 한 제도. 광종 때 호
족 세력이 지닌 힘의 근원인 노비를 줄이기 위해 시행했다.

시무28조 최승로가 성종에게 불교와 토착신앙의 문제점을 지적하고 고려를 유교로 다스
려야 한다며 올린 글. 고려의 통치제도를 수립하는데 영향을 끼쳤으며, 시무28
조에서 공신을 제대로 대접해야 한다는 주장을 성종이 받아들이면서 문벌귀족
이 형성되는 계기가 되었다.

문벌귀족 고려 성종 이후 과거와 음서, 공음전 등을 통해 여러 대에 걸쳐 고위 관직을 대
물림하면서 형성된 지배층.

음서 5품 이상의 관직을 지낸 관리의 아들은 과거 없이 관직에 진출할 수 있도록 한
제도. 한번 높은 관직에 오르면 실력과 상관없이 대대로 높은 관직을 누릴 수
있게 해주는 제도였다.

공음전 고위직이거나 공을 세운 관리에게 지급한 토지 중 상속이 가능한 토지. 국가에
돌려줄 필요가 없었기에 문벌귀족의 경제적 기반이 되었다.

이자겸의 난 강력한 문벌귀족이었던 이자겸이 일으킨 난. 문벌귀족 사회의 문제점을 적나라
하게 드러낸 사건이다.

묘청의 난 칭제건원과 금나라 정벌을 내세우며 벌이던 서경천도운동이 실패한 뒤 묘청 등
이 일으킨 난. 문벌귀족 사이의 갈등과 대립을 보여주는 사건이다.

풍수지리설 땅과 물의 모양이나 형세가 인간과 나라의 운명에 크나큰 영향을 끼친다는 사
상. 고려 건국 때 '송악(개경)길지설', 서경천도운동 때 '서경(평양)길지설', 조선 건
국 때 '남경(한양)길지설'이 큰 영향을 끼쳤다. 지금도 풍수지리설의 영향에 따라
명당에 집을 짓거나, 묘를 쓰려는 문화가 남아 있다.

칭제건원 임금을 황제라 칭하고 독자적인 연호(년도를 헤아릴 때 쓰는 명칭)를 사용하자는 주
장. 보통 자주적인 국가임을 강조하고자 할 때 이런 주장을 내세운다. 신라 이래
로 대부분의 임금은 '왕'이라 칭하고, 중국식 연호를 사용했다.

14

고려의 통치 조직

한국사 일기

　　주현에 새로운 현령이 부임해 온 뒤로 걱정이 많아졌다. 우리는 속현이라 중앙에서 별도로 현령을 파견하지 않는다. 대다수 행정은 나와 같은 향리들이 알아서 하며 중요 사항만 보고를 하고 지시를 받는다. 그런데 이번 현령은 상당히 까다롭다. 시시콜콜 속현의 일에 간섭하고 지시를 내리려고 한다. 주현과 속현은 엄연히 처지가 다르고, 속현들도 저마다 다 다른데 이런 상황을 잘 알지도 못하면서 현령이 마음대로 지시를 내리니 백성들의 불만이 이만저만 아니다. 우리 현은 우리 현을 잘 아는 우리들이 알아서 다스리고 세금만 제대로 내면 그만인데, 시시콜콜한 사항까지 전부 좌지우지하려들면 안 된다고 본다. 이런 말씀을 여러 번 드렸지만 현령은 들은 척도 안했다. 진짜 큰 걱정은 감무(監務)를 파견할 예정이라는 사실이다. 중앙에서 파견하는 일종의 감독관인 감무가 온다면 우리들의 힘은 크게 약해지고 만다. 중앙이 작은 속현까지 전부 장악하려 들다니 앞날이 걱정이다.

_속현의 향리가 쓴 일기

한국사 그물망

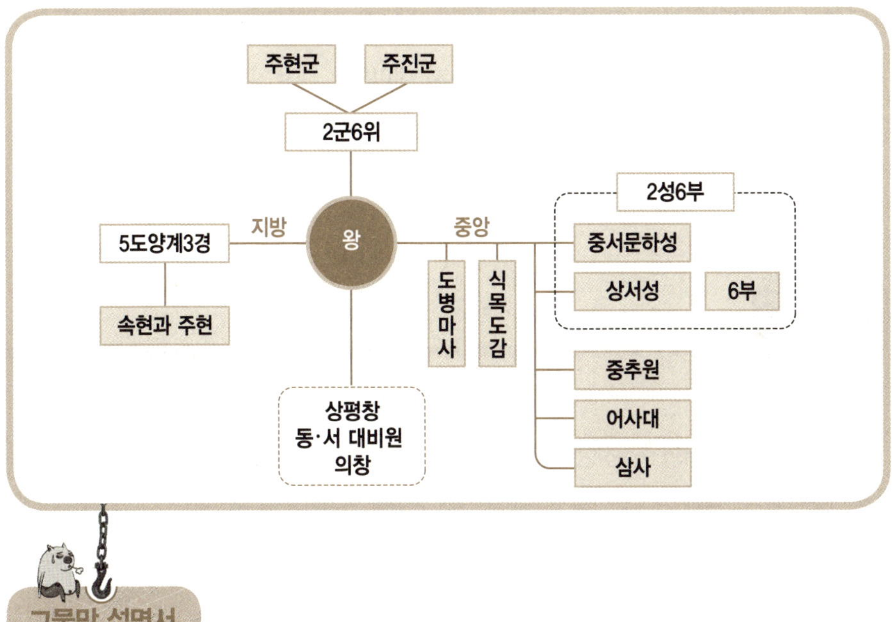

그물망 설명서

중앙 조직의 핵심은 2성6부로 중서문하성과 상서성, 6부가 있다. 중추원은 왕명을 받아 전달하는 기관, 어사대는 관리들을 감독하는 기관, 삼사는 궁궐의 회계를 맡아보는 기관이다. 이런 조직과 별도로 나라의 중대 사항을 논의하는 회의 기관으로 도병마사와 식목도감이 있다. 도병마사는 중서문하성과 중추원 고관이 모여 국방 문제를 논의하는 회의 기구이고, 식목도감은 나라의 법률, 제도, 격식을 다루는 회의 기구다.

지방은 5도, 양계, 3경으로 나뉜다. 5도는 일반적인 지방의 행정구역이고, 양계는 북방에서 오랑캐의 침입을 막기 위한 특별한 지방 행정구역이다. 3경은 개경, 서경, 남경을 일컫는다. '도' 밑에는 오늘날의 '군'이나 '시'와 같은 현이 있는데 지방관을 파견하는 주현과, 지방관을 파견하지 않고 주현의 간접 통치를 받으며 향리들이 자체적으로 행정을 담당하는 속현으로 나뉜다.

중앙 군대는 2군6위가 있고, 지방에는 주현군과 주진군이 있다. 주진군은 늘 무장하고 싸움을 준비하는 상비군이고, 주현군은 필요할 때 훈련하고 전쟁에 나가는 지방 군대다. 백성들의 삶을 돌보기 위한 행정조직으로는 상평창, 동·서 대비원, 의창 등이 있다. 상평창은 물가관리기관이고, 동·서 대비원은 의료기관, 의창은 빈민구조기관이다.

2성6부	고려의 중심적인 중앙 행정조직인 중서문하성과 상서성, 6부를 가리키는 용어.
중서문하성	국가 정책 전반을 관리하는 기구. 정책을 심의하고 결정한다.
상서성	6부를 거느리며 행정을 총괄하는 기구.
6부	행정 실무를 담당하는 이(행정/인사), 호(재정/세금/인구), 예(문화/교육), 형(사법/경찰), 공(건설/산업/토목), 병(군대)의 여섯 개 행정 조직.
도병마사	중서문하성과 중추원 고관이 모여 국방 주요 문제를 의논하는 기구.
식목도감	나라의 법률, 제도, 격식을 다루는 회의 기구.
중추원	왕명을 받아서 전달하는 기관.
어사대	관리들을 감독하고 풍속을 살피고 단속하는 기관.
삼사	궁궐의 회계와 재정을 담당하는 기관.
5도양계3경	고려는 지방을 일곱 도로 나누었는데 5도는 일반 행정구역, 양계는 북쪽에 위치하여 군사적인 역할을 하는 군사 행정구역이다. 5도에는 주, 군, 현을 설치하고 안찰사를 파견했으며, 양계는 군대를 관리하는 병마사를 파견했다. 3경은 개경, 서경(평양), 동경(경주)을 일컫는다.
속현과 주현	지방관이 파견되지 않는 곳이 속현, 지방관이 파견되는 곳이 주현이다. 고려는 속현이 많았으나, 조선은 고려와 달리 모든 지방에 지방관을 파견하여 속현을 없앴다.

2군6위	고려의 중앙 군사제도로 2군은 국왕의 친위 부대이고, 6위는 수도 방위군이다.
주현군	일반 군현에 주둔하는 지방군.
주진군	지방에 주둔하는 상비군.
상평창	곡식 값을 조절하던 고려시대 기관. 흉년이면 곡식을 싸게 팔아 물가가 너무 오르지 않게 막고, 풍년이면 곡식 값이 떨어지는 걸 막기 위해 곡식을 비싼 값에 사들였다.
동·서 대비원	가난한 백성들에게 의료 혜택을 받게 하려고 설치한 기관.
의창	평상시 곡식을 쌓아두었다가 흉년에 빈민을 구하는 역할을 하는 기관.

15

전쟁과 무신정권

한국사 일기

　전쟁은 지긋지긋하다. 도대체 얼마나 더 싸워야 하는 걸까? 내가 태어나던 해 아버지는 몽골과 전쟁에 참여해 처인성에서 몽골군을 크게 물리치는 데 기여했다. 나도 성인이 된 뒤에 몇 번이나 몽골군과 전쟁을 벌여야 했다. 이제 몽골과 전쟁을 끝내려는 판에 삼별초가 남쪽에서 몽골에 복종하지 않겠다며 저항하고 있다. 같은 고려 사람으로 진압하기 싫지만 어쩔 수 없이 삼별초를 진압하러 가야 한다. 삼별초와 싸움이 끝나면 전쟁은 끝날까? 알 수 없는 노릇이다. 아버지 말씀을 들으니 몽골은 고려 건국 뒤 세 번째로 싸우는 북방민족이라고 한다. 첫 번째는 거란족이 었는데 세 번 싸워 모두 이겼다고 한다. 아! 거란이 처음 쳐들어 왔을 때는 서희가 세 치 혀로 거란을 물리쳤다고 했다. 서희의 말발이 얼마나 대단했기에 말 몇 마디 로 거란군을 물리쳤을까? 서희가 지금 있다면 몽골과 40년이나 싸우지 않았을 텐데……. 두 번째 북방민족은 여진족이었다. 다행히 여진족과는 나라 전체가 휘말려 드는 전쟁은 없었다. 몽골도 그랬다면 얼마나 좋았을까? 또다시 전쟁에 간다. 과연 나는 살아날 수 있을까? 내일 삼별초를 진압하러 가기 전에 절에 들러야겠다.

_삼별초 진압을 앞둔 군인의 일기

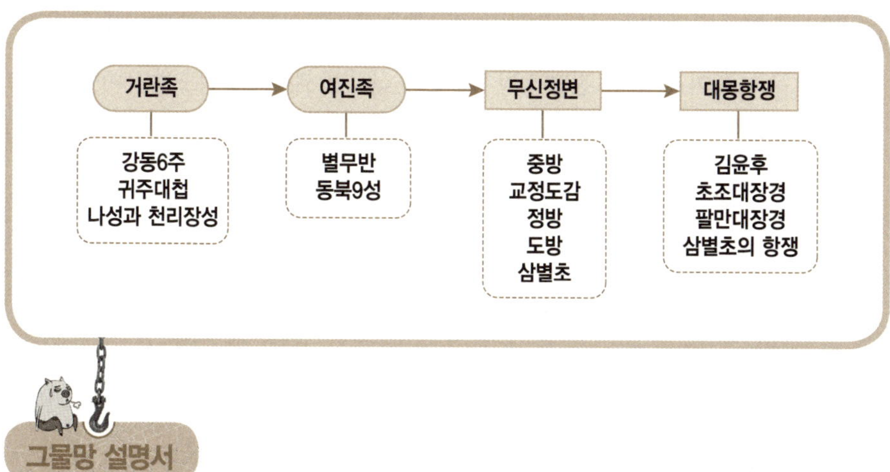

첫 번째 침략한 북방민족은 거란족이었다. 거란족은 고려를 세 번 침입했다. 첫 번째 침입 때는 서희가 대화로 담판을 지었음은 물론 강동6주를 얻어 압록강까지 영토를 넓혔다. 두 번째 침입 때는 개경을 빼앗기기도 했으나 양규 등의 활약으로 거란군을 무찌른다. 이때 거란의 침략을 부처님의 힘으로 물리치고자 초조대장경을 만들었다. 세 번째 침입 때는 강감찬이 귀주대첩을 통해 거란군을 대파함으로써 거란은 다시 침략하지 못한다. 거란은 고려와 싸움에서 패하면서 급속하게 국력이 약해져 여진족이 세운 국가인 금에게 밀린다. 거란족의 침입에 화들짝 놀란 고려는 북방의 침략에 대비해 개경 주변에 나성을 쌓고, 북방지역 전체를 막는 천리장성을 쌓았다. 거란족이 약해지는 틈을 타 여진족이 강해졌다. 그러자 고려는 여진족의 힘을 누르기 위해 윤관이 별무반을 구성해 동북9성을 개척했다. 그러나 어렵게 개척한 동북9성을 지키기 어렵다는 이유로 내주고 만다. 여진족이 금나라를 세운 뒤 전쟁이 벌어질 뻔 했으나 당시 권력자인 이자겸이 자신의 권력이 위협받을까 두려워 금나라에 굴종하면서 전쟁이 일어나지는 않았다.

문벌귀족이 형성되면서 문신들에게 천대받던 무신들은 무신정변을 통해 권력을 잡았다. 무신들은 중방, 교정도감, 정방, 도방 등을 통해 권력을 행사했다. 삼별초는 무신정권의 핵심 무력이었다. 무신정권 시기 세계 최강을 자랑하는 몽골 군대가 침략해왔고 무려 40여 년 동안 전쟁이 벌어졌다. 무신정권 세력은 강화도에 틀어박혀 사치와 향락에 젖었고, 육지에 있던 백성들이 몽골에 처절히 저항했다. 이때 초조대장경이 불타자 몽골의 침략을 부처님의 힘으로 물리치고자 팔만대장경을 만들었다. 무신정권이 강화도에서 몰락한 뒤 고려는 몽골에 항복했으며, 이에 저항한 삼별초의 항쟁이 벌어졌으나 고려와 몽골의 연합군에 진압당하고 만다.

한국사 어휘사전

강동6주 거란 1차 침입 때 서희가 거란과 담판을 벌여 얻은 땅. 강동6주를 확보하면서 고려의 영토가 압록강에 이르렀다.

귀주대첩 거란 3차 침입 때 강감찬이 이끄는 고려군이 거란군을 크게 물리친 전투. 이때 크게 패한 거란은 다시는 고려를 침입할 능력을 잃었으며, 힘이 약해진 거란족은 여진족이 세운 금나라에 밀렸고 나중에 멸망당한다.

나성과 천리장성 거란의 3차례 침입을 겪은 뒤 쌓은 성. 나성은 개경 주위에 쌓은 성이고, 천리장성은 압록강에서 동해안까지 국경 경비를 강화하기 위해 쌓은 성이다.

별무반 여진족 정벌에 실패한 뒤 여진족을 공격하기 위해 만든 특수부대.

동북9성 윤관이 별무반을 이끌고 여진족을 토벌한 뒤 동북 지역에 쌓은 성. 여진족의 간청과 방어의 어려움으로 인해 여진족에게 반환하였다.

무신정변 1170년 의종 때 문신에게 크게 차별을 당하던 무신들이 문신들을 죽이고 권력을 장악한 사건.

중방 권력을 장악한 무신들의 최고 통치기구. 정중부, 경대승, 이의민이 중방을 이용해 권력을 행사했다.

교정도감 무신들 사이의 권력 다툼에서 승리한 최충헌이 설치한 최고 통치기구.

정방　　　　최충헌의 아들인 최우가 인사 문제를 처리하기 위해 자기 집에 설치한 기관.

도방　　　　최씨 무신정권을 가까이서 보호하는 경호 부대.

삼별초　　　최씨 무신정권의 전투 부대. 좌별초, 우별초, 신의군을 합쳐 삼별초라 하였다.

대몽항쟁　　몽골의 무리한 요구와 몽고 사신 저고여의 피살로 인해 몽골 침입이 시작된 뒤 40여 년 동안 고려 백성들이 몽골의 침략에 대항해 벌인 항쟁. 무신정권은 강화도로 넘어가 사치와 향락을 일삼았으며, 육지에 남은 백성들이 전국 곳곳에서 몽골과 맞서 싸웠다.

김윤후　　　몽골의 2차 침입 때 처인성전투에서 적장 살리타를 죽였다.

초조대장경　거란의 침입을 부처님의 힘으로 물리치기 위해 만든 목판. 몽골 침입 때 불탔다.

팔만대장경　몽골의 침입을 부처님의 힘으로 물리치기 위해 만든 81,258장의 목판. 부처님 말씀이 담겨 있으며 지금은 합천 해인사 장경각에 보관 중이다.

삼별초의 항쟁　삼별초가 몽골에 맞서 일으킨 항쟁. 강화도에서 항쟁하던 고려 조정이 몽골에 복종을 맹세하고 개경으로 돌아가려하자 이에 따르지 않고 진도로 이동해 몽골에 저항했다. 처음에는 남해안 일대를 장악하며 큰 세력을 떨쳤으나 거점이었던 진도가 점령당하면서 기세가 꺾였다. 탐라(제주도)로 이동해 최후까지 저항했으나 결국 진압 당했다.

고려 말의 정치

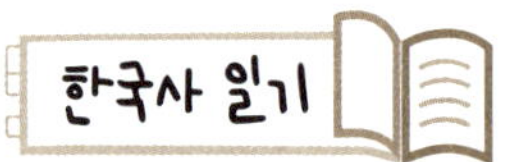

"미륵불이 나셨다. 미륵불이 나셨어."

나는 지금까지 아빠와 엄마가 그렇게 들뜬 표정을 짓는 것을 본적이 없다. 아빠 엄마뿐 아니다. 동네 사람들 전체가 축제 분위기였다. 너도 나도 음식을 내와서 잔치를 벌였고, 덩실덩실 춤을 추며 놀았다. 나는 이유도 모른 채 그냥 신나게 먹었다. 나를 비롯한 아이들은 풍성한 잔치 분위기에 들떠서 올챙이배가 되도록 먹었다. 올챙이배가 된 뒤에야 왜 이렇게 갑자기 잔치를 벌이느냐고 아빠에게 물었다.

"미륵불이신 신돈 큰스님께서 전민변정도감을 만들어 권문세족이 빼앗아간 땅도 되찾아주고, 신분도 노비에서 양민으로 되돌려 주셨으니 어찌 기쁘지 않겠느냐. 내 땅에서 자유롭게 농사를 짓게 생겼으니 이런 때 잔치를 벌이지 않으면 언제 벌이겠느냐."

엄마와 아빠는 집으로 걸어가는 도중에도 덩실덩실 춤을 추었다. 나도 기쁨에 겨워 함께 춤을 추면서 걸었다.

"허, 이 녀석! 올챙이배가 되더니 올챙이춤을 추는구나!"

아빠는 동네가 떠나가라 껄껄 웃으셨다.

_전민변정도감 덕에 양민이 된 아이의 일기

한국사 그물망

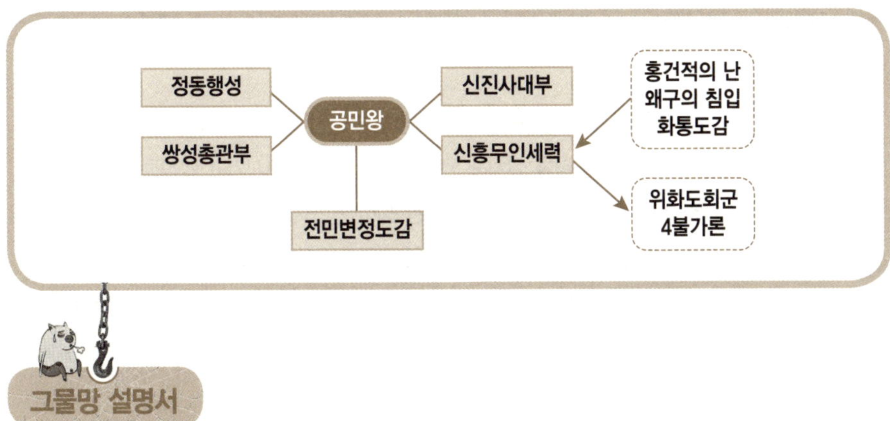

그물망 설명서

공민왕은 왕위에 오르자 친원파인 권문세족을 몰아내고 고려의 자주권과 왕권을 강화하기 위한 개혁을 진행했다. 먼저, 원나라 지배에서 벗어나기 위해 정동행성을 폐지하고 쌍성총관부를 빼앗았다. 그리고 전민변정도감을 만들어 권문세족에게 빼앗긴 땅을 돌려주었으며, 노비가 되었던 양민들을 원래 신분으로 돌아가게 해주었다. 백성들은 전민변정도감의 책임자인 신돈을 미륵불이라 부르며 감격해했다.

공민왕은 권문세족을 대신할 세력을 키우기 위해 신진사대부를 많이 등용했다. 홍건적과 왜구의 침입을 격퇴하는 과정에서 새로운 무인 세력이 등장하기도 했다. 바야흐로 고려가 새로운 중흥기를 맞았다. 그런데 권문세족들의 모함으로 신돈이 죽고, 공민왕의 개혁이 흐지부지 되더니 급기야 공민왕의 죽음과 함께 모든 개혁은 수포로 돌아갔다. 또다시 행해지는 권문세족의 횡포에 백성들은 고려라는 나라에 이를 갈았다.

이성계는 요동정벌을 하기 위해 출병했다가 4불가론을 내세우고 위화도에서 군대를 돌려 권력을 장악했다. 백성들은 새로운 시대를 원하고, 신진사대부와 신흥무인세력이라는 새로운 세력이 권력을 장악하면서 바야흐로 새로운 나라가 들어설 기운이 넘실댔다.

공민왕	정동행성 폐지, 몽골풍습 금지, 친원파 숙청, 쌍성총관부 회복 등 반원 정책을 폈다. 전민변정도감을 설치해 권문세족의 힘을 약화시키고 백성들의 삶을 개선시키고자 하였다. 정방 폐지, 성균관 정비, 신진사대부 등용으로 새로운 세력을 양성하여 권문세족을 약화시키고 왕권을 강화하려 하였다.
정동행성	충렬왕(1280) 때 몽골군이 일본 원정을 위해 설치한 기구. 나중에는 고려의 내정을 간섭하고 원의 지배를 실현하는 기구가 되었다.
쌍성총관부	철령 이북의 땅에 설치된 원의 지배기구.
전민변정도감	권문세족에게 억울하게 끌려가 노비가 된 백성들을 풀어주고, 빼앗긴 땅을 되돌려주기 위해 공민왕이 신돈으로 하여금 설치하게 한 기구. 권문세족의 반격으로 신돈이 죽으면서 토지개혁이 실패로 끝난다. 나중에 권력을 장악한 신진사대부 급진세력이 과전법을 실시함으로써 전민변정도감의 개혁을 완수한다.
신진사대부	고려 말 지방에 뿌리를 둔 중소 지주 출신으로 성리학을 공부한 선비 집단. 공민왕이 권문세족을 몰아내기 위해 정방을 폐지하고 발탁한 인재들이 중심이 되었으며, 이후 이성계 세력과 결합하여 조선 건국을 이끈다.
신흥무인세력	홍건적의 난, 왜구의 침입을 격퇴하면서 새롭게 일어난 이성계 등의 무장 세력을 일컫는 말. 신흥무인세력은 신진사대부와 손잡고 조선을 건국한다.
홍건적의 난	'붉은 두건을 쓴 도적'이란 뜻으로 원나라에 반기를 든 한족의 농민 반란군. 원나라와 싸움에서 밀려 고려에 두 차례 침입했다. 한때 홍건적에게 개경이 함락당하기도 했으나 고려군의 반격으로 괴멸되었다.
왜구의 침입	중국은 원과 명의 대결로 혼란스럽고, 고려는 원의 간섭으로 군사력이 약화된 상태였다. 여기에 일본의 내부 분열로 일부 세력이 해적이 되면서 중국과 한반도 곳곳에 해적질을 하고 다녔다. 개경 인근까지 나타날 정도로 왜구의 침략이 극심했다.
화통도감	고려 말 화약 및 화약무기를 만들던 관청. 최무선이 화통도감에서 화약무기를 만들어 왜구를 크게 무찔렀다.

위화도회군 고려 말인 1388년(우왕) 요동을 정벌하기 위해 나섰던 이성계가 압록강 위화도에서 요동정벌군을 되돌려 권력을 장악한 사건. 고려는 원나라를 물리치고 들어선 명나라가 고려를 침략하려 한다고 보고 먼저 요동을 치기로 결정했다. 우왕과 최영은 군대 5만을 주어 이성계와 조민수로 하여금 요동을 정벌하게 했는데, 이성계는 4불가론을 내세우며 군대를 돌려 권력을 장악했다.

4불가론 이성계가 요동정벌을 거부하며 내세운 논리. ①작은 나라로 큰 나라를 치기 어렵고, ②여름은 군대를 동원할 때가 아니며, ③왜적의 침입이 걱정되고, ④장마철이라 활을 사용하기 어려울 뿐더러 전염병도 걱정된다는 것.

17

고려의 토지와 세금

한국사 일기

　겉으로는 나라지만 속은 도적떼가 분명하다. 얼마 전까지 나는 세 가지 세금 때문에 고역을 치렀다. 일단 내 땅에서 세금을 거둬갔다. 가혹한 세금이긴 하지만 세금만 거둬간다면 도둑이라고 욕하지 않는다. 관리놈들은 우리 동네에서 나는 특산물을 바치라고 날이면 날마다 독촉이다. 최상품으로 골라서 나라님에게 바쳐야 하니 여간 힘든 일이 아니다. 황당하게도 나라님에게 바친 특산물을 자기들이 몰래 중간에 빼돌리기도 했다. 또한 툭하면 성을 쌓아라, 강물을 막아라, 길을 뚫어라 하며 일을 시킨다. 바쁜 농사철에도 불러대니 대책이 없다. 아들은 군인으로 뽑혀가서는 돌아올 줄을 모른다. 전쟁도 하지 않는데 군대에 왜 그리 오래 가 있는지 모르겠다. 그나마 이 정도면 내가 하소연을 하지는 않는다. 얼마 전에 내 땅이 나라님을 거쳐 귀족에게 넘어갔다. 이젠 귀족이 나에게 세금을 거둬간다. 나라님의 결정에 따라 내 땅이 귀족의 땅이 되었다고 하는데 얼마 전까지 내 땅이었는데, 어떻게 해서 귀족의 땅이 되었는지는 힘없는 나로서는 알 도리가 없다. 이런 세상이 나아질 희망이 있을까? 아! 삶은 고난과 고통의 연속일 뿐인가?

_세금에 시달리는 백성의 일기

한국사 그물망

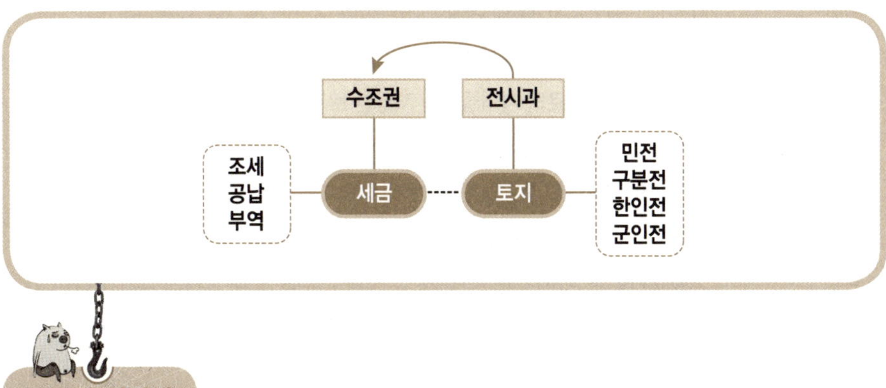

그물망 설명서

세금을 거두는 원칙은 수·당나라 때 세워진 조(租), 용(庸), 조(調)이다. 조(租)는 토지에 매기는 세금, 용(庸)은 성인 남성들에게 군대나 노동을 시키는 것, 조(調)는 각 지방의 특산품을 바치게 하는 제도다. 조선과 고려는 모두 조, 용, 조의 원칙을 따랐다. 고려에서 조는 조세, 용은 부역, 조는 공납이었다. 고려 토지제도의 핵심은 전시과였는데, 관리들은 전시과 제도를 통해 토지를 국가로부터 받았고, 이렇게 받은 토지에서 수조권을 행사했다. 전시과 토지 외에 민전, 구분전, 한인전, 군인전 등이 있었다.

한국사 어휘사전

수조권   중세사회에서 토지를 경작하는 농민에게서 세금을 거두는 권리. 보통 중세사회에서 모든 토지는 나라의 소유이며, 관리에게는 조세를 거두는 권리만 주었고, 농민에게는 경작권을 주었다.

전시과   전, 현직 관리에게 전지와 시지를 제공하는 제도. 곡물의 수조권을 준 농사짓는 땅을 전지, 땔감을 얻는 숲이나 목초지를 '시지'라고 하는데, 전지와 시지의 앞

글자를 따서 전시과라 하였다.

민전 개인이 소유한 토지. 매매, 상속이 가능하며 국가에 세금을 냈다.

구분전 하급 관리와 군인 유가족을 위해 지급한 토지.

한인전 6품 이하 하급 관료의 자녀들에게 지급한 토지.

군인전 국가가 군인들에게 지급한 토지.

조세 농민들이 토지를 소유하고 경작하는 대가로 내는 세금. 주로 곡물로 세금을 냈다.

공납 나라에 내는 세금의 하나로 각 지방의 특산물을 바치는 제도.

부역 16세에서 60세 남자가 지는 의무로 요역과 군역이 있다. 요역은 국가가 하는 일에 노동력을 제공하는 것이고, 군역은 군대에 가는 것이다.

18

고려의 천민

한국사 일기

　친구에게 사랑하는 처녀가 있다. 아름답고 마음씨도 곱고 솜씨도 뛰어나다. 친구가 사랑할 만한 처녀였다. 만약 친구가 사귀는 처녀가 아니었다면 내가 사랑에 빠졌을지도 모른다. 그러나 나는 친구의 연애는 말리지 않았지만 결혼은 결사적으로 말렸다. 아무리 사랑을 하더라도 이번엔 포기하라고 강요하다시피 충고했다. 그 처녀는 노비이기 때문이다. 엄마가 노비면 자식은 무조건 노비다. 아무리 사랑도 좋지만 자식을 노비로 만드는 사랑은 옳지 않다.

　노비가 얼마나 천대받는지는 굳이 말할 필요도 없었다. 멀리 공주 쪽에서 향·소·부곡의 백성들이 난을 일으켰다는 풍문이 들리더니, 개경에서도 만적이 중심이 되어 노비들이 난을 일으키다 발각되었다고 한다. 한때 무신정권의 일인자인 이의민이 노비의 자식이었다고 하더니 노비들이 그에 자극받아 자신들도 인간답게 살려고 시도한 모양이다. 안타깝게도 만적을 비롯한 노비들은 모조리 죽임을 당했다. 친구는 노비 제도를 비난하며 만적을 두둔하는 소리를 하는데, 나는 화들짝 놀라 친구를 말렸다. 입 조심해야 한다. 지금 분위기에서 잘못하면 목숨을 부지하기 어렵다.

_무신정권기 총각의 일기

한국사 그물망

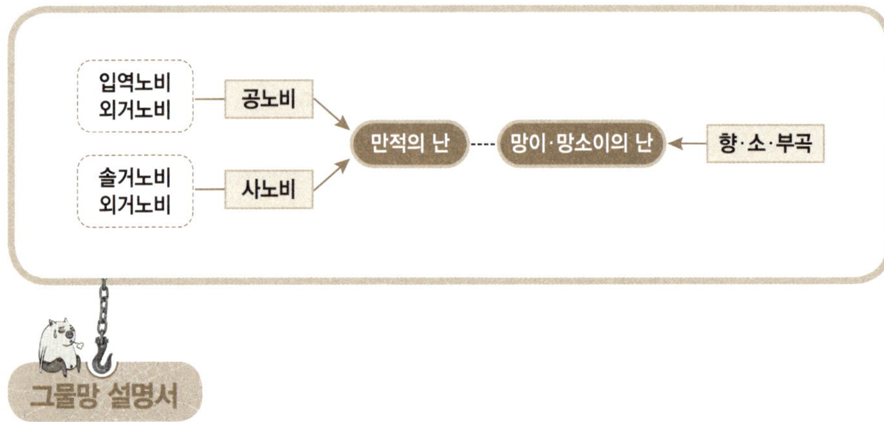

그물망 설명서

향·소·부곡의 주민들은 양민이었지만 천민 취급을 받았고, 수탈이 집중되는 지역이었다. 무신정권이 들어서고 불만이 극에 달하자 공주 명학소에서 망이·망소이가 난을 일으켰다. 고려의 노비들은 공노비와 사노비로 나뉜다. 공노비는 입역노비와 외거노비로 나뉘고, 사노비는 설거노비와 외거노비로 나뉜다. 무신정권의 최고 통치자 최충헌의 노비였던 만적은 "왕후장상의 씨가 따로 있느냐?"(인간은 누구나 평등하다)고 말하며 계급 질서 타파를 목표로 개경에서 난을 일으키려다 동료의 배신으로 실패했다.

한국사 어휘사전

공노비 국가가 소유한 노비. 입역노비와 외거노비가 있는데, 입역노비는 관청에서 직접 일하는 노비이고, 외거노비는 농사를 지으며 수입의 일부를 관청에 바치는 노비다.

사노비 개인이 소유한 노비. 솔거노비와 외거노비가 있는데, 솔거노비는 주인의 집에 함께 살면서 일하는 노비, 외거노비는 주인과 따로 살면서 농사를 지어 몸값을 따로 바치는 노비다.

향·소·부곡 신라부터 조선 초까지 있었던 지방의 특수 행정구역. 향·소·부곡에 사는 이들은 신분은 양민이나 거의 천민 취급을 받았다. '향'과 '부곡'의 주민들은 농사에 종사하고, '소'의 주민들은 수공업과 광업에 종사하였다. 특히 '소'의 주민들이 공납을 바치느라 부담이 아주 컸다.

망이·망소이의 난 무신정권이 들어선 뒤 공주 명학소에서 신분 해방을 목표로 망이와 망소이의 주도로 일어난 사건. 무신정권이 들어서면서 지방에 대한 통제력이 약화되고, 사회적 모순에 대한 불만이 극대화되면서 이곳저곳에서 봉기가 일어났는데, 그 중의 한 사건이다.

만적의 난 무신정변 뒤에 노비인 만적이 중심이 되어 노비들의 해방을 시도했던 사건. 무신의 난이 일어나자 노비 출신 중에도 권력을 장악하는 사람(이의민)이 나왔고, 노비들도 자신들의 신분에서 벗어나려는 의식이 생겼다. 당시 최고 권력자 최충헌의 노비였던 만적은 개경의 노비들과 뜻을 모아 반란을 일으켜 노비제도를 없애려 하였으나, 순정이란 노비가 배신하여 실패로 끝났다. 엄격한 계급사회였던 당시에 노비제도 폐지를 시도했다는 점에서 큰 의미를 지닌다.

19

고려의 불교와 유교

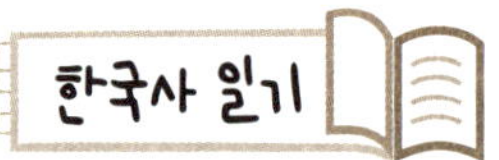

　　스님들은 왜 그리 어려운 말을 할까? 어제 절에 가서 말씀을 듣는데 너무 어려웠다. 말씀을 듣는 내내 졸려서 눈꺼풀을 치켜세우느라 온 힘을 다 썼다. 깜빡 졸다가 옆 사람과 머리를 부딪쳤는데 놀라서 소리를 지르는 바람에 스님의 눈총을 받기도 했다.

　　"그러지 말고 저기 앞에 새로 생긴 절을 가 봐. 거기 스님 말씀은 하나도 안 어려워. 지금 절은 교종이지만 새로 생긴 절은 선종이어서 정말 달라."

　　앞집 돌쇠 엄마가 전해준 소식은 내게 광명이었다. 돌쇠 엄마는 더하는 것도 제대로 못하지만 나는 더하기뿐 아니라 빼기도 할 줄 안다. 그러니 돌쇠 엄마가 알아들었다면 나는 더 쉽게 알아들을 것이다. 나는 설렘을 가득 안고 바로 절로 향했다. 결과는 기대 이상이었다. 스님의 말씀은 하나도 어렵지 않았다. 어려운 교리를 알지 못해도 아무 상관이 없었다. 그냥 내 안에 있는 불성을 발견하면 된다고 했다. 불성이 뭔지 모르겠지만 밖이 아니라 내 안에 있으니 언젠가는 발견하게 되리라 믿었다. 내일은 돌쇠 엄마에게 호박 하나 주며 고마움을 전해야겠다.

_불교를 믿는 여인의 글

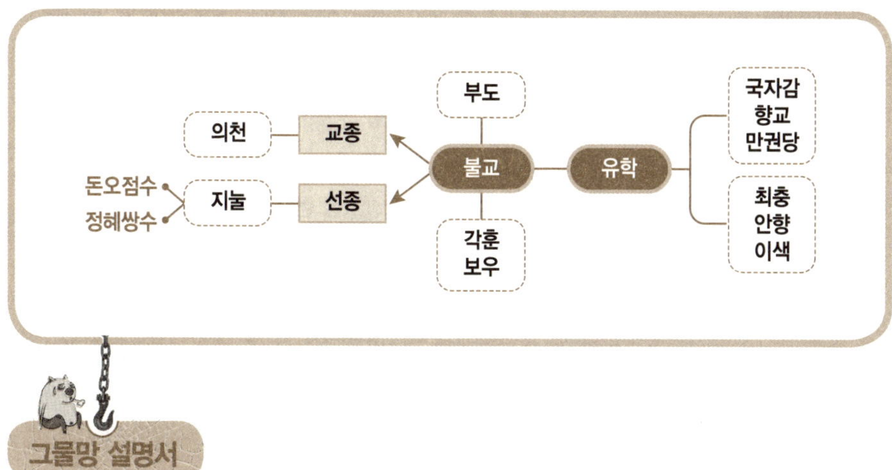

그물망 설명서

고려는 불교 국가다. 불교는 크게 교종과 선종으로 나뉜다. 교종은 교리를 중요하게 여기고, 선종은 수양을 통해 자기 안의 불성을 깨닫는 것을 중요하게 여긴다. 교종은 교리 중심이어서 일반 백성들이 접근하기 쉽지 않았기에, 일반 백성들은 선종을 더 친근하게 여겼다. 교종과 선종은 서로 대립하였는데, 이에 반해 지눌은 돈오점수와 정혜쌍수를 내세우며 선종 중심으로 불교를 통합하고자 했다. 이에 반해 의천은 교종 중심으로 불교를 통합하고자 했다. 종교는 불교였지만 정치는 공자와 맹자의 학문인 유학이 중심이었다. 최충, 안향, 이색 등은 고려에 유학을 전파하는 데 큰 역할을 했으며 나라에서도 국자감과 향교를 만들어 유학을 가르쳤다. 충선왕은 만권당을 만들어 유학 공부에 힘을 쏟았다.

교종	부처님의 설교와 교리를 강조하는 불교의 한 종파. 일반 백성들은 교리나 경전을 읽고 접할 기회가 적었기 때문에 교종은 기본적으로 귀족과 왕실이 중심이었다.
선종	문자가 아니라 수양을 통해 자신이 본래부터 타고난 부처님의 성품을 깨닫는 걸 강조하는 불교의 한 종파. 교리를 강조하지 않았기 때문에 일반 백성들이 접근하기 쉬워서 백성들에 훨씬 가까운 불교였다.
지눌	돈오점수와 정혜쌍수를 주장하며 불교의 단결을 강조한 승려. 선종을 중심으로 교종을 결합하고자 하였다.
돈오점수	문뜩 깨닫고(돈오) 점차 수행을 통해 갈고 닦는다(점수)는 불교 수행의 원리.
정혜쌍수	선종의 선 수련과 교종의 교리 공부가 둘이 아니라 하나라는 주장.
의천	천태종을 세웠으며 교종을 중심으로 선종을 통합하려고 한 승려.
각훈	삼국시대 승려들에 관한 이야기를 담은 『해동고승전』을 지은 승려.
보우	불교의 타락을 비판하고 종파의 단결을 이루고자 한 승려.
부도	승려가 죽은 뒤 화장을 하면 나오는 사리를 모신 탑. 고려시대 선종이 발달하면서 많은 부도를 만들었다.
국자감	고려 국립 교육기관. 개경에 설치하여 귀족의 자제들에게 유학과 기술학을 가르쳤다.
향교	고려시대 지방 교육기관. 지방의 귀족이나 평민의 자제들을 가르쳤다.
만권당	고려의 충선왕이 원나라 수도인 연경에 세운 독서공부방. 만권당에 많은 책을 구해 놓고 고려의 학자들이 만권당에서 중국 학자들을 만나며 공부하였다.
최충	유학 보급에 힘쓴 고려 중기의 문신. 인품이 훌륭하고 학문이 높아 '해동공자'로 불렸다.
안향	성리학을 고려에 처음 소개한 고려 후기의 학자. 후대에 '동방의 주자'로 불리며 조선의 성리학자들에게 존경을 받았다.
이색	정몽주, 정도전, 권근 등의 스승으로 고려 말기 성리학의 발전에 큰 공헌을 한 학자. 이색의 학문은 길재를 거쳐 조선 초기 성리학자들에게 이어지며 조선 초기 성리학의 주류가 된다.

고려의 상업

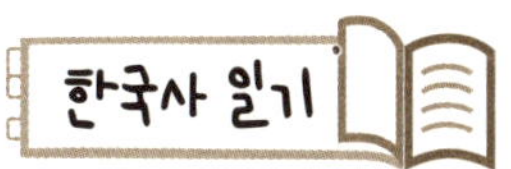

"이게 추포 대신 쓴다는 건원중보라는 거시여?"

시전에서 물건을 사러 나왔는데 장사를 하는 친구가 내게 건원중보를 보여주었다. 등에 짊어진 추포(발이 굵고 바탕이 거친 베)를 내려놓고 건원중보를 받아들었다.

"추포를 짊어지고 다닐 필요도 없고, 실에 꿰어 들고 다니면 진짜 편리하제."

건원중보를 소매 속에 넣어 보았다. 소매로 쏙 들어갔다.

"근디 이건 워디서 구한데?"

"관청에서 만드는 거여. 관청에 물건을 주면 이 건원중보를 그 값어치만큼 쳐서 준다는구만."

"허, 거참 누가 맹글었는지 모르지만 참 머리 좋구만. 내 당장 이 추포를 건원중보랑 바꿔야것네."

내가 몸을 일으켜 떠나려는데 친구가 날 붙잡았다.

"아고 이 사람아. 내 건원중보는 주고 가야제."

"아, 이런 미안하이. 내 소매에 들어가 있는 걸 깜빡했네."

친구와 나는 껄껄 웃었다.

_고려시대 상인의 일기

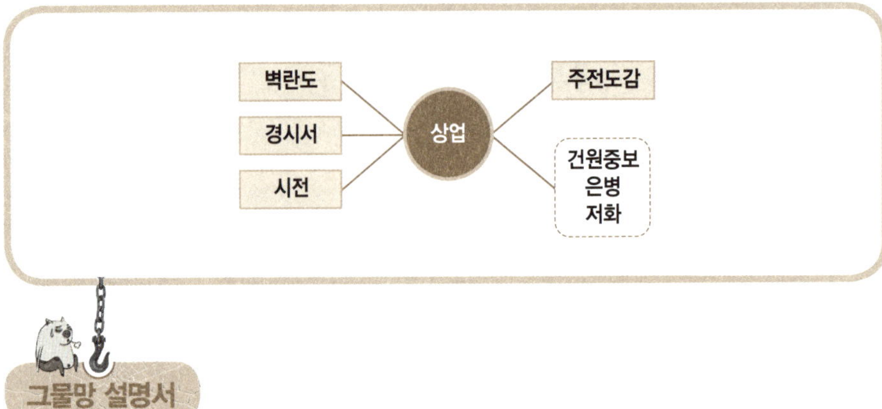

고려 왕건의 출생지인 개경은 상업이 발달한 도시였다. 왕건도 상업에서 큰 성공을 거둔 호족 출신이었다. 이로 인해 고려는 그 어느 국가보다 상업을 장려했다. 국제 무역항인 벽란도에는 아라비아 상인까지 들어왔다. 상업이 활발해지려면 화폐는 필수다. 최초의 동전 건원중보, 화폐를 만들기 위해 설치한 주전도감, 최초의 종이 화폐인 저화 등은 고려가 상업을 얼마나 중요하게 여겼는지 잘 보여준다. 상업이 활발했기에 도시마다 시전이 발달했으며, 불법적인 상거래 행위를 단속하기 위한 경시서와 같은 기구도 만들었다.

한국사 어휘사전

벽란도 황해도 예성강 입구에 있는 고려시대 국제 무역 항구. 멀리 아라비아 상인들까지 무역을 하러 고려에 들를 정도로 번성했다. 벽란도에 들른 아라비아 상인을 통해 코리아(COREA, 고려)란 이름이 서양으로 전해졌다.

건원중보   고려 성종 때 철로 만든 최초의 동전 화폐.

주전도감   고려 숙종 때 화폐를 만들기 위해 설치한 기관.

은병   고려 숙종 때 은으로 만든 화폐. 병 모양인데 입구가 넓어서 '활구'라고 하였다.

저화   고려 말, 조선 초에 만들었던 종이 화폐. 널리 쓰이지 못하고 금방 사라졌다.

경시서   고려 때 개경에 설치되어 매점매석과 같은 불법 행위를 감시하는 기구. 조선시대에도 있었다.

시전   옛날 도시에 있던 상점. 고대사회부터 있었는데 국가가 정책적으로 시전을 설치하고 관리하기도 했다. 고려는 상업을 장려했기에 시전이 활발히 발전했다.

조선 초기의 정치

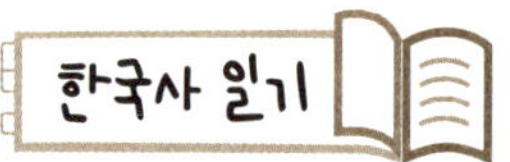

충신이 죽는다. 고금에 다시없는 충신이 죽는다. 봉래산 제일봉의 낙락장송처럼 올곧고 굳세던 충신이 형장으로 끌려간다.

이 몸이 죽어가셔 무어시 될고 하니
봉래산 제일봉에 낙락장송 되야이셔
백설이 만건곤 할제 독야청청 하리라

김질의 배신이 아니었다면 무뢰배 수양대군을 처단하고 진짜 임금(단종)을 모셨을 텐데, 몹쓸 놈의 김질아! 무엇이 두려워 배신을 하였더냐? 모진 고문을 당하고 형장으로 끌려가는 충신이 마지막 읊는 시가 내 가슴을 후빈다.

목숨을 재촉하는 북소리 둥둥 울리는데, 고개 돌려 바라보니 해는 지려는구나.
저승에는 주막집 하나도 없다 하니, 오늘밤은 뉘네 집에서 묵으려나.

아! 슬프도다. 정의는 땅에 떨어지고 배신자와 역적이 권력을 차지했으니 이 일을 어이할꼬.

_성삼문의 죽음을 지켜본 사대부의 일기

한국사 그물망

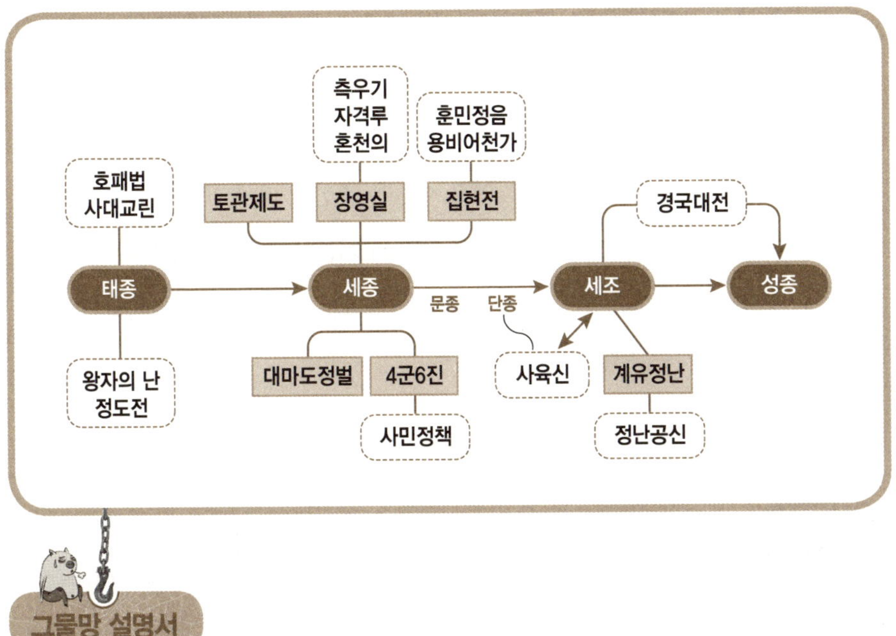

그물망 설명서

겉으로는 이성계가 조선을 건국했지만 실제로 조선을 건국한 주역은 정도전이었다. 정도전은 조선을 설계했고 조선의 기틀을 다졌다. 정도전은 조선을 성리학을 공부한 사대부의 나라로 만들려 했지만, 이방원은 조선을 왕의 나라로 만들려 했다. 이방원은 두 차례 왕자의 난을 통해 정도전을 비롯한 반대세력을 제거하고 권력을 장악해 태종이 되었다. 태종은 호패법을 실시해 사회질서를 바로잡고, 왕권에 위협이 되는 세력은 모조리 제거했다. 태종 뒤를 이은 세종은 다시없는 태평성대를 이룬다. 집현전을 통해 학문을 발전시켰으며, 세계 최고의 글자인 훈민정음을 창제했다. 또한, 왜구 문제를 근본적으로 해결하기 위해 대마도를 정벌하고, 북방의 여진족을 몰아내고 4군6진을 개척하게 하여 북방 영토를 오늘날과 같이 넓혔다. 토관제도로 지방을 안정화시켰으며 백성들의 삶을 늘 가까이에서 살폈다. 천민인 장영실을 신분에 상관없이 등용하여 농업에 도움이 되는 과학기술을 발전시켰고, 음악, 농업기술 등 실용적인 학문의 발전도 장려했다. 세종의 뒤를 이은 문종은 뛰어난 왕이었으나 건강이 좋지 않아 단명하였고, 어린 단종이 왕위에 올랐다. 단종의 숙부였던 수양대군은 계유정난을 통해 권력을 장악하고 결국 단종을 몰아낸다. 성삼문, 박팽년을 비롯한 사육신은 수양대군을 죽이기 위해 모의하다 김질의 배신으로 실패하고 죽임을 당한다. 세조를 도왔던 이들은 정난공신이 되었고, 이들은 조선 초기 중앙권력을 장악한 훈구파가 된다. 경국대전은 조선사회의 법과 제도의 기틀을 규정한 법전으로 세조 때 만들기 시작해 성종 때 완성된다. 경국대전이 완성되면서 조선은 본격적으로 성리학의 이념으로 통치하는 시대가 열린다.

한국사 어휘사전

정도전	조선 건국을 실질적으로 기획하고 지휘한 성리학자. 성리학 질서를 실현하는 국가, 인격이 완성된 재상이 다스리는 나라를 꿈꾸었다. 요동정벌을 추진하고 사병을 없앴다. 왕권 강화를 중요시한 태종 이방원에게 죽임을 당했다.
왕자의 난	조선 초기 왕의 자리를 둘러싸고 벌어진 2번의 싸움. 모두 이방원이 중심이었는데 1차 왕자의 난 때는 정도전이 죽었고, 2차 때는 이방원이 방간과 싸움에서 승리했다. 두 차례 싸움에서 승리한 이방원이 왕위에 오르니 태종이다.
호패법	16세 이상의 남자에게 호패를 지니고 다니게 한 제도. 호패는 현재의 주민등록증과 비슷하며 태종 때부터 시행했다. 인구를 파악하여 효율적으로 세금을 걷고 군역을 집행하기 위한 목적으로 실시한 제도다.
사대교린	조선의 기본적인 외교 정책. 명나라를 섬기며 평화를 유지하는 정책을 '사대', 여진과 일본을 때로는 힘으로, 때로는 달래는 정책을 펴서 '교린'이라 한다.
4군6진	압록강, 두만강 유역의 여진족을 물리치고 개척한 행정구역. 최윤덕이 압록강 유역의 여진족을 몰아내고 설치한 것이 4군, 김종서가 두만강 유역의 여진족을

몰아내고 설치한 것이 6진이다.

사민정책 전라도, 경상도, 충청도 주민을 새롭게 개척한 4군6진으로 이주시킨 정책. 새롭게 개척한 지역을 안정적으로 지배하기 위해 실시했다.

토관제도 고려의 사심관과 같은 제도. 토착민을 관리(토관)로 임명해 민심을 안정시키기 위한 목적으로 실시한 제도이다.

대마도 정벌 왜구의 근거지인 대마도(쓰시마 섬)를 정벌한 일. 고려 창왕 때, 조선 태조 이성계 때, 세종 때 대마도를 정벌했다. 가장 널리 알려진 정벌이 세종 때 이종무의 대마도 정벌이다.

집현전 학자를 키우고 학문을 연구하기 위해 궁중에 설치한 기관. 고려 때부터 있던 기관으로 세종 때 활성화시켜 학문적인 성과를 많이 냈다. 세조는 집현전 학자 중 자신을 반대하는 이들이 많자 집현전을 폐쇄했다.

훈민정음 세종대왕이 창제하신 한글의 옛 이름이자, 한글을 창제한 목적과 글자를 만든 원리를 밝힌 책 이름. 세종대왕은 우리말이 중국과 달라 백성들이 어려움을 겪는 현실을 딱하게 여겨 훈민정음을 만들었고, 누구나 쉽게 글을 익히게 하였다. 한글은 세계에서 유일하게 글자를 만든 목적과 원리가 분명한 문자로, 세계 대다수의 언어학자들이 최고의 문자로 꼽는다. 〈훈민정음〉은 유네스코 세계기록유산으로 지정되었다.

용비어천가 조선 세종대왕 때 조선 건국의 정당성을 알리기 위해 지은 노래. 조선 건국을 찬양하는 내용이기에, 권력을 지닌 사람을 무조건 찬양할 때 '용비어천가를 부른다'는 식으로 비판하기도 한다. '뿌리 깊은 나무는 바람에 아니 흔들리니 꽃이 좋고 열매가 많으며, 샘이 깊은 물은 마르지 않으니 내를 이루어 바다로 간다'하는 유명한 문장으로 시작한다.

장영실 세종 때 활약한 조선시대 최고의 과학자. 혼천의, 자격루 등 뛰어난 발명품을 많이 만들었다. 천민 출신이었지만 세종이 그 재주를 높이 여겨 중용했다.

측우기 강우량 측정 도구. 세종 때 세계 최초로 만들었다. 흔히 장영실이 만들었다고 알고 있으나 문종이 세자 시절 처음으로 아이디어를 냈다고 한다.

혼천의 전체 운행과 위치를 관측하는 전체관측기.

자격루 자동으로 시간을 알려주는 물시계.

계유정난	1454년 단종 1년에 수양대군이 권력을 장악하기 위해 김종서 등을 죽인 사건. 계유정난 얼마 뒤 수양대군은 단종을 몰아내고 왕이 되니, 그가 바로 세조다.
정난공신	계유정난에서 공을 세운 이들을 일컫는 말. 이들이 나중에 훈구파가 된다.
사육신	단종을 쫓아내고 왕위에 오른 세조를 죽이려다 실패한 사건이 벌어지는데, 이 때 죽임을 당하거나 스스로 목숨을 끊은 성삼문, 박팽년, 하위지, 이개, 유성원, 유응부 등 6명을 가리키는 말. 단종 복위를 꾀하는 사건이 벌어지자 세조는 영월에 유배되어 있던 단종을 죽인다.
경국대전	조선시대 기본 법전. 세조 때 시작해서 성종 때 완성해 시행한 법전으로 조선 사회의 질서를 유지하고 다스리는 기본법이었다. 경국대전을 통해 조선은 중앙 집권적인 통치체제를 확립했으며, 중국에 종속되지 않은 독자적인 법률 체계를 마련했다.

22 훈구파와 사림파의 권력투쟁

"조광조 무리가 감히 공신들의 위훈을 삭제하려는 무례한 짓을 저질렀는데, 이는 흑심이 없는 한 그런 짓을 저지를 까닭이 없습니다. 최근 지진이 자주 일어나 주상께서 근심하시는데 지진 발생도 저들의 흑심과 무관하지 않습니다."

"나와 심대감이 '권세 있는 신하가 반란을 꾀하려 하기에 하늘이 지진으로 경고하신다'고 주상께 일렀네. 그래서 앞으로 어쩌면 좋겠는가?"

남곤대감이 초조해하며 물었다.

"이제 조광조 무리에 대한 주상의 신뢰에 금이 갔습니다. 이럴 땐 작고 단순하지만 간단한 결정타만 날리면 됩니다. 주초위왕(走肖爲王), 이 네 글자가 조광조를 파멸로 몰아갈 것입니다."

"주초위왕이라, 走肖爲王이라, 조(趙=走+肖)씨가 왕이 된다! 좋은 생각이지만, 그 글씨를 어찌 만든단 말인가?"

"나뭇잎에 꿀을 발라 벌레를 두면 됩니다. 간단하지요."

"멋지군! 벌레까지 반란을 경고한다면 주상도 조광조를 내칠 게야."

_조광조를 몰아내기 위해 음모를 꾸미는 훈구파의 일기

한국사 그물망

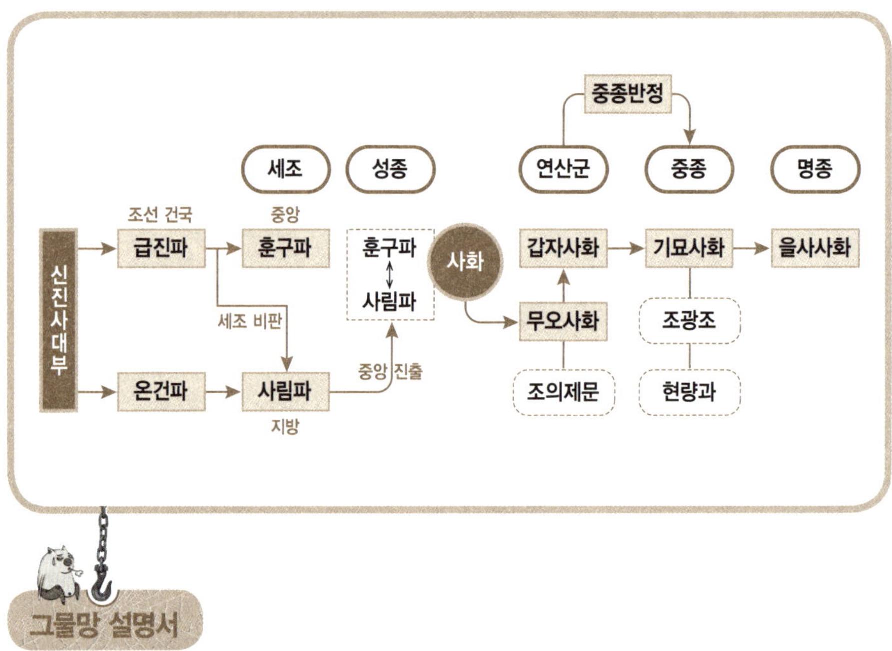

그물망 설명서

고려 말 등장한 신진사대부는 토지개혁과 조선 건국을 두고 급진파와 온건파로 나뉜다. 급진파는 조선 건국의 중심세력이 되고 온건파는 지방으로 내려간다. 중앙에 진출한 사대부 세력은 세조를 지지하는 훈구파와 그렇지 않은 세력으로 나뉘고, 세조에 비판적이었던 세력은 다시 지방으로 내려간다. 고려 말의 온건파와 세조 비판 세력은 지방에서 점차 힘을 길러 성종 때 김종직을 중심으로 다시 중앙 권력에 도전한다. 이때부터 훈구파와 사림파의 권력투쟁이 벌어진다. 주로 훈구파가 공격하고 사림파가 당하는 형국이었는데, 선비(士)들이 화(禍)를 당하였다 해서 사화(士禍)라 한다.

첫 번째 사화는 연산군 때 무오사화(戊午士禍)다. 김종직이 세조를 비판한 조의제문을 조선왕조실록의 역사 자료로 활용하려 하자 연산군이 이와 연관된 사림파를 죽였다. 갑자사화(甲子士禍)는 연산군의 어머니인 폐비 윤씨와 관련된 자들이 죽임을 당했다. 연산군을 몰아내고 왕위에 오른 중종은 사림을 대표하는 조광조를 등용하여 개혁을 추진했다. 조광조는 현령과를 실시하고, 중종반정에 공이 없으면서도 공을 세운 듯이 올라 있는 공신의 목록을 재조정할 것을 주장하는 등 훈구파를 매섭게 몰아붙였다. 이에 훈구파는 반격을 가하게 되고 결국 조광조는 죽임을 당하는데 이것이 기묘사화(己卯士禍)다. 마지막 사화는 명종 때 을사사화(乙巳士禍)로 명종 앞의 인종이 너무 일찍 죽으면서 발생한 지배집단 사이의 권력투쟁이 빚어낸 사건이다. 4대사화 결과 사림파는 늘 권력에서 밀려났지만, 선조 때 훈구파를 몰아내고 권력을 장악한다.

한국사 어휘사전

훈구파　　조선 전기, 세조가 단종을 내쫓고 집권할 때 이를 도와 권력을 잡은 뒤 부와 권력을 장악한 정치세력. 새롭게 진출하는 지방 정치세력인 사림파를 견제하며 오랫동안 권력을 누렸다. 한명회가 대표적인 훈구파다. 실용적이고 중앙집권을 강조하였으며, 효과적인 통치 기반을 마련하는 데 기여하였다.

사림파　　조선 전기 성종 때부터 새롭게 중앙으로 진출한 지방 사대부 세력. 조선 건국에 참여하지 않았던 신진사대부를 뿌리로 하며, 단종을 몰아낸 세조를 좋게 여기지 않았다. 성리학을 철저히 정치에 적용하고자 했으며, 성종 때 중앙에 진출하였는데 처음엔 김종직이 중심이었고, 중종 때는 조광조가 핵심이었다. 훈구파에 계속 당했지만 지역을 기반으로 세력을 넓혀 선조 때 권력을 장악했다.

사화　　훈구파와 사림파의 대결에서 사림파가 훈구파의 공격으로 크게 피해를 입은 4번의 사건. 무오사화(연산군), 갑자사화(연산군), 기묘사화(중종), 을사사화(명종)를 4대 사화라 한다.

무오사화　　김종직의 제자인 김일손이 역사를 기록하는 사관으로 있으면서 김종직의 조의제문을 사초(역사를 기록하는 자료)에 올린 일로 인해 많은 사림파들이 죽임을 당한 사건.

조의제문	단종을 몰아내고 왕위를 빼앗은 수양대군(세조)을 비판한 김종직의 글.
갑자사화	성종 때 연산군의 어머니 윤씨가 쫓겨났는데, 연산군이 그 사건의 책임을 물어 신하들을 죽이거나 귀양 보낸 사건.
중종반정	연산군의 잔혹한 통치를 끝내기 위해 연산군을 몰아내고 중종을 왕위에 올린 사건.
조광조	중종이 등용한 인물로 유교 원리에 근거한 정치 개혁을 시도했다. 현량과를 통해 사림파를 적극 선발했고, 훈구파들의 잘못된 공을 없애는 위훈 삭제를 추진했다. 훈구파를 견제하고 새로운 유교정치를 꿈꾸었으나 기묘사화로 죽임을 당했다.
현량과	추천을 통해 인재를 선발하는 제도. 훈구파를 견제하기 위한 제도였다.
기묘사화	중종 때 조광조 등 사림파가 죽임을 당한 사건. 조광조의 개혁에 밀리던 훈구파들은 조광조가 추진한 위훈 삭제를 계기로 조광조를 없애기로 결심한다. 주초위왕(走肖爲王. 走+肖=趙(조). 즉 조씨가 왕이 된다는 뜻)이란 글씨를 나무 잎에 나타나게 하여 중종을 설득한 뒤, 조광조와 사림파를 공격하여 제거하였다.
을사사화	인종이 죽고 명종이 즉위한 뒤 인종 쪽을 지지한 세력들을 제거한 사건. 인종과 명종의 왕위 계승 문제로 지배집단 사이에서 다툼이 벌어졌는데, 인종이 너무 빨리 죽으면서 명종이 즉위한 뒤에 명종 쪽 세력이 인종을 지지했던 세력을 제거했다.

23

조선의 행정조직

한국사 일기

마지막 안건은 조심스러웠다. 다른 이도 아니고 이조판서에 관한 사항이었기 때문이다. 이조판서라면 주상께서 깊이 신뢰하실 뿐 아니라 세력도 막강했다. 자칫 잘못 건드렸다간 오히려 당할지도 모른다. 나는 조심스러웠다. 그러나 전체적인 분위기는 내 걱정을 무시하는 방향으로 흘러갔다.

"아무리 이조판서라 해도 이는 절대 해서는 안 될 일이요. 주상께 말씀을 드려 문제를 바로잡고, 중하게 벌을 줌이 마땅하오."

그냥 침묵하려다 뒷일이 걱정스러워 반대 의견을 냈다.

"이 정도 일로 이조판서에게 중한 벌을 주자고 한다면 다른 판서나 정승들의 동의를 얻기도 어려울 뿐 아니라, 주상께 노여움을 살지도 모릅니다."

"어찌 그리 나약하시오? 사헌부 관헌이면 옳은 일은 옳다 하고, 그른 일은 그르다 해야 하오. 상대가 높든 낮든, 권력이 강하든 약하든 상관없이 임금께 옳은 말씀 올리기를 주저하면 안 되오. 비겁은 사헌부 관리에겐 독이요."

졸지에 나는 엄청 비겁한 관리가 되고 말았다. 내일 조회 때 주상께 이조판서의 죄를 고하기로 했다. 조정에 폭풍이 몰아칠 텐데 걱정이다.

_사헌부 관리의 일기

한국사 그물망

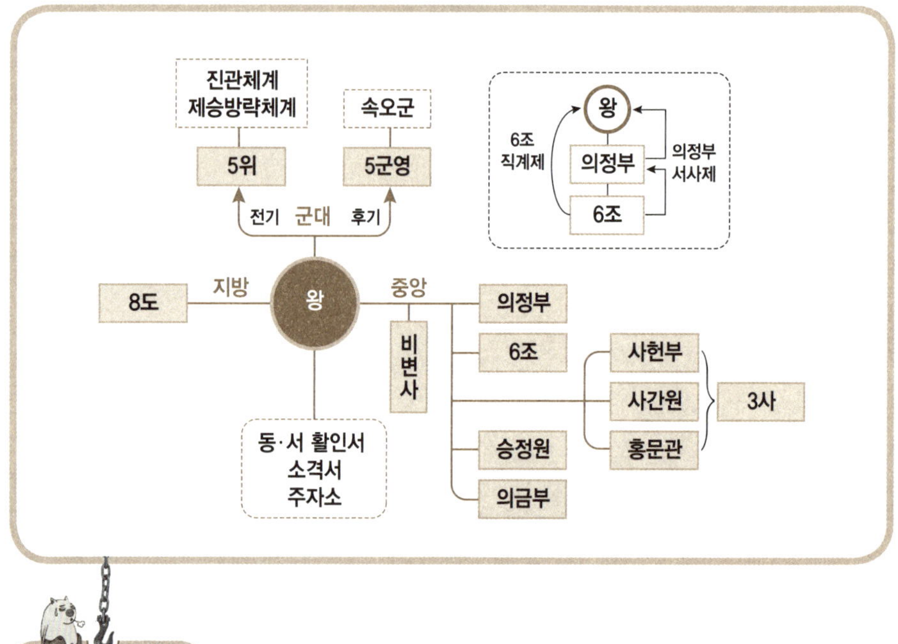

그물망 설명서

조선의 중앙 통치구조는 의정부와 6조가 중심이었다. 의정부는 과거 삼국시대의 귀족회의, 고려의 중서문화성과 같은 성격으로 사대부 세력의 견해와 처지를 대변했다. 반면에 6조는 왕의 명령을 집행하는 행정기관으로 왕의 권력을 뒷받침했다. 왕권을 강화하고자 했던 태종과 세조는 의정부를 거치지 않고 6조가 직접 보고하는 6조 직계제를 시행했으며, 군이 권력을 강화할 필요가 없던 세종은 의정부서사제를 통해 의정부의 권한을 인정해주었다.

사헌부, 사간원, 홍문관을 3사라 하는 데 3사는 권력을 감시하는 기관으로 오늘날의 감사원이나 언론기관에 해당한다. 승정원은 왕의 비서실이며, 의정부는 오늘날의 검찰과 같은 역할을 했다. 지방은 8도로 나누었는데 오늘날의 행정구역도 이에 바탕을 두고 있다. 군대는 전기와 후기에 체제가 변한다. 중앙군은 전기에 5위에서 후기에 5

군영으로 바뀌고, 지방군은 전기에 진관체계에서 제승방략체계로 변한 뒤, 임진왜란 등을 겪고 난 뒤에 속오군 체제로 바뀐다. 기타 조직으로 백성을 치료하는 동·서 활인서, 도교 제사를 위한 소격서, 화폐를 만드는 주자소 등이 있다.

의정부	조선시대 최고 행정 기구. 영의정, 좌의정, 우의정 등 3정승으로 구성되었다. (고려 : 중서문하성)
6조	정책을 세우고 집행하는 이조, 호조, 예조, 형조, 공조, 병조의 6개 행정기구를 지칭하는 말. 6조의 장(현재의 장관)은 '판서'라 하였고, 현재의 차관을 '참판'이라 하였다.
6조직계제	정책을 결정할 때 의정부를 거치지 않고 6조에서 바로 국왕에게 올리는 제도. 태종과 세조 때 왕권을 강하게 행사하기 위해 실시한 제도다.
의정부서사제	6조에서 올라오는 모든 정책이나 업무를 의정부에서 일단 논의 한 뒤에 왕에게 올리는 제도. 세종 때 시행했는데 왕권이 이미 탄탄했기에 신하들에게 권한을 나누어주어도 아무런 문제가 없다고 판단해서 의정부서사제를 시행했다.
3사	권력의 독점과 부정을 방지하기 위해 감시하고 견제하는 기구. 사헌부, 사간원, 홍문관을 합쳐 3사라 한다. (고려 : 어사대)
사헌부	3사의 하나. 관리 비리 감찰, 풍속 교정
사간원	3사의 하나. 간쟁과 논박 담당.
홍문관	3사의 하나. 정책 결정 자문, 경연 담당.
의금부	왕 직속기관으로 죄인을 다루고 심문하는 기관.
승정원	왕명을 받아 내리는 기관으로 왕의 비서실. (고려 : 중추원)
비변사	여진족과 왜구의 침입에 대비하기 위해 중종 때 설치한 임시기구였으나, 임진왜란 뒤에 권한이 강화되었고 나중에는 다른 분야까지 모두 결정하는 최고회의기

	구가 되었다. (고려 : 도병마사)
5위	조선 전기의 중앙군사조직.
진관체제	지방의 중요 지점마다 진관을 설치하여 독자적으로 적을 방어하는 체제. 세조 때 만든 조직으로 작은 규모 전투에 유리했다.
제승방략체제	진관체제가 대규모 적 침입에 약점을 보임에 따라 전쟁이 나면 해당 지역 수령이 각 고을에서 군대와 지방민까지 총 동원하여 일정한 지역으로 이동해서 대규모 군대를 형성해 방어하는 방어체제. 대규모 군대를 동원하는 장점은 있으나 1차 방어선이 뚫리면 2차 방어선이 전혀 없는 문제점을 드러냈다.
5군영	임진왜란을 겪은 뒤 수도 방위를 위해 만든 중앙군사조직. 5군영의 중심인 훈련도감은 포수, 살수, 사수의 삼수병으로 구성되며, 직업군인이었다.
속오군	조선 후기 지방의 군대조직. 양반부터 노비까지 다양한 계층으로 구성하였다.
8도	경상도, 전라도, 충청도, 경기도, 강원도, 황해도, 평안도, 함경도(함길도)를 일컫는 말. 현재의 지방 구별법은 조선시대 8도에서 비롯하였다. 고려는 주현에만 지방관을 파견했으나 조선은 모든 군현에 지방관을 파견하였다.
동·서 활인서	떠돌아다니는 유랑자를 보살피고 빈민들을 돌보는 시설.
소격서	국가적인 도교 행사를 주관하기 위해 설치한 관청. 중종 때 조광조가 성리학 이념에 맞지 않는다며 강력하게 폐지를 주장하였다.
주자소	글자를 만드는 관청. 태종 때 '계미자', 세종 때 '갑인자' 등을 만들었다. 계미자와 갑인자는 동(銅)으로 만든 활자다.

24

조선의 토지제도

한국사 일기

　제도가 바뀌었다. 임금께서 더 이상 땅을 나눠주지 않겠다고 선포하셨다. 그 대신 달마다 곡식과 포(布, 베)를 녹봉으로 주겠다고 하셨다. 갑자기 눈앞이 깜깜해졌다. 우리 집은 땅이 별로 없다. 내가 벼슬을 하는 동안에는 녹봉을 받아 살림을 꾸려가겠지만 내가 벼슬에서 쫓겨나거나 그만두면 어찌 될까? 가난은 불을 보듯 뻔하고 자식들 교육도 제대로 시키지 못할 것이다. 갈수록 과거를 보려는 사대부들이 늘어나는 판국에 내 자식이 벼슬길에 나서리란 보장도 없다. 안 되겠다. 무슨 방책을 세워야 한다. 나는 급히 아내를 불러 고민을 털어놨다.

　"당신 걱정을 해결하려면 우리가 직접 땅을 소유하는 수밖에 없습니다. 이 기회에 좋은 땅이 나오면 망설이지 말고 사들여야 합니다. 땅이 곧 재산 아닙니까?"

　"당신, 대단하구려! 그렇게 하도록 합시다."

　우리는 곧바로 주변에 있는 좋은 땅을 구매했다. 앞으로 돈을 꾸어서라도 기회가 되면 싸고 좋은 땅을 최대한 많이 사들이기로 했다. 나는 아내에게 그 일을 전적으로 맡겼다. 아내는 능력을 발휘해 싸고 좋은 땅을 많이 사들였다. 이래서 남자는 결혼을 잘해야 한다.

_관수관급제 시행을 걱정하는 관리의 일기

한국사 그물망

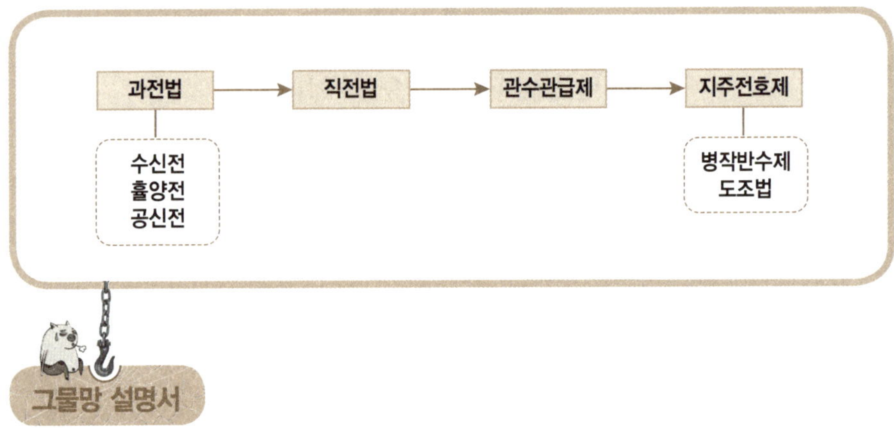

그물망 설명서

봉건시대 토지는 기본적으로 국가 소유였으며, 관리들에게 나누어준 토지는 소유권이 아니라 '수조권'만을 부여하는 형태였다. 고려는 전시과를 시행했고 조선은 과전법을 시행했는데, 시행 범위가 전국과 경기도 지역이라는 점만 다를 뿐 제도의 원리는 동일했다. 수신전, 휼양전, 공신전은 과전법에서 시행되던 토지의 일종이다. 관리들이 점점 늘어나면서 관리들에게 지급할 토지가 부족해지자 세조는 과전법을 폐지하고 현직 관리들에게만 토지를 지급하는 직전법을 실시한다. 그러나 직전법도 토지 부족 문제를 해결하지 못했고, 결국 토지를 지급하는 대신 오늘날 공무원에게 월급을 주는 것과 같은 형태인 관수관급제를 시행한다. 토지는 봉건시대 부의 원천이었다. 따라서 월급만 받고 사는 것에 관리들은 만족하지 못했다. 또한 벼슬에서 물러나면 수입이 사라지기 때문에 불안하기도 했다. 이로 인해 양반들은 땅을 직접 소유하려고 하였다. 이후 양반 지주들이 땅을 소유하고 농민들은 양반들에게 땅을 빌려 농사를 짓는 지주전호제, 즉 소작제가 자리를 잡는다. 양반 지주들은 수확물의 절반을 가져가는 병작반수제 등을 통해 농민들을 가혹하게 수탈했는데, 도조법은 지주들이 소작농을 가혹하게 수탈하는 것을 막기 위한 제도였다.

과전법 고려 말 전시과의 폐해를 개선하기 위해 시행했던 토지제도. 관리들에게 관직 복무의 대가로 토지를 지급했다. 전시과와 달리 경기도만을 대상으로 했다.

수신전 관리가 죽으면 생계가 어려워지는 부인의 생계 대책을 위해 지급한 토지.

훌양전 관리가 죽으면 생계가 어려워지는 자식들의 생계 대책을 위해 지급한 토지.

공신전 나라에 특별히 공을 세운 공신에게 지급한 토지. 원칙적으로 상속이 가능했다.

직전법 현직 관리에게만 수조권을 주는 토지제도. 과전법으로 지급하는 토지가 부족해지자 현직 관리에게만 수조권을 주는 제도로 변경하였다. 직전법은 관리들의 경제력을 약화시키고, 왕에게 충성하는 자에게만 토지를 주려는 의도였다. 그러나 퇴직 뒤 경제 기반이 사라지는 관리들이 현직에 있을 때 농민들을 가혹하게 수탈하는 원인이 되기도 했다.

관수관급제 공무원들에게 월급을 주는 것처럼 국가가 관리들에게 급여를 지급하는 제도. 관수관급제로 양반들의 수조권이 사라졌다. (과전법 → 직전법(세조) → 관수관급제 (성종))

지주전호제 땅을 가진 지주가 소작인(전호田戶)에게 땅을 빌려주고 수확물의 일부를 가져가는 제도.

병작반수제 지주에게 토지를 빌려 농사를 지은 대가로 소작인이 수확량의 절반을 바치는 제도. 지주들이 수확량을 파악하기 위해 간섭이 심했고, 수확량의 절반을 가져갔기 때문에 소작인들에게 가혹한 제도였다.

도조법 수확량과 관계없이 일정한 양을 소작료로 바치는 제도. 양이 정해져 있어서 소작인들에게 조금 더 유리했고, 대략 전체 수확량의 $\frac{1}{3}$ 정도를 바쳤기에 병작반수제보다는 나았다.

조선의 교육제도

　평소에는 별 왕래도 없던 옆 마을 양반이 우리 동네를 이집 저집 들쑤시고 다니더니 마침내 우리 집으로 찾아왔다. 내가 무엇인지 물어보기도 전에 옆 마을 양반은 도덕이 어떻고, 군자가 어떻고 한참 떠들더니 종이를 내밀었다.

　"이게 향약이라는 거네. 좋은 일은 서로 권하고, 잘못은 서로 바로잡아 주기 위한 우리 지역민들의 약속이지."

　"좋은 거네요. 그런데 제가 뭘 어떻게 하라는 말씀이십니까?"

　"자네도 이 지역 사람이니 향약에 가입하게."

　나는 탐탁지 않았다. 평소에 우리에게 이롭지도 않은 일을 하는 양반들이 우리를 위해서 이런 일을 할 까닭이 없기 때문이다. 그리고 좋은 일을 권하고 잘못을 바로잡아 준다는 명분이야 좋지만, 좋은 일과 잘못이 무엇인지 누가 판단한단 말인가? 벌을 자체적으로 주겠다는데, 신분 낮은 우리들이 양반네들에게 벌을 줄 수는 없으니 분명 양반들이 우리들을 일방적으로 벌주려 할 것이다. 싫었지만 거절했을 경우 벌어질 일을 떠올리니 가입할 수밖에 없었다.

_향약에 가입한 양민의 일기

한국사 그물망

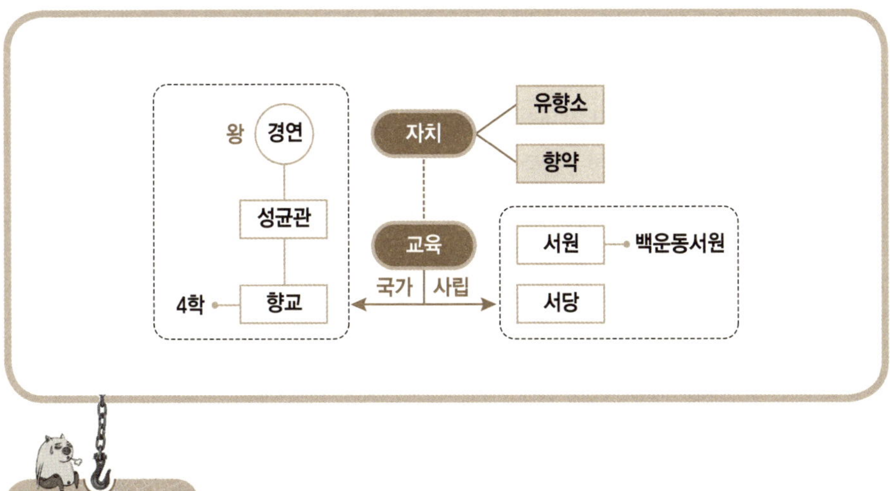

그물망 설명서

조선의 교육기관은 국립과 사립으로 나뉜다. 최고 국립 학교는 성균관이었고, 향교는 지방에 설립한 국립 교육기관이었다. 4학은 서울에 설립한 향교였다. 임금도 교육에서는 예외가 아니어서 신하들과 함께 공부하는 경연에 참가해야 했다. 세종처럼 경연을 적극적으로 참가한 왕이 있는가 하면 경연을 끔찍하게 싫어하는 임금도 많았다. 지방 양반들이 세운 교육기관의 핵심은 서원이다.

서원은 양반들의 교육기관이었을 뿐 아니라 나중에 붕당정치의 기반이었다. 서당은 각 마을에서 덕망 있는 선생님(훈장)이 동네 아이들을 가르치는 일종의 사립학원이었다. 양반들은 지방자치 조직을 통해 지역사회를 장악했는데, 유향소를 통해 지방관을 견제하고 향약을 통해 지방백성들을 통치하고 관리했다. 향약과 서원은 지방 사림 세력의 기반으로 훈구파와 권력투쟁에서 사림파가 승리하는 원동력이 된다.

경연	왕에게 신하나 뛰어난 학자들이 유교를 가르치는 교육제도. 세종대왕은 경연을 매우 좋아했으나, 왕들 중에는 경연을 싫어하는 경우가 많았다.
성균관	나라에서 세운 최고 교육기관. 과거 시험 중 소과에 합격한 생원과 진사가 입학했다.
향교	나라가 지방에 세운 교육기관.
사(4)학	서울의 네 곳에 나라가 세운 교육기관. 서울에 세운 향교라고 보면 된다.
향약	중종 때 조광조에 의해 시행한 향촌의 자치 규약. 예부터 내려오는 마을 단위의 공동체 문화에 성리학적 윤리를 결합하여 만든 마을의 공동 약속이다. 국가의 공식적인 법은 아니지만 해당 지역에서는 법률과 같은 효과를 지녔다. 유교 윤리를 백성들 곳곳에 자연스럽게 스며들게 하는 역할을 했고, 향약을 통해 양반들이 지역에서 지배력을 행사했다.
서원	덕망 높은 유학자에게 제사를 지내고 양반 아들들을 가르친 교육기관. 사림은 서원을 통해 인재를 양성하고 지방을 장악했다. 이후 서원은 붕당의 근거지가 되었기에 붕당정치를 없애기 위해 왕들이 서원을 정리하기도 했다.
백운동서원	중종 때 주세붕이 세운 최초의 서원. 안향을 모셨다.
유향소	향촌의 양반들이 수령을 보좌하기 위해 설치한 자문기구. 향촌 사회가 수령을 견제하는 데 주목적이 있었으나, 수령과 양반들이 결탁하여 백성을 수탈하기도 했다.
서당	각 지역에서 한문과 유교를 가르치기 위해 세운 사설 교육기관. 오늘날의 학원과 비슷하다.

26

조선과 외세의 대결

　임금이 도망쳤다. 평소에 자기들만 훌륭한 척, 올바른 척하며 힘없는 우리를 마음대로 부리더니 정작 위기가 닥치자 자신들만 살겠다고 도망쳤다. 백성들에게 알리고 도망치면 원망하지나 않지. 탄금대에서 신립 장군이 이끄는 군대가 궤멸 당했다는 소식도 임금이 도망친 뒤에야 알았다. 우리는 왜군의 칼에 맞아 죽어도 괜찮다는 건가? 하늘처럼 높다던 임금도, 거들먹거리던 정승판서도 결국 자기 목숨 구하기 급급한 비겁자였을 뿐이다. 분노가 치솟았다. 수많은 백성들이 궁궐로 몰려갔다. 백성들의 피와 땀을 짜내며 쌓아둔 보물이 가득했다. 바삐 도망치느라 귀한 보물도 미처 챙기지 못한 모양이다. 보물을 싸들고 나오는데 한쪽에서 불길이 치솟았다. 처음 불길이 치솟은 곳은 노비 문서가 있는 곳이었다. 노비들이 불을 지른 게 분명했다. 궁궐이 불타고 있었지만 아무도 안타까워하지 않았고, 덩실덩실 춤추는 사람마저 보였다. 백성을 버리고 간 임금에게 이 광경을 꼭 보여주고 싶었다. 물론 이런 광경을 본다면 간악한 무리라며 죽이려 하겠지만 말이다. 그런데 솔직히 누가 간악한 무리인가? 백성을 종처럼 부리다 자기 살겠다고 도망친 자들인가? 평소에 쌓인 한을 푸는 우리들인가?

_임진왜란 때 경복궁에 다녀간 백성의 일기

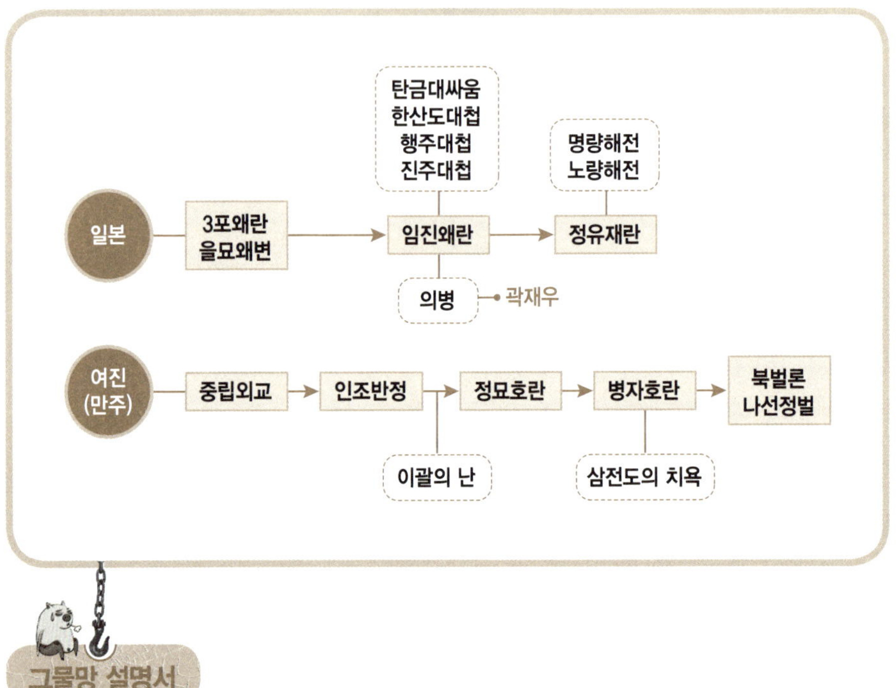

그물망 설명서

삼포왜란과 을묘왜변은 임진왜란의 전주곡이었다. 한반도와 대륙의 풍족함을 갈망하는 왜인들의 욕구는 오래전부터 이어져왔다. 1592년(임진년) 4월, 왜군이 부산포를 공격하면서 임진왜란이 시작된다. 임진왜란 초기 가장 중요한 전투는 탄금대싸움이었다. 경상도에서 서울로 가려면 소백산맥을 넘어야 하는데 험준하기 이를 데 없다. 따라서 소백산맥의 험준한 지형을 이용해 전투를 벌여야 했다. 그러나 관군을 이끌던 신립은 소백산맥을 버리고 탄금대의 평평한 들판에서 강을 등 뒤에 두고 싸우는 배수진을 친다. 죽을 각오로 싸우겠다는 의도는 좋았으나 왜군의 조총부대에 속수무책으로 당하면서 관군이 궤멸 당한다. 서울까지 파죽지세로 왜군이 밀려들었으나 선조가 도망치면서 임금을 붙잡아 전쟁을 끝내겠다는 왜군의 의도는 빗나간다. 선조와 지배층이 도망친 것을 안 서울의 평민들과 노비들은 경복궁을 불태우며 분노했다. 서울에 이어 평양까지 잃으며 조선은 큰 위기에 빠지는데 전국 각지에서 일어난 의병과 이순신이 이끄는 해군이 조선의 운명을 바꾼다. 곽재우를 비롯한 의병장들이 전국 곳곳에서 의병을 일으켜 왜군을 공격했다. 의병은 관군과 힘을 합쳐 행주대첩과 진주대첩을 이끌기도 했다. 이순신 장군은 한산도대첩 등 모든 해전에서 일본 수군을 대파하면서 바다를 통한 일본군의 침입을 원천 봉쇄한다.

왜군은 이순신 장군으로 인해 패했다고 보고 이순신 장군을 모함해 자리를 잃게 만든 뒤 재침략(정유재란)했다. 원균이 이끈 조선 수군이 패배하면서 조선은 큰 위기를 맞았으나, 이순신 장군이 명량해전에서 단 12척으로 일본 수군을 물리치면서 다시 주도권을 장악했다. 조선과 명의 연합군에 밀리던 왜군은 도요토미 히데요시가 죽으면서 남긴 유언에 따라 철수함으로써 7년전쟁은 끝난다. 왜군이 물러나는 길을 막아서고 벌인 전투가 노량해전이었으며 이때 이순신 장군이 전사한다. 전쟁으로 인해 조선은 수백만 명이 죽고, 농지가 파괴되었으며, 양반 중심의 지배질서에 큰 균열이 생겼다. 명나라는 조선에 군대를 파견한 후유증을 견디지 못해 국력이 약화되어 결국 청나라에 멸망당하고 만다.

임진왜란 뒤 명나라는 국력이 약해지고 만주에서 새롭게 일어난 여진족 국가 후금은 국력이 날로 강해졌다. 광해군은 중립외교를 통해 후금과 마찰을 빚지 않았으나, 광해군을 몰아내고 왕이 된 인조는 명나라와 친하게 지내고, 후금을 멀리하는 정책을 쓴다. 이 와중에 이괄의 난이 일어나 북방의 수비력이 약해진다. 후금은 명나라를 공격하기에 앞서 자기들 뒤를 위협하는 조선을 굴복시키고자 1627년 정묘호란을 일으켰고 조선은 패배했다. 정묘호란 뒤 조선과 후금은 형제국이 되었다. 이후 후금은 나라 이름을 청으로 개명하고, 명나라와 중원 패권을 다툴 정도로 강해지자 조선에 형제국이 아니라 임금과 신하 관계를 요구한다. 그러나 조선은 이를 받아들이지 않으며 청에 적대적인 정책을 취했다. '여진'의 이름을 '만주'라고 개칭하였다. 1636년 12월 청나라 대군이 쳐들어왔고 인조는 남한산성으로 피해 청나라에 맞섰으나 제대로 싸워보지도 못한 채 40여일 만에 굴복한다. 그리고 인조는 삼전도에서 청태종에 무릎을 끓고 절을 하는 굴욕을 당한다. 병자호란으로 조선은 큰 피해를 입었고, 명과 관계가 끊어졌으며 청나라를 임금의 나라로 섬기게 되었다. 조선은 청나라에 당한 굴욕을 갚기 위해 군대를 기르자는 북벌론이 활발하게 일어났으나, 조선이 청나라를 정복하기는 불가능했다. 북벌을 위해 기른 군대는 나중에 러시아와 청나라의 전쟁에 동원되었을 뿐 정작 북벌은 하지도 못했다.

한국사 어휘사전

3포왜란 중종(1510년)때 부산포, 내이포, 염포 등 3포에 있던 왜인들이 대마도의 지원을 받아 일으킨 난. 조선 정부가 왜인들과 무역에 제한을 가하자 불만을 품고 난을 일으켰다.

을묘왜변 명종(1555년)때 왜구가 전라남도 강진, 진도 일대를 침략해 약탈을 한 사건. 일본은 물자가 부족하여 조선과 무역을 꾸준히 해 왔는데 3포왜란을 계기로 조선은 왜와 무역을 강하게 통제하였다. 일본 내부가 전쟁으로 혼란스럽고 무역에 제한이 많이 가해지자 왜인들 중에 왜구가 되어 약탈을 하는 경우가 많았고, 그 와중에 벌어진 가장 큰 사건이 을묘왜변이다.

임진왜란 일본을 통일한 도요토미 히데요시가 1592년(임진년)에 조선을 침략하면서 일본 대 조선과 명나라 사이에 벌어진 7년전쟁.

탄금대싸움 임진왜란이 일어나자 서울로 향하는 왜군을 막기 위해 신립이 관군을 이끌고 탄금대에서 배수진을 치고 벌인 전투. 소백산맥의 험준한 지형을 이용해 왜군과 전투를 벌여야 했으나 그러지 않고 탄금대까지 후퇴한 뒤 '강을 등 뒤에 두고 싸우는 전법'(배수진)을 사용함으로써 왜군의 조총부대에 참혹하게 패배하였다. 이후 왜군은 파죽지세로 서울까지 밀고 올라왔다.

한산도대첩	1592년 7월, 한산도 앞바다에서 이순신이 이끄는 조선 수군이 학익진 등의 전법으로 일본 수군을 크게 무찌른 전투. 진주대첩, 행주대첩과 함께 임진왜란 3대 대첩이다.
행주대첩	1593년 2월, 권율이 이끄는 조선군이 행주산성에서 왜군을 크게 물리친 전투.
진주대첩	1592년 10월, 김시민이 이끄는 조선군이 진주성에서 몇 배에 이르는 왜군을 크게 물리친 싸움(1차대첩). 1차 싸움으로 일본군의 전라도 진격을 막았다. 1593년 6월, 2차 전투 때는 일본군에게 큰 타격을 입혔으나 진주성이 함락당했다. 2차 전투 때 논개가 일본군 장수를 껴안고 남강에 뛰어든 이야기가 전해진다.
곽재우	경상도 지역에서 의병을 일으켜 왜군을 크게 무찌른 의병장. 붉은 옷을 입는다 하여 '홍의장군'으로 불렸다.
정유재란	1597년(정유년)에 일본군이 휴전을 깨고 다시 침략한 전쟁. 임진왜란에서 밀리던 일본군은 휴전을 하고 조명연합군과 휴전회의를 진행했다. 이때 이순신을 모함하여 삼도수군통제사 자리를 잃게 만든 뒤 다시 침략한다. 정유재란 때 있었던 최고의 전투가 명량해전이다.
명량해전	정유재란(1597년) 때 이순신이 12척의 배로 수백 척의 왜군을 명량에서 크게 물리친 역사적인 전투. 이 전투에서 승리함으로써 왜군의 사기가 크게 떨어지고 정유재란의 승패가 결정되었다.
노량해전	조선 침략을 뒤로 하고 후퇴하려는 왜군을 노량에서 크게 무찌른 정유재란의 마지막 전투. 도요토미 히데요시가 죽으면서 왜군은 조선에서 철수하려고 한다. 이순신 장군은 명나라 수군과 연합하여 왜군을 막아섰고 수백 척의 왜선을 침몰시켰으나 전투 도중에 이순신 장군이 전사하고 만다.
중립외교	임진왜란 이후 약해지는 명과 강성해지는 여진족 국가 금 사이에서 중립을 지켜 전쟁을 피하려는 광해군의 외교정책.
인조반정	1623년, 서인이 중심이 된 세력이 광해군을 몰아내고 인조를 왕위에 올린 사건. 서인 세력은 광해군이 영창대군을 죽인 것, 인목대비를 폐위 시킨 것, 임진왜란 때 도운 명나라를 돕지 않고 중립외교를 편 것 등을 이유로 광해군을 몰아냈다.
이괄의 난	인조반정에서 큰 공을 세운 이괄이 공신 책봉에서 큰 불만을 품고 일으킨 난. 이괄은 금나라를 방비하던 군대를 이끌고 반란을 일으켰기에 나중에 정묘호란과 병자호란 때 국경 방어를 제대로 못하는 하나의 원인이 되었다.

정묘호란	1627년(인조) 여진족이 세운 후금이 조선을 침략해서 일어난 전쟁. 명나라를 치기 위해 뒤를 안정시킬 목적으로 공격하였다. 인조반정 뒤 친명정책을 펴던 조선은 크게 패했고, 후금과 형제국이 된다는 약속을 하였다.
병자호란	1636년(인조) 여진족이 나라 이름을 청나라로 고치고 명나라를 공격하기 전에 조선을 완전히 굴복시키려는 목적으로 일으킨 전쟁. 조선은 청나라와 제대로 싸워보지도 못하고 크게 패했다.
삼전도의 치욕	병자호란에서 패한 뒤 인조 임금이 청태종에 3배 9고두례를 하며 복종을 맹세한 치욕스런 일. 현재 송파구 석촌동인 삼전도에서 인조는 청태종에게 3배 9고두례(3번 절하고 1번 절할 때마다 세 번 머리를 땅에 찧는 예법)를 했으며 인조의 머리는 피투성이가 된다. 이날의 굴욕은 삼전도비로 남았으며, 우리 역사상 손꼽히는 굴욕이었다.
북벌론	병자호란의 치욕을 갚기 위해 청나라를 정벌하자는 운동. 효종이 주도하였는데 현실적으로 불가능한 목표였으며, 백성들과 양반들의 불만을 달래기 위한 국내 정치용 성격이 짙었다.
나선정벌	청나라의 요청으로 조선의 군대를 파병하여 만주로 남하하는 러시아(나선) 군대를 물리친 사건. 북벌을 위해 길렀던 군대가 나선정벌에 동원되었다.

27

조선 후기 정치 변동

한국사 일기

　이제 곧 사약이 온다. 송시열 대감은 마당에 꼿꼿이 앉아서 두 눈을 감고 있었다. 벼슬을 그만두고 시골로 내려 갔으면 편안히 여생이나 누리실 일이지, 왜 왕손을 정하는 일에 감 나라 콩 나라 상소를 올려서 임금의 분노를 샀는지 모르겠다. 임금의 분노를 사 제주도로 유배를 갔다가 심문을 받기 위해 서울로 가는 길이었다. 그런데 갑자기 사약이 내려졌다는 소식이 전해져서 정읍에서 호송 일행이 멈춰 섰다. 경신환국 때도 사약을 먹고 죽은 이들을 보았는데 인간으로서 차마 두 눈 뜨고 볼 광경이 아니었다. 임금에게 감사하다는 절을 하고 사약을 마신다. 사약을 마시면 바로 죽지 않고 한참을 괴로워하다가 죽는다. 사약을 먹고 죽은 선비들을 떠올리니 입에 쓴맛이 돌았다. 문 여는 소리가 들리더니 사약을 든 의금부 관헌이 나타났다. 송시열 대감이 눈을 떴다. 의금부 관헌이 사약을 대감 앞에 놓더니 임금이 내린 교지를 읽었다. 대감은 공손한 태도로 임금의 교지를 받들었다. 대감은 자신을 죽일 사약에 절을 했다. 잠시 대감의 눈이 먼 하늘을 향했다. 긴 인생이 주마등처럼 스쳐 지나갔으리라. 대감은 공손히 무릎을 꿇은 채 사약을 들었다. 나는 끔찍한 광경을 보고 싶지 않아 두 눈을 감았다.

_기사환국 때 송시열을 호송하던 관헌의 일기

한국사 그물망

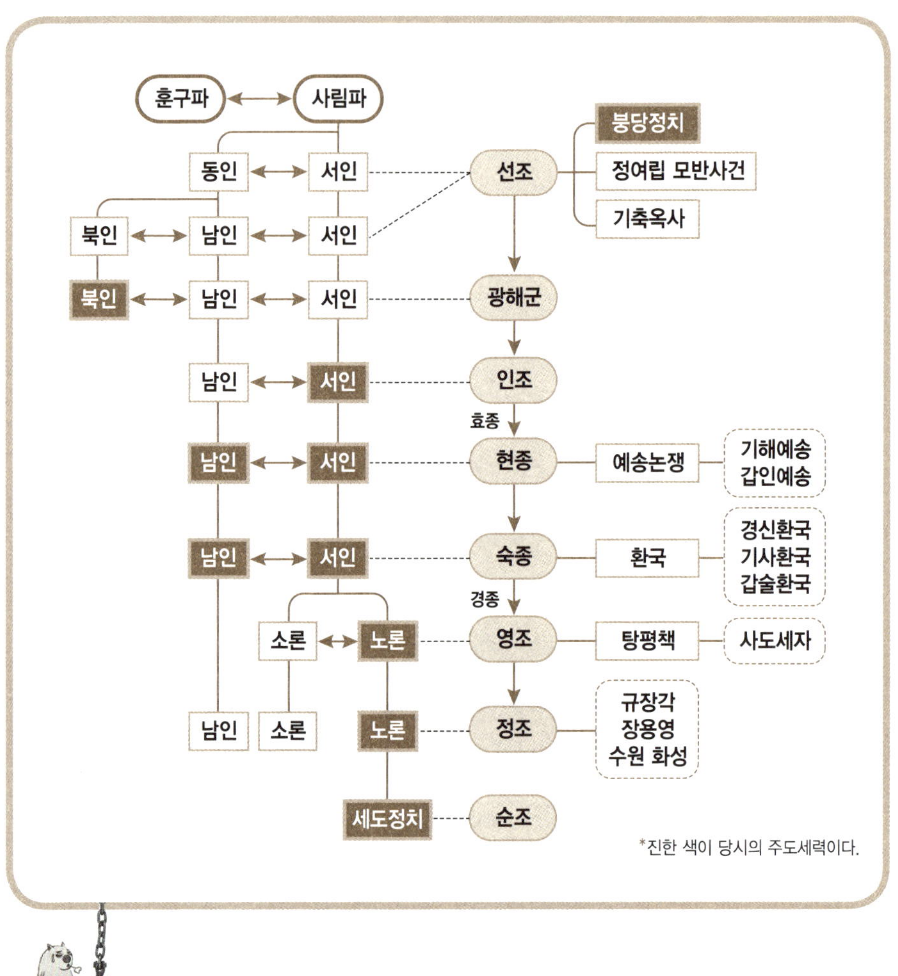

그물망 설명서

권력을 누리는 자리는 적고, 권력을 누리고자 하는 자는 많으니 다툼은 필연이다. 훈구파를 누르고 권력을 장악한 사림파는 지방에 뿌리를 둔 사대부들이다. 성리학을 신봉하는 사대부들은 관리가 되어 이름을 드높이고자 하였다. 관리가 되려는 사대부는 많은데 권력을 누리는 자리는 많지 않으니 권력 다툼이 벌어질 수밖에 없다. 선조 때 관리의 인사권을 쥔 이조전랑 자리를 두고 동인과 서인으로 나뉜다. 서인은 정여립 모반사건을 빌미로 동인을 공격하는 기축옥사를 일으켰고, 이로 인해 동인 세력이 크게 약화되었다. 광해군을 세자로 책봉하는 과정에서 동인이 다시 권력을 장악했으며, 서인을 처벌하는 정도를 두고 다툼을 벌이다 동인은 북인과 남인으로 나뉜다. 광해군 때 붕당은 북인이 주도하고 남인과 서인이 북인을 견제하는 구도가 된다. 남인은 퇴계 이황, 북인은 남명 조식, 서인은 율곡 이이를 학문의 전통으로 삼았는데, 이는 붕당이 초기에는 단순히 이익집단에만 머물지 않고 학문과 철학적 차이를 기반으로 했음을 보여준다.

광해군이 명나라를 돕지 않고 이복형제인 영창대군을 살해하며, 선조의 계비인 인목대비를 축출하자 서인들이 인조반정을 일으켜 광해군을 몰아내고 인조를 왕위에 오르게 한다. 북인은 광해군과 더불어 몰락했고 서인이 정국을 주도하고 남인이 견제세력으로 참여한다. 남인과 서인의 대결은 인조, 효종, 현종, 숙종까지 오랜 기간 지속된다. 현종 때는 제사를 지낼 때 복장 문제를 어떻게 할지를 두고 남인과 서인이 대립하는데, 단순한 복장 논쟁이 아니라 왕권을 바라보는 시각의 차이에 따른 논쟁이었다. 숙종 때는 특정 붕당을 한꺼번에 몰아내고 다른 붕당에 모든 권력을 내어주는 환국이 세 차례 발생하는데, 이로 인해 수많은 사람들이 죽었다. 붕당정치의 본질이 건전한 경쟁이 아니라 권력을 둘러싼 처절한 복수와 살육임을 보여준 사건이 세 차례 발생한 환국이었다. 갑술환국으로 남인 세력은 권력에서 완전히 밀려나고 서인이 권력을 장악했다.

숙종 뒤를 잇는 왕위 계승을 둘러싼 논쟁 과정에서 서인은 노론과 소론으로 다시 나뉜다. 소론은 경종을, 노론은 영조를 지지했는데 경종이 왕위에 오르면서 소론이 승리한 듯 했으나, 경종이 일찍 죽고 영조가 왕위에 오르면서 노론이 주도권을 잡았다. 영조는 붕당정치의 폐해를 막기 위해 공평하게 벼슬길을 보장하는 탕평책을 시도했으나 노론 주도권은 변하지 않았다. 노론에 의해 죽임을 당한 사도세자의 아들인 정조는 노론에 이를 갈았으나 복수를 택하기보다 탕평책을 그대로 유지하면서 왕권을 강화하고자 한다. 규장각을 만들어 새로운 세력을 등용하고 장용영이란 군대를 조직해 왕권을 강화했으며, 수원 화성을 만들어 사도세자의 넋을 기리고 개혁을 추진하고자 했다. 그러나 정조가 젊은 나이게 급작스럽게 죽으면서 모든 개혁은 수포로 돌아갔고, 힘없는 왕이 들어서면서 권력은 왕의 외가로 넘어가게 된다. 이후 안동 김씨, 풍양 조씨와 같은 외척 가문이 권력을 독점하는 세도정치가 펼쳐진다.

한국사 어휘사전

붕당정치   훈구파를 누르고 사림파가 정권을 잡은 뒤 수많은 파벌로 나뉘어 싸웠던 조선 시대 정치를 일컫는 말. 붕당은 당파라고도 부르며, 대표적인 4개 당파인 노론·소론·남인·북인을 가리켜 '사색당파'라고도 한다. 붕당이 생긴 이유는 관직은 적으나 관직에 오르려는 양반은 늘었기 때문이다. 선조 때 인사권을 쥔 이조전랑 벼슬을 둘러싸고 동인과 서인으로 나뉘면서 처음 붕당이 생겼고, 이후 이익과 명분에 따라 끊임없이 분열과 대립을 이어갔다.

정여립 모반사건   1589년 동인이었던 정여립이 전라도로 내려 간 뒤 '천하는 모든 사람이 주인이다'는 천하공물 사상을 내세우며 대동계를 조직하는 등 평등한 세상을 꿈꾸다 진압당한 사건.

기축옥사   (선조) 정여립 모반사건을 계기로 서인 정철이 주도가 되어 동인에 속한 사람들 천여 명을 죽인 사건. 기축옥사로 인해 동인과 서인의 갈등의 골이 더 깊어졌고, 뒤이어 발생한 임진왜란에 제대로 대응하지 못한 원인이 되었다.

예송논쟁   (현종) 제사를 지낼 때 복장 문제를 어떻게 할지를 두고 남인과 서인이 대립한 사건. 겉으로는 중요하지 않은 옷에 관한 논쟁이었지만 실제로는 왕권을 바라보는 시각의 차이로 인한 대립이었다. 서인은 왕도 일반 사대부와 동일하게 취급하려고 했고, 남인은 왕을 일반 사대부와 다르게 특별하게 취급함으로써 왕

환국	권 강화를 꾀하는 의도가 있었다.

<table>
<tr><td>환국</td><td>(숙종) 특정 붕당을 한꺼번에 몰아내고 다른 붕당에 모든 권력을 내어준 사건을 일컫는 말. 서인과 남인이 교대로 급작스럽게 권력이 뒤바뀌면서 많은 사람이 죽었는데, 이로 인해 붕당정치가 건전한 경쟁이 아니라 상대 붕당을 철천지원수로 여기는 형태로 변해갔다. 경신환국(서인) → 기사환국(남인) → 갑술환국(서인)</td></tr>
<tr><td>노론</td><td>조선 후기 당파 싸움을 벌인 세력 중 가장 오랫동안 권력을 누렸던 당파. 경종 때 서인이 소론과 노론으로 갈리었고, 이후 소론에게 잠시 밀리기도 했으나 영조 때 남인과 소론이 중심이 된 '이인좌의 난'을 계기로 권력을 장악했다</td></tr>
<tr><td>탕평책</td><td>붕당정치로 인해 생기는 폐해를 극복하기 위해 영조가 인재를 골고루 뽑아 쓴 정책. 붕당정치로 인한 피해를 누구보다 심하게 겪은 영조는 탕평책으로 그 폐해를 없애고자 했다. 그 결과 붕당정치의 대립은 많이 누그러졌으나 완전히 해결하지는 못했다.</td></tr>
<tr><td>사도세자</td><td>영조의 둘째 아들로 영조를 대신해 나라를 다스리기도 하였으나 사도세자를 싫어한 노론의 모함으로 결국 뒤주 안에 갇혀 굶어 죽는다. 사도세자의 아들이 정조다.</td></tr>
<tr><td>규장각</td><td>조선이 처한 문제를 학문적으로 해결하기 위해 정조가 세운 기관. 다양한 학자들이 규장각에 모여서 새로운 조선의 발전 방향을 의논했다. 규장각에서 공부한 학자들 중에는 실학자들이 상당수 있었다.</td></tr>
<tr><td>장용영</td><td>정조 때 왕이 직접 지휘하던 친위 부대.</td></tr>
<tr><td>수원 화성</td><td>정조가 아버지 사도세자를 기리기 위해 세원 계획 도시. 조선 후기 최고의 토목건축물이며, 유네스코 세계문화유산이다. 사도세자를 기리는 목적 외에 붕당정치를 약화시키고, 왕권을 강화하려는 목적도 있었다.</td></tr>
<tr><td>세도정치</td><td>조선 후기 순조, 현종, 철종 시기 왕권이 약해지고 소수 가문이 권력을 독점했던 정치. 정조가 죽고 어린 순조가 왕위에 오르자 순조의 장인인 안동 김씨 김조순이 권력을 장악했다. 이후에 한 가문이 정치권력을 독점하는 현상이 빚어진다. 세도 가문은 권력을 유지하는 데만 관심을 두었고, 독점 권력을 이용해 관직을 사고파는 등 부정과 비리를 저질러 탐관오리들이 전국에 가득 차게 만들었다. 탐관오리들의 횡포에 견디지 못한 백성들이 수없이 많은 민란을 일으키기도 했다. 흥성대원군이 등장하면서 세도정치가 막을 내린다.</td></tr>
</table>

조선의 조세제도

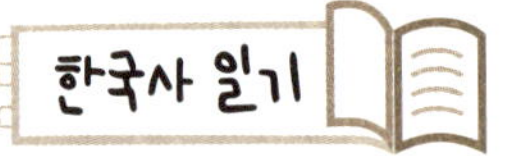

소름이 돋는다. 내 평생 처음 듣는 말이다.

"사람이 하늘이니, 사람 섬기기를 하늘과 같이 하라."

나는 땅이었다. 아니 땅보다 못한 벌레요, 똥이었다. 양반네들은 단 한 번도 나를 인간 취급하지 않았다. 양반집 소가 나보다 팔자가 나았다. 그런데 내가 양반과 똑같이 귀한 사람이라니, 그동안 받았던 모멸이 떠올라 온몸이 부들부들 떨린다.

"여성이 한울님입니다. 아이들이 바로 한울님입니다. 귀하게 대하십시오."

여자도 남자와 똑같은 존재란다. 믿을 수 없는 말이었다. 평소엔 징글징글하게 대하던 남자들의 태도가 여기선 다르다. 나를 귀하게 대한다. 남자들이 음식을 들고 와 내게 대접한다. 나는 감격에 복받쳐 무릎을 꿇었다.

"마음이 한울님께 머물면 귀한 사람이지만, 한울님을 떠나면 천한 사람입니다."

내 마음은 이미 한울님과 함께 한다. 나는 귀한 사람이다. 타고난 신분만 내세우며 백성들을 괴롭히는 양반네들은 한울님을 저버렸기에 천한 사람이다. 저분은 한울님이 우리에게 보내신 분이다. 한울님, 감사합니다.

_동학에 입도한 여성의 일기

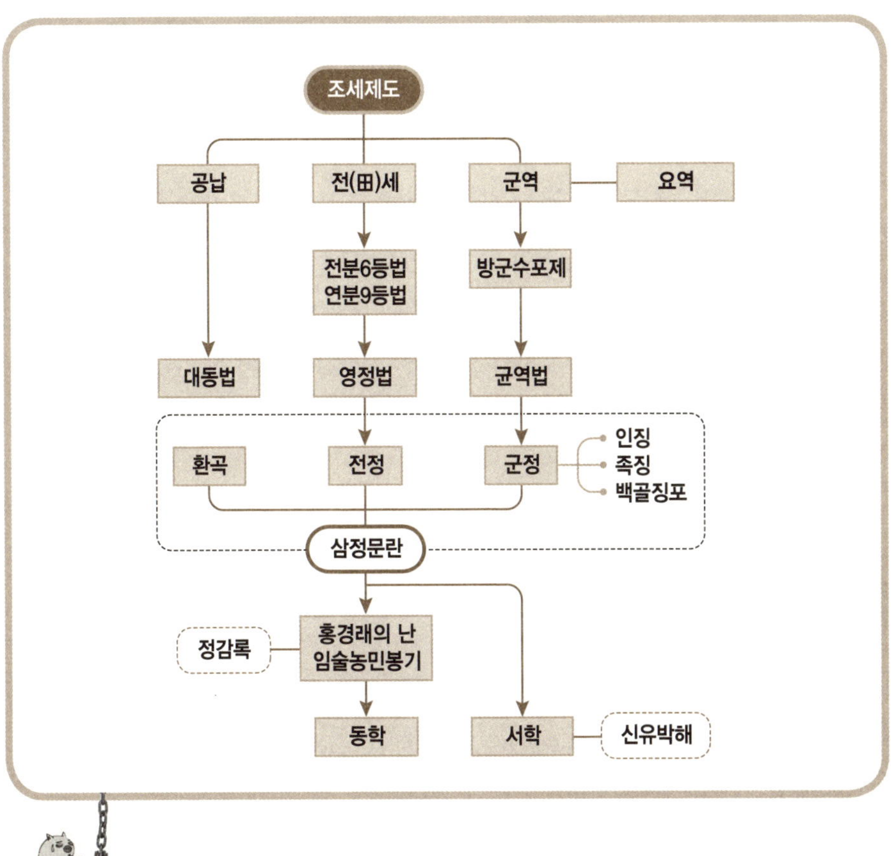

그물망 설명서

고려와 마찬가지로 조선도 세금을 거두는 원칙은 조(租), 용(庸), 조(調)이다. 조(租)는 전세, 용(庸)은 군역과 요역, 조(調)는 공납이다. 전세는 전분6등법과 연분9등법을 거쳐 영정법으로 변화한다. 공납의 폐해를 극복하기 위해 대동법을 시행하고, 군역은 방군수포제를 거쳐 균역법으로 변화한다. 세도정치 시기 조세제도는 크게 왜곡되어 탐관오리들이 수탈하는 주된 수단이 된다. 탐관오리들은 삼정을 악용해 백성들을 수탈했고, 삼정문란에 견디지 못한 백성들이 항쟁을 벌이기도 했다. 홍경래의 난은 삼정문란에 평안도 지방의 차별이 더해지면서 일어났고, 임술농민봉기는 삼정문란을 더 이상 참지 못한 농민들이 전국 곳곳에서 일으킨 항쟁이었다. 세상이 혼란스러워지니 새로운 세상을 꿈꾸는 『정감록』 같은 책이 널리 인기를 끌었다. 청나라를 통해 전해진 천주교는 서학이란 이름으로 불리며 백성들 사이에 퍼졌고, 서학에 맞서 조선에 맞는 새로운 종교인 동학도 출연했다. 서학과 동학은 지독한 신분차별과 불평등에 저항하는 새로운 이념이 되었으며, 특히 동학은 백성들 사이에 널리 확산되었다. 조상숭배를 부정하고 신분평등을 주장하였기에 천주교인들은 많이 죽임을 당했다. 또한 한울님 앞에 모두가 평등하다는 동학사상은 양반 지배질서를 위협했기에 동학의 창시자 최제우도 죽임을 당했다.

한국사 어휘사전

전분6등법	(세종) 토지의 질에 따라 6등급으로 나누어 그에 맞게 세금을 거두는 법.
연분9등법	(세종) 농작물의 수확 수준을 9등급으로 나누어 그에 맞게 세금을 거두는 법.
영정법	조선 후기에 실시된 전세(田稅) 제도. 전분6등법과 연분9등법이 너무 복잡하고 어려웠기에 일괄적으로 1결당 쌀 4~6두를 거두어 들였다. 영정법으로 전세가 줄기는 했으나 수수료, 운송비 등을 추가로 징수했기에 농민들의 실질적인 부담은 줄어들지 않았다.
공납	각 지방의 특산물을 생산자들이 직접 중앙 정부에 바치는 제도.
대동법	조선 후기에 공물(특산물)을 토지 결수에 따라 쌀로 납부하는 제도. 공물을 바치는 제도가 부작용이 많자 광해군 때부터 시행해 점점 확대되었다. 국가는 필요한 특산물은 '공인(貢人)'을 통해 조달했는데, 공인은 필요한 물건을 시장에서 사들이거나 수공업자나 상인을 고용하여 사들였기에 상업발달을 촉진시켰다. 화폐 유통이 활발해지고 상인과 공인이 성장하는 등 대동법은 조선에서 자본

주의가 싹트는데 큰 기여를 하였다.

요역　국가가 백성들의 노동력을 동원하는 제도. 백성들은 국가가 요구하면 아무런 대가 없이 자신의 노동력을 국가를 위해 바쳐야 했다.

군역　16세 이상의 성인 남자가 군대에 가야 하는 제도. 군역은 둘로 나뉘는데 군대에 직접 가는 사람은 '정군', 군대에 필요한 자금을 대는 사람은 '보인'이다.

방군수포제　농민이 국가에 군포를 납부하면 군역을 면제해주는 제도. 군대에 가면 농사를 제대로 짓지 못하고 힘든 군대 생활을 해야 했기 때문에 많은 사람들이 군포를 납부하고 군대에 가지 않으려 했다. 이로 인해 군대 자체가 무너져 임진왜란 때 제대로 대응하지 못하는 하나의 원인이 되었다.

균역법　군역 대상자가 군포를 1년에 1필 납부하는 제도. 군역 제도의 폐해를 막기 위해 실시했다.

삼정문란　조선시대 중요한 세금인 전정(田政)·군정(軍政), 그리고 빈민구제 제도인 환곡(還穀)이 세도정치 시기 탐관오리들의 부정부패로 어지럽게 된 상황을 지칭하는 말. '전정'은 땅에 매기는 세금, '군정'은 성인 남성이 군대에 가는 대신 내는 세금, '환곡'은 봄에 가난한 백성에게 곡식을 빌려주었다가 가을에 되돌려 받는 제도였다. 탐관오리들은 삼정을 악용해 백성들을 수탈했고, 삼정문란에 견디지 못한 백성들이 항쟁을 벌이기도 했다.

인징　도망한 사람의 군포 납부를 이웃에게 책임을 지게 하는 것.

족징　도망한 사람의 군포 납부를 친척에게 책임을 지게 하는 것.

백골징포　죽은 사람에게 군포 부담을 지워 살아 있는 가족들이 납부하게 하는 것.

홍경래의 난　1811년, 평안도 지역에서 홍경래가 일으킨 항쟁. 삼정문란과 세도정치로 인해 백성들이 살기 어려운 상황에서, 평안도 출신에 대한 차별에 불만을 품고 홍경래가 중심이 되어 군사를 일으켰다. 초기에 크게 기세를 떨쳤으나 농민들의 지지를 적극 끌어내지 못해 진압당했다.

임술농민봉기　1862년, 삼정문란을 더 이상 견디지 못한 진주 농민들이 항쟁에 나섰고, 그 뒤 전라도, 충청도, 경상도 곳곳에서 농민 항쟁이 일어났다. 농민들은 잘못된 세금 제도를 고치고 탐관오리들을 처벌하라고 요구했다.

정감록　조선이 망하고 새로운 나라가 들어설 것을 예언한 책. 조선 후기 반란 사건에 꼭 등장하며, 많은 백성들이 『정감록』으로 미래의 희망을 꿈꾸었다.

서학	(넓은 의미) 조선시대 서양에서 전해진 문물과 사상. (좁은 의미) 가톨릭교를 지칭하는 말. 양반 신분질서로 인해 억압받던 계층에게 큰 인기를 끌었으나 조선 정부는 전통 성리학에 위협이 된다고 판단하여 탄압했다.
신유박해	1801년, 가톨릭교를 불순한 종교로 몰아세우며 가톨릭교 신자와 남인 계열의 진보적 학자들을 탄압한 사건. 수많은 가톨릭교도가 죽임을 당했으며 정약용을 비롯한 진보적 학자들이 유배를 당했다.
동학	1860년, 최제우가 세운 종교. 지배층의 착취로 고통 받는 농민들을 구하고, 서구의 침략에 대응하는 종교와 사상의 출연이 요구되는 상황에서 탄생했다. 유교, 불교, 도교의 핵심 사상이 모두 통하며 근원은 모두 '한울님(기독교의 하나님과 비슷한 개념)'임을 밝혔다. 인간을 한울님처럼 귀하게 여기는 동학의 사상은 일반 백성들에게 크나큰 호응을 얻었다. 조선 정부는 세상을 어지럽힌다는 죄로 최제우를 처형하였는데, 교주 최제우의 억울한 누명을 풀어달라는 '교조신원' 운동은 동학을 믿는 이들의 중요한 요구였다.

조선의 신분차별

"이게 족보란 말이지?"

"예, 여보. 이웃 동네 몰락한 양반한테 돈 주고 샀어요."

"허허, 양반이라, 양반이라, 양반도 별거 아니구만. 하하하."

"별거 아니라뇨. 이젠 세금도 안 내도 되고, 부역에 나가지 않아도 되고, 관가에 괜히 끌려가 고생할 일도 없어졌어요. 이렇게 좋은데 별거 아니라뇨?"

"나도 알아. 고놈의 양반이란 게 별거는 별거지. 하지만 요즘 양반 값이 똥값이잖아. 이젠 신분이 아니라 돈이 중요하다고. 돈이 중요한 세상이야!"

"당연히 돈이 최고죠. 하지만 양반이 아니면 돈도 제대로 못 써요. 이제 우리도 양반이 되었으니 마음 놓고 돈을 쓰고 삽시다. 옷도 바꾸고, 집도 더 키우고."

"당연하지. 그런데 양반 행세를 하려면 말투도 바꾸고, 제사도 거나하게 지내야 한다는데 그거 가르쳐 줄 잔반이나 한 명 구해 보구려."

"돈만 주면 그런 거 가르쳐주겠단 몰락한 양반들은 널리고 널렸어요."

평생 힘없는 양민으로 살 줄 알았는데 남편이 큰돈을 버는 덕에 이런 호강을 누리다니 기적이 따로 없다.

_양반으로 신분이 상승한 여인의 일기

한국사 그물망

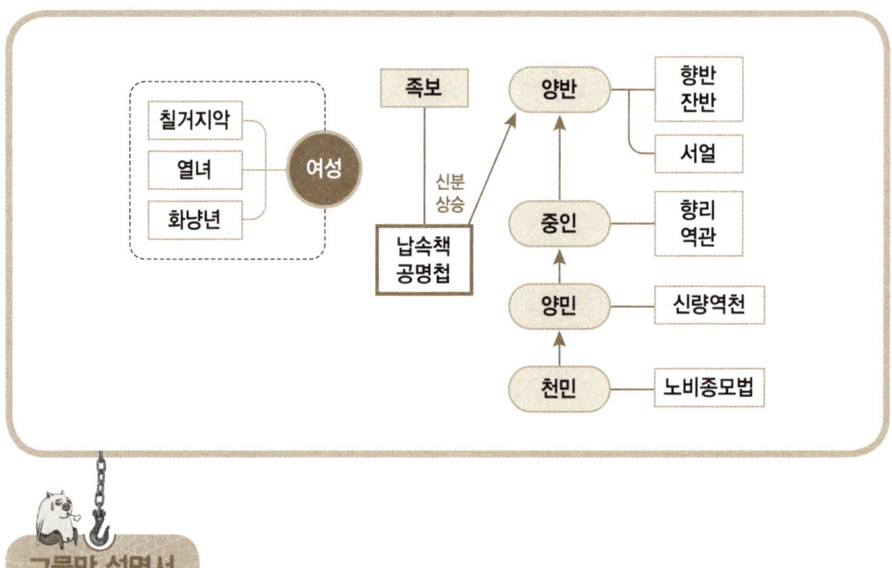

그물망 설명서

고려 말 조선 초기의 성리학은 사회 발전에 나름대로 공헌했다. 권문세족의 이익을 보장하는 전시과 제도를 없애는 등 토지개혁을 단행했고, 백성을 제대로 돌보지 못하는 왕조를 교체하는 혁명을 일으키기도 했다. 세종 때 정치를 보듯이 성리학은 백성의 삶에 실질적인 도움을 주는 학문을 발전시키기도 했다. 그러나 사림파가 중앙에 진출하면서 성리학은 사회개혁보다는 신분질서를 유지하고 딱딱한 유교 규범만 강조하는 지배이념으로 변해갔다. 조선 초까지만 해도 여성의 지위가 상당히 높았으며, 첩에게 태어난 서자도 그리 큰 차별을 받지 않았다. 성리학이 사회 곳곳으로 파고들면서 조선은 남성 중심, 여성 차별, 장자 상속, 시집살이, 아버지의 핏줄만 기록한 족보와 같은 불평등한 사회로 변해갔다. 칠거지악과 열녀, 화냥년은 여성의 열악한 처지를 잘 보여주는 말이다. 신분은 천민, 양민, 중인, 양반으로 나뉘었다. 노비종모법은 노비 숫자를 적절하게 유지하기 위한 법이었으며, 신량역천은 평민이지만 천민처럼 무시당했다. 중인은 향리나 역관과 같은 하급 관리로 활동했다. 양반이라고 모두 같지는 않았다. 중앙에 진출하지 못하고 지역에 뿌리 내린 양반을 향반이라 했으며, 잔반은 몰락한 양반이었다. 서얼은 아버지가 양반이었지만 낮은 신분의 어머니 밑에서 태어나 양반 대접을 제대로 받지 못했기에 상대적 박탈감이 심했다. 양반들은 권리는 막강하게 누리면서도 세금이나 군역에서 면제되었고, 양민들은 세금과 군역을 피하기 위해 족보를 조작하거나 돈을 주고 양반 신분을 사기도 했다. 때로는 국가가 재정의 부족분을 해결하기 위해 발행하는 공명첩과 납속책 등을 구입해 양민에서 벗어나기도 했다. 신분 상승에 대한 열망으로 인해 양반의 숫자가 크게 늘어나면서 신분제도 자체가 흔들렸다. 일부 양반의 몰락, 양반 숫자의 증가, 신분질서에 대한 반감 등으로 인해 양반 주도의 지배질서는 크게 흔들렸다.

한국사 어휘사전

족보　아버지 혈통을 중심으로 만든 가문의 계보를 기록한 책. 조선 후기 들어 양반이 아닌 자들도 족보를 몰래 사들이거나 위조하여 양반 행세를 하였다. 조선 초기, 전체 인구 대비 한 자릿수 비율이었던 양반은 조선 후기 들어 전체 인구의 절반 이상으로 급격하게 늘어난다.

납속책　국가가 재정이 부족할 때 국가에 일정 분량의 곡물을 바치면 신분 상승 등 여러 가지 특별한 혜택을 준 정책. 납속책을 이용해 돈 있는 사람들은 양반 신분이 되었다. (납속 : 흉년이나 전쟁 때에 국가에 곡식을 바친다는 말)

공명첩　납속책의 하나로 받는 사람의 이름을 적지 않은 임명장. 공명첩은 신분 상승을 하는 중요한 수단이었다.

향반　중앙 권력에서 밀려난 뒤 시골 지역에서 영향력을 행사하는 양반.

잔반　완전히 몰락하여 일반 백성들과 다를 바 없는 양반.

서얼	양반의 자손 중에 첩이 낳은 자식을 일컫는 말. 홍길동이 "아버지를 아버지라 부르지 못한다."고 하며 억울해 하는데 홍길동이 서얼이다. 고려 때만 해도 서얼을 차별하지 않았는데 조선에 들어서 서얼은 벼슬을 못하도록 막음으로써 서얼 출신들은 불만이 많았다. 많은 서얼들이 반란 사건에 가담한 이유도 심한 차별 때문이었다.
중인	양반과 일반 백성 사이에 위치한 계층. 하급관리나 전문직에 종사했다. 오늘날로 치면 의사, 외교관, 법률가, 회계사, 하급 행정관료 들이 바로 중인들이었다. 양반에게는 차별 받았지만 백성들 사이에서는 나름대로 권력을 행사한 계층이었다.
향리	조선시대 지방 관청에서 일하던 하급 관리. '아전'이라고도 부른다. 지방관은 수시로 바뀌기 때문에 향리가 지방 행정에 막대한 영향력을 행사했다.
역관	통역이나 번역을 하던 사람들. 17세기 청나라와 무역이 활발해지면서 역관 중에서 큰 부자가 된 이들이 많았다.
신량역천	평민 중에서 사회적으로 천대받는 일을 하는 계층.
노비종모법	조선 후기 노비와 양인 사이에서 태어난 아이는 어머니를 따라(從母.종모) 양인이 되게 한 제도. 고려 때는 노비와 노비끼리만 결혼하게 하였으나 현실적으로 노비와 양인 사이에 태어나는 아이가 많았다. 노비와 양인 사이에서 태어난 아이를 노비로 할지, 양인으로 할지를 두고, 어머니를 따르는 법(종모법)과 아버지를 따르는 법(종부법) 사이에서 여러 번 바뀐다. 양인이 부족하면 양인 수를 늘리기 위해, 양인이 너무 많으면 양인 수를 제한하기 위해 법을 바꿨다.
칠거지악	조선시대에 아내가 쫓겨날 만큼 중요한 일곱 가지 죄를 일컫는 말. ①시부모를 잘 섬기지 못한 죄, ②아들을 낳지 못한 죄, ③부정, ④질투, ⑤유전병, ⑥말이 많음, ⑦도둑질 등이다. 고려와 조선 초기 때만 해도 여성이 재산을 상속받고 여성의 지위가 어느 정도 인정받았으나, 조선 후기 들어 칠거지악으로 여성을 쫓아낼 만큼 여성의 지위가 크게 낮아졌다. 오늘날 우리가 아는 유교사회의 남녀 불평등은 대부분 조선 후기 때 나타난 현상이다.
열녀	남편이 죽은 뒤 죽은 남편을 기리며 순결을 지키는 여성을 일컫는 말. 고려 때만 해도 남편이 죽은 뒤 재혼이 일반적이었지만 조선시대에는 재혼한 어머니의 자식은 벼슬을 할 수 없도록 만들면서 여성의 재혼이 금기시 되었다. 열녀는 사

회적으로 높이 평가를 받았지만, 여성만 일방적으로 희생시키는 그릇된 제도였다.

화냥년　병자호란 때 청나라에 붙잡혀 갔다 살아 돌아온 여자들을 일컫는 말. 원래 환향녀(還鄉女)라 하여 고향으로 돌아온 여자라는 뜻인데, 청나라 군대에 붙잡혀 간 뒤 스스로 죽지 않고 돌아왔다 하여 비난하는 말로 썼다. 유교 사회에서 여성은 정조를 지켜야 하고, 정조를 지키지 못할 경우 스스로 목숨을 끊는 게 올바르다는 인식이 있었기에 이런 말이 생겼다. 병자호란은 남자들이 잘못하여 일어난 전쟁인데 피해자인 여성들에게 그 죄를 묻는 어처구니없는 짓을 당시 양반 남성들이 벌인 것이다. 이 뒤부터 다른 남자와 바람을 피운 여자를 화냥년이라 불렀다.

30

조선의 경제활동

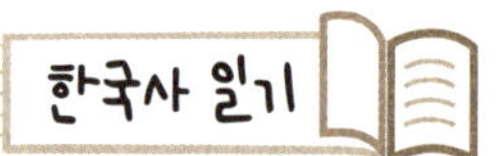

어제까지 들어온 주문만 해도 상당한데 오늘 읍내에서 새로 상인이 와서 주문을 하였다. 빨리 만들어 달라며 돈과 재료도 미리 다 주었다. 앞으로 계속 거래하고 싶다고 한다. 밥도 서서 먹을 만큼 바쁘고 뒷간에 들를 시간도 부족해서 아랫배가 아플 지경이다. 아무래도 일할 사람을 더 뽑아야겠다. 밀려들어오는 주문을 다 처리하기에 세 명은 너무 적은 인원이다. 그렇다고 아무나 뽑을 수는 없다. 철물을 다루는 데는 상당한 기술이 필요하기 때문이다.

"제가 기술이 아주 뛰어난 친구를 알고 있습죠. 관에서 철물을 만지는 친구입니다. 전에 술자리에서 한 번 만났는데 일은 힘든데 돈은 별로라 불만이 많더군요. 제 자랑을 조금 했더니 아주 부러운 눈치였습죠."

"아주 좋네. 그럼 오늘이라도 기별을 넣어서 제안을 해보게."

궁하면 통한다더니 다행이다. 일단 숙련공 한 명이 더 들어오면 한 시름 놓을 듯하다. 그러나 미래를 대비하려면 아무래도 견습공을 들여서 길러야겠다. 요즘은 우리 일이 인기가 많아서 하려는 애들을 어렵지 않게 구할 수 있을 것이다.

_선대제수공업을 하는 수공업자의 일기

한국사 그물망

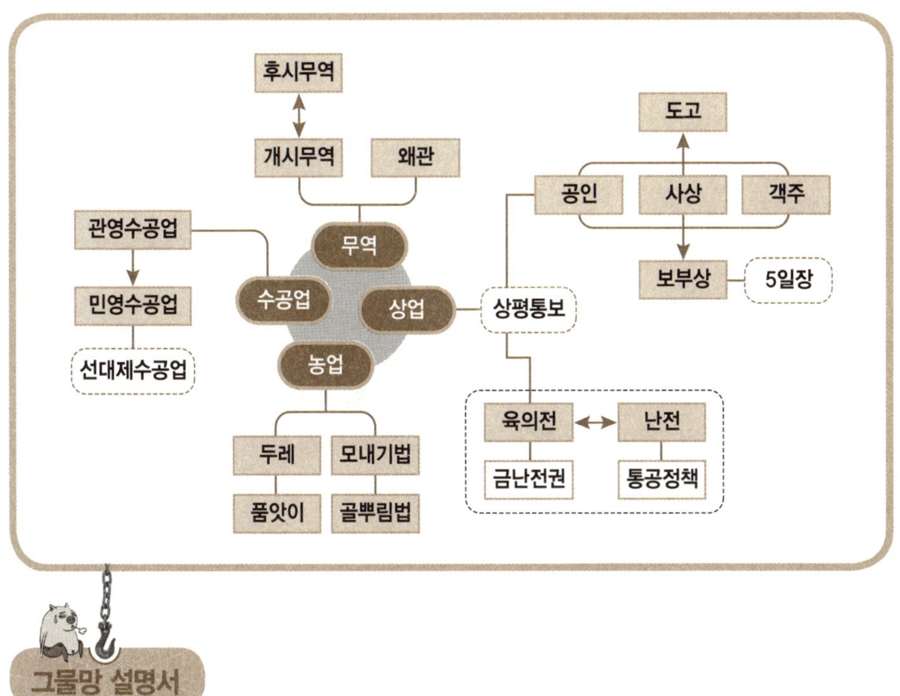

그물망 설명서

조선 전기 관영수공업에서 조선 후기 민영수공업으로 변화한다. 선대제수공업은 조선 후기의 수공업이 상품화폐 경제로 발전하는 과정이었음을 보여준다. 고려와 달리 조선은 상업을 크게 장려하지 않았는데, 조선 후기로 갈수록 상업이 활발하게 발전한다. 한양 중심부의 육의전은 금난전권 등을 통해 독점적 지위를 유지하려 하였으나 우후죽순처럼 생겨나는 난전을 막을 방법은 없었다. 정조는 금난전권을 폐지하고 통공정책을 펌으로써 자유로운 상업활동을 인정해준다. 상평통보는 활발한 경제활동에 반드시 필요한 화폐였다. 상업이 활발해지면서 공인과 사상, 객주와 도고, 보부상 등이 많이 활동했고, 지역마다 5일장이 들어섰다. 국제무역은 국가가 인정한 개시무역과 국가가 인정하지 않은 후시무역으로 나뉘었다. 조선 후기 경제 영역에서 가장 두드러진 변화는 농업의 비약적인 발전이다. 모내기와 골뿌림법으로 농업생산량이 크게 늘어나면서 사회에 큰 변화가 일어났다. 두레와 품앗이와 같은 협동노동 형태도 많이 등장했다.

관영수공업	국가의 통제 아래 운영하는 수공업. 조선 전기의 주된 수공업 형태로 수공업자들은 국가에 등록하여 일했고, 1년 중 일정 기간은 국가가 필요한 물건을 만들기 위해 일을 해야 했다. 관영수공업은 자유롭지 못해서 수공업이 발전하기 어려웠다.
민영수공업	정부의 통제에서 벗어나 민간이 주도가 된 수공업. 민영 수공업이 중심이 되면서 수공업 제품이 다양해지고 기술도 발전했다. 많은 수공업자를 고용하여 대규모로 생산하는 공장제 수공업이 나타나기도 했다.
선대제수공업	상인이 원료나 도구, 임금을 수공업자에게 지원한 뒤에 필요한 물건을 공급받는 형태의 수공업. 상품화폐 경제가 발전하는 과정에서 나타났다.
상평통보	조선시대에 사용한 화폐. 구리와 주석의 합금으로 만들었다. 인조 때 처음 제조한 뒤 숙종 때 널리 사용하였다.
육의전	조선시대 국가로부터 독점권을 부여받은 여섯 종류의 큰 상점. 국가는 이들에게 독점적 지위를 보장해주고 국가가 필요한 물품을 조달했다.
난전	국가에서 허가한 육의전, 시전 등이 아닌 가게를 일컫는 말. 살기 어려워 서울에 몰려든 사람들이 가게를 허가받지 않고 열기도 했고, 특권층과 연결된 상인들이 열기도 했다.
금난전권	조선 후기 육의전과 국가의 허가를 받고 장사를 하는 시전 상인들에게 난전을 단속할 수 있도록 준 권리. 자유로운 상품유통을 가로막고 시전과 육의전의 독점권을 보장해주는 제도였다.
통공정책	(정조) 육의전을 제외한 일반 시전이 보유한 금난전권을 없애고 육의전 상품을 제외한 모든 상품을 자유롭게 판매하도록 허락한 정책.

객주	생산자나 상인에게 위탁을 받아 물건을 모은 뒤 다른 상인을 통해 물건을 판매하는 위치에 있던 중간 상인. 여러 상인들을 거느리며 상인들의 주인 역할을 했다.
보부상	등짐이나 봇짐을 지고 다니며 소비자들에게 직접 물건을 팔았던 상인.
5일장	일정한 지역 내에서 다섯 군데 핵심 지역을 돌아다니며 5일마다 열리는 시장. 16세기 이후 전국적으로 확대되었고, 지금도 5일장이 전국적으로 꽤 있다. 5일장은 보부상들의 핵심 활동 무대였다.
공인	대동법 실시 이후 정부가 필요한 물품을 구해서 정부에게 공급하던 상인. 공인이 상업과 유통에 적극 뛰어들면서 상품유통이 활발해졌다.
사상(私商)	조선 후기 각 지방의 시장에 지점을 두고 대규모 물품 교육을 통해 상권을 장악한 상인. 개경 상인인 '송상', 평양을 근거지로 한 '유상', 한강을 근거지로 활약한 '경강 상인' 등이 유명하다.
도고	조선 후기 상품을 매점매석해서 큰 이득을 노리던 행위 또는 그러한 상인들을 가리키는 말. 박지원이 쓴 『허생전』에서 허생이 한 종류의 물건을 모조리 사들여 나중에 비싸게 판 행위가 바로 도고다.
왜관	일본인들이 조선과 무역을 할 때 머물던 장소. 일본인들이 물품을 약탈하는 왜구가 되는 것을 막기 위해 일본인들과 무역을 하는 통로를 국가가 마련하여 허용했다. 일본과 무역 장소는 부산포, 내이포, 염포 등 3포가 중심이었다.
개시무역	조선이 외국과 공식적으로 허용한 무역.
후시무역	조정의 허가를 받지 않고 몰래 민간 상인(사상)들이 했던 무역. 조정에서는 금지하려 했으나 암암리에 계속 유지되었다.
두레	농촌에 있었던 공동체 노동조직. 많은 노동력이 들어가는 작업을 함께 하고, 함께 놀이도 즐기며 공동체를 형성하였다.
품앗이	서로 필요할 때 노동을 해주고, 도움을 받는 협력 방식. 두레보다는 개인적이고 소규모로 행해지던 협력노동이다.
모내기법	직접 논에 씨를 뿌리지 않고 모판에서 모를 기른 뒤에 논에 옮겨 심는 방법. '이앙법'이라고도 한다. 직접 씨를 뿌리는 방법보다 풀을 메는 작업이 편하고, 수확량도 훨씬 많으며, 논에서 보리를 재배하는 이모작도 가능하게 한다. 모내기법이 확산되자 부자 농민이 출연하는 등 농민층이 분화되고, 많은 생산물이 시

장에 유통되면서 시장이 활성화되었다.

골뿌림법 밭에 두둑을 만들어 농작물을 재배하는 방법. 견종법이라고도 한다. 뿌리가 깊게 내리고, 흙이 물을 많이 머금을 수 있어 수확량이 늘어난다. 모내기법 보급과 맞물려 농민층 분화와 상업유통의 발전에 큰 영향을 끼쳤다.

31

실학

　　농촌의 토지 문제가 심각하다는 점은 인정한다. 소작료와 이런저런 세금을 떼고 나면 농민들은 먹고 살기 힘들다. 그런 점에서 그들(경세치용학파)의 주장에 동의하지만, 토지를 농민에게 돌려주는 개혁은 현실적으로 어렵다. 권력을 지닌 양반 지주들이 땅을 곱게 내놓을 리 없기 때문이다. 땅에서 멀어진 농민들이 상공업에 종사하도록 하는 게 훨씬 현실적이다. 농업이 국력의 기본이던 시대는 지났다. 이웃 청나라는 활발한 상공업을 통해 국력을 몰라보게 향상시키고 있다. 조선은 조금만 흉년이 들어도 물자가 부족하고 나라 전체가 궁핍해지는 데 반해, 청나라는 상업을 통해 이를 해결한다. 뛰어난 공업 기술로 놀라운 물건을 많이 만드니 삶이 편리하고 윤택하다. 상공업을 발전시키면 일자리가 많아지고 백성들의 삶이 풍족해진다. 무엇보다 상공업 발전은 농촌 문제 해결의 열쇠이기도 하다. 상공업이 발달해 농촌 인구가 줄어들면 지주들도 일손이 부족해져 농민들을 무조건 수탈하지 못할 것이다. 일손이 부족하면 일하는 사람의 값어치가 오르기 마련이다. 그러니 농업 문제 해결과 가난한 백성의 삶을 개선하기 위해서도 국가의 국력을 키우기 위해서도 상공업 육성 정책을 적극 시행해야 한다.

_이용후생학파의 실학자가 쓴 일기

한국사 그물망

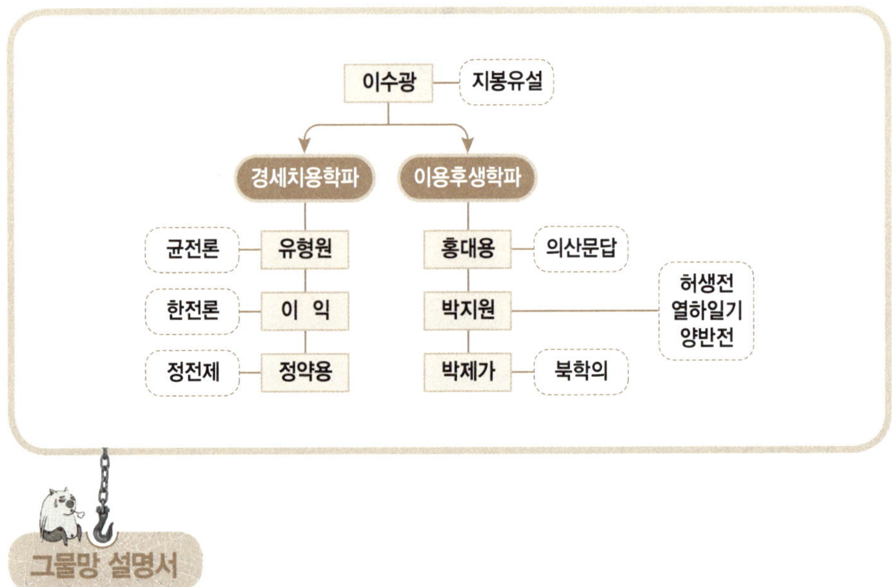

조선 후기에 등장한 실학자들은 현실에 도움이 되지 않는 성리학을 비판하고 백성들이 잘 사는 데 도움이 되는 실용적인 학문을 중요하게 여겼다. 『지봉유설』을 쓴 이수광은 실학파의 선구자다. 이수광의 뒤를 잇는 실학파는 크게 둘로 나뉘는데, 청나라의 선진 문물을 배우고 상공업 발전을 최우선으로 해야 한다고 주장한 학자들을 '이용후생학파'(북학파, 중상학파)라 하며, 토지개혁을 비롯한 농민생활 안정이 우선되어야 한다고 주장한 학자들을 '경세치용학파'(중농학파)라 한다. 이용후생학파는 『의산문답』을 쓴 홍대용, 『허생전』, 『열하일기』, 『양반전』 등을 쓴 박지원, 『북학의』를 쓴 박제가 등이다. 경세치용학파는 토지제도 개혁을 매우 중요하게 여겼는데 유형원은 균전론, 이익은 한전론, 정약용은 정전제를 주장했다.

이수광	실학의 선구자. 조선이 전기에서 후기로 넘어갈 때 새로운 사상과 철학을 찾고자 하였으며, 저서로는 외국의 다양한 문물까지 소개한 백과사전인 『지봉유설』이 있다.
경세치용학파	토지개혁과 사회개혁을 강조한 실학의 한 학파. 유형원, 이익, 정약용 등이 이에 속한다. 토지개혁이 모든 개혁의 중심이라고 여겼기에 '중농학파'라고도 한다.
유형원	처음으로 실학의 체계를 잡은 조선 중기의 실학자. 대표적인 저서로는 『반계수록』이 있으며 '균전론'을 주장했다.
이익	학문이 실제 사회에 쓸모가 있어야 한다는 신념으로 양반도 놀고먹지 말고 실제 산업에 종사해야 한다고 주장한 실학자. 지동설을 주장할 정도로 자연과학 연구 수준이 높았으며, 철학, 지리, 역사, 수학 등 다방면에 걸쳐 깊이 연구했다. 대표적인 저서로는 『성호사설』이 있으며, '한전론'을 주장했다.
정약용	실학을 집대성한 조선 후기 대학자. 1표2서(『목민심서』, 『경세유표』, 『흠흠신서』)를 비롯해 500여권의 책을 남겼다. 수원 화성을 세우는 데 크게 공헌했으며, 천주교로 인해 오랫동안 유배를 가기도 했다. 토지제도 개혁방안으로 '정전제'를 제시했다.
균전론	(유형원) 토지를 모두 나라 소유로 하고 농민에게 균등하게 분배하는 제도.
한전론	(이익) 한 가정의 생활을 유지하는데 필요한 토지를 영업전으로 지급하고 영업전은 법으로 사고파는 것을 금지하는 제도. 영업전이란 자식에게 대물림이 가능한 토지를 말한다.
정전제	(정약용) 토지를 '정($\#$)'자로 9등분한 뒤 8곳은 각 농가에 나눠주고, 가운데 구역은 공동 경작하여 그 수확물을 세금으로 내는 토지제도.
이용후생학파	상공업과 기술 혁신을 강조한 실학의 한 학파. 청을 오랑캐라고 무시하지 말고 그들의 발전된 문물을 배워야 하며, 상업을 활성화하고 기술을 개발하는 것이 나라를 부강하게 하는 핵심이라고 강조했다. 상공업을 강조했기에 '중상학파'라고도 하며, 청나라를 배우자고 하여 '북학파'라고도 한다.

홍대용	지동설을 주장하며 과학, 천문, 기술, 수학에 통달한 실학자. 저서로 『의산문답』이 있다.
박지원	상업과 공업의 발전이 중요함을 강조한 실학자. 상업 발전을 위해 수레와 선박의 이용을 활성화하고, 화폐 유통을 확대하고, 전국적 도로망을 건설하자는 등의 주장을 했다. 양반 사회를 비판하는 『양반전』, 『허생전』 등의 한문 소설을 썼으며, 청나라를 여행하고 돌아와 쓴 『열하일기』가 유명하다.
박제가	상공업 활성화, 청나라와 무역 활성화, 화폐 사용 확대 등을 주장한 실학파. 대표 저서로는 『북학의』가 있다.

 한국사 어휘력 만점공부법

32

고려와 조선의 베스트셀러

한국사 일기

　　임금이 사초(조선왕조실록을 기록하기 위해 준비하는 자료)를 보여달라는 명령을 내렸다. 있을 수 없는 명령이다. 그 어떤 임금도 사초를 볼 수 없다. 이는 태조대왕 때부터 정해진 엄한 규칙이며 어길 수 없는 전통이다. 역사는 공정하게 기록해야 한다. 임금은 역사의 평가를 두려워하여 바른 정치를 펴야 한다. 그렇기에 사초를 임금도 볼 수 없게 하였는데, 지금 임금이 사초를 강제로 열람하려고 한다. 아마 김일손이 마련한 사초가 임금의 심기를 건드렸으리라. 김일손은 죽음으로 임금의 부당한 명령에 맞섰다. 역사가는 사초를 자기 목숨보다 귀하게 여겨야 한다는 신념을 따르다 죽은 것이다. 바른 역사를 기록하는 역사가를 죽이는 왕을 어떻게 보아야 할까? 이런 왕을 왕으로 인정해야 할까? 피바람은 이제 시작이다. 더 많은 사람들이 피를 흘리며 죽어 나갈 것이다. 역사를 자기 마음대로 하려는 왕이니 사람 목숨은 너무도 쉽게 생각할 것이다. 앞으로 펼쳐질 일을 떠올리니 슬프고 안타깝고 두렵다. 이 몸도 바른 역사를 기록하기 위해 목숨을 걸어야 하는 상황에 몰릴지도 모른다. 두렵지만 그 순간이 되면 나도 김일손처럼 바른 역사를 기록하기 위해 내 목숨을 걸어야 하리라.

_연산군 때 실록 기록을 담당한 역사가의 일기

한국사 그물망

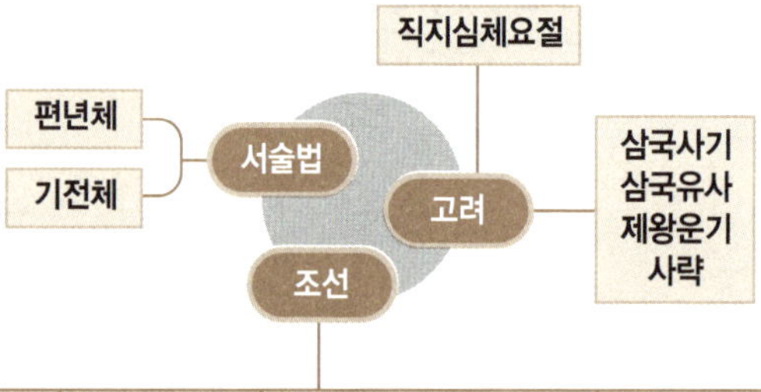

<table>
<tr><td colspan="6">

직지심체요절

편년체 / 기전체 — **서술법**

고려 — 삼국사기 / 삼국유사 / 제왕운기 / 사략

조선

</td></tr>
</table>

시기	역사	유교/법전	지리/천문/역법	실용	기록물
태조 ~ 성종	고려사 고려사절요 동국여지승람 동국통감	불씨잡변 삼강행실도 국제오례의 경국대전	천상열차분야지도각석 혼일강리역대국지도 신찬팔도지리지 칠정산	농사직설 총통등록 악학궤범	조선왕조실록 조선왕조의궤 승정원일기 난중일기
중종 ~ 인조	–	이륜행실도 성학십도 동호문답	–	동의보감 침구경험방	
영조 ~ 고종	동사강목 발해고 연려실기술	속대전 대전회통	동국지도 택리지 연려실기술 대동여지도	동국문헌비고 훈민정음운해 무예도보통지 마괴회통	

고려 때 전해지는 책은 거의 대부분은 역사나 불교 관련 책이다. 직지심체요절은 세계에서 가장 오래된 목판 인쇄본이며, 역사서술법은 편년체와 기전체가 있다. 조선은 시대가 가깝기도 하지만, 책을 중요시한 성리학자들이 지배하는 사회였기에 다양한 종류의 책이 전해진다. 조선은 국가적으로 책을 많이 펴냈으며, 사대부들도 활발하게 저술활동을 했다. 조선시대에 가장 많이 펴낸 책은 성리학에 관련된 책, 성리학적

질서를 사회에 적용하는 법전이다. 역사, 지리, 천문, 역법, 농업, 의학, 군사, 음악과 관련된 책도 많았다. 특히 조선은 기록 문화의 중요성을 알았기에 500년 기간 내내 『조선왕조실록』을 기록했다. 『조선왕조실록』은 세계 역사상 유래 없는 기록물이다. 『조선왕조의궤』와 『승정원일기』 등도 당시 역사를 정확히 알게 해주는 소중한 기록물이다.

한국사 어휘사전

편년체　시간이 흐르는 순서에 따라 역사를 서술하는 방식.

기전체　기, 전, 지, 표의 방식으로 나누어 역사를 서술하는 방식. '기'는 왕 중심의 서술, '전'은 인물 중심의 서술, '지'는 각 시대의 문화, 경제 법, 제도 중심의 서술, '표'는 역사의 흐름을 연표로 정리하는 서술법이다. 중국 사마천의 『사기』에서 출발한 역사 서술법이다.

삼국사기　(고려 인종) 왕의 명령을 받아 김부식이 주도하여 삼국의 역사를 '기전체' 방식으로 기록한 책. 현존하는 가장 오래된 책으로 유교의 합리주의적 사고를 바탕을 왕권 강화와 역사 의식 고취를 목적으로 썼다.

삼국유사　(고려 충렬왕) 스님 일연이 신라, 고구려, 백제와 관련한 다양한 이야기를 모은 책. 민족의 자긍심을 고취하는 '단군 신화'가 실려 있는 최초의 책이며, 정식 역사서는 아니지만 삼국 시대의 생활을 보여주는 다양한 이야기가 있어 큰 가치가 있는 책이다.

제왕운기　(고려 충렬왕) 이승휴가 민족의 자주의식을 높이기 위해 우리 역사를 단군부터 시작해 삼국, 발해, 고려로 이어지는 정통성을 강조하며 시의 형식으로 쓴 역사책.

사략　(고려 공민왕) 이제현이 유교사관에 따라 쓴 고려의 역사책. 현재 전해지지는 않는다.

직지심체요절　(고려 공민왕) 세계에서 가장 오래된 금속활자 본. 제작연도와 충주 흥덕사에서 제작하였다는 기록까지 남아 있다.

조선왕조실록 (조선 태조~철종) 조선 태조로부터 철종에 이르기까지 약 470여 년간의 역사적 사실을 편년체로 기록한 책. 왕이 죽은 뒤에 편찬을 했는데 객관적인 역사 서술을 위해 왕도 실록의 내용을 간섭할 수 없었다. 조선왕조실록은 세계 어디에서도 찾아보기 어려운 소중한 역사기록물로, 유네스코 세계기록유산이다.

조선왕조의궤 조선시대 왕궁에서 행해진 주요 행사나 건축 과정을 세밀한 그림과 자세한 글로 기록한 책. 임진왜란 이 전 기록은 불에 타 사라졌고, 후기 기록만 남아 있으며 유네스코 세계기록유산이다.

승정원일기 조선시대 왕실의 비서실이었던 승정원에서 나랏일을 기록한 책. 유네스코 세계기록유산이다.

불씨잡변 (태조) 조선을 설계한 정도전이 불교를 비판하고 성리학을 통치이념으로 확립해야 한다는 내용을 담아 쓴 책.

천상열차분야지도각석 (태조) 천문도를 12개 분야로 나누어 돌에 새긴 그림. 고구려의 천문도를 바탕으로 하였다.

혼일강리역대국도지도 (태종) 중국 중심으로 그린 세계 지도.

농사직설 (세종) 세종이 정초, 변효문에게 명령을 내려 쓴 최초의 농사 관련 책. 우리나라 상황과 조건에 맞는 농사기술을 소개하였다.

신찬팔도지리지 (세종) 조선 최초의 지리 책.

삼강행실도 (세종) 모범이 되는 충신, 효자, 열녀를 골라 글과 그림으로 소개한 책. 유교적인 사회질서를 세우기 위한 목적으로 펴냈다.

칠정산 (세종) 중국의 역법(달력)이 우리와 맞지 않았기에 한양을 기준으로 우리 실정에 맞게 만든 역법 책.

총통등록 (세종) 화포 및 화약 사용법에 관한 책.

고려사 (세종~문종) 고려시대의 역사를 기전체로 정리한 역사 책.

고려사절요 (문종) 김종서가 고려시대의 역사를 편년체로 정리한 역사 책.

경국대전 (세조~성종) 유교적 통치이념을 구현한 조선의 기본 법전.

국제오례의 (세종~성종) 국가 행사에 필요한 의례와 예법을 정한 책.

동국여지승람 (성종) 노사신 등이 각 지역의 지리, 풍속, 인물, 산물, 교통 등을 기록한 지리 책.

동국통감 (성종) 서거정 등이 고조선부터 고려 말까지 역사를 편년체로 정리한 역사 책.

악학궤범 (성종) 당시까지 전해 내려온 음악 이론, 악기, 악보, 가사 등을 집대성한 책.

이륜행실도　(중종) 삼강오륜 중에서 이륜인 '장유유서'(어른과 아이 사이의 질서)와 '붕우유신'(친구 사이의 관계)을 가르치기 위해 만든 책.

성학십도　(선조) 퇴계 이황이 선조에게 임금이 힘써야 할 도리를 10가지 그림으로 설명하여 올린 상소문.

동호문답　(선조) 율곡 이이가 선조에게 왕도정치에 대해 묻고 답하는 형식으로 서술하여 올린 글.

난중일기　(선조) 충무공 이순신 장군이 임진왜란 때 쓴 일기. 인간 이순신의 고뇌와 전쟁을 이끄는 장군의 심정이 잘 담겨 있다.

동의보감　(광해군) 허준이 쓴 의학책. 한의학에서 가장 유명하고 권위 있는 책이며 유네스코 세계기록유산이다.

침구경험방　(인조) 허임이 침구(침과 뜸)에 관해 쓴 의학 책.

속대전　(영조) 『경국대전』 이후에 나온 법령 중에서 시행할 법령만을 간추려서 펴낸 법률 책.

동국문헌비고　(영조) 조선의 문물과 제도를 분류하여 정리한 백과사전.

동국지도　(영조) 정상기가 우리나라 최초로 축척을 사용하여 만든 지도. 축척을 사용하였기에 지도를 보면 실제 거리 파악이 가능했다.

택리지　(영조) 이중환이 실제 현장을 답사한 뒤 쓴 지리 책.

훈민정음운해　(영조) 신경준이 훈민정음의 음운을 연구하여 기록한 책.

무예도보통지　(정조) 무술 훈련에 관해 쓴 책. 무예 동작을 그림과 글로 자세하게 설명하여 실전에서 쓸 수 있도록 하였다.

동사강목　(정조) 안정복이 고조선에서 고려 말까지의 역사를 편년체로 쓴 책.

발해고　(정조) 유득공이 발해에 관해 쓴 역사 책. 발해사를 우리나라 역사로 편입시켜 신라의 삼국 통일 뒤를 남북국시대로 칭하였다.

마과회통　(정조) 정약용이 마진(홍역)에 관해 쓴 책.

연려실기술　(순조) 이긍익이 조선시대 역사를 원문 그대로 기록한 책.

대동여지도　(철종) 김정호가 만든 우리나라 지도. 지도의 정확성과 과학성이 오늘날과 견줘도 손색이 없을 정도로 뛰어나다.

대전회통　(고종) 조선시대 시행된 모든 규정을 집대성한 조선 최후의 법전.

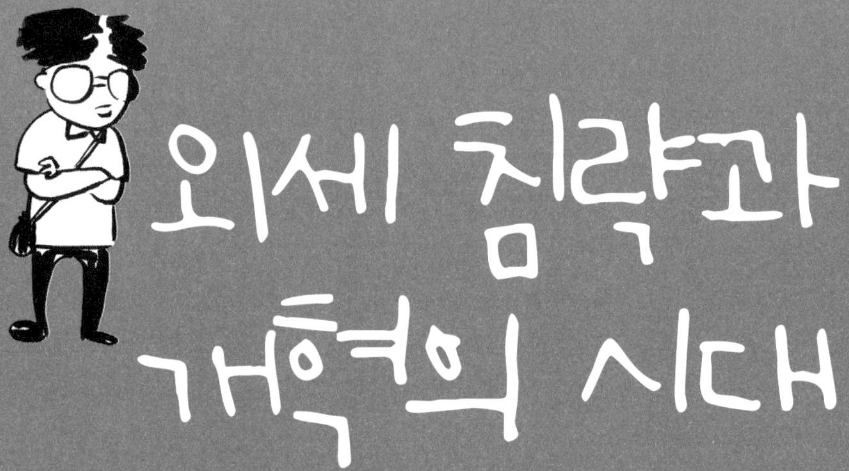

외세 침략과 개혁의 시대

: 외세의 대결구도와 개혁을 이해하라

3장

1980

: 33 :

흥선대원군

　무장한 양인들이 묘를 파헤쳤다. 다른 묘도 아니고 흥선대원군의 아버지인 남연군의 묘를 파헤쳤다. 양인들이 예의를 모른다는 말은 익히 들었으나 오늘 목격하니 실상은 더 잔혹하고 야만스러웠다. 밤중에 저들이 남연군의 묘를 파헤치는 현장을 발견하고 즉각 군수님께 연락했다. 군수님은 깜짝 놀라 바로 오셨고 주위의 몇몇 주민들도 함께 했다. 양인들이 묘를 파헤치지 못하게 군수님과 주민들이 함께 말리려 했다. 조상의 묘를 파헤치는 자들이 어디 있느냐면서 따졌다. 양인들은 우리들의 말을 듣기는커녕 총을 들이대며 위협했다. 몇몇의 힘으로는 어찌할 도리가 없었다. 날이 밝고 많은 주민들과 군사들이 소식을 듣고 몰려왔다. 양인들은 사람들이 몰려오는 소리를 듣더니 파헤치던 무덤을 그대로 두고 도망쳤다. 붙잡으려 하였으나 총으로 무장한 양인들을 어찌할 도리가 없었다. 며칠 뒤 중앙에서 군대가 왔다. 양인들을 잡으려 이 잡듯이 뒤졌지만 허탕이었다. 평생 묘지기를 해오면서 이런 잔악무도한 짓을 저지른 자들을 보지 못했다. 과거 잔혹하기로 소문난 왜놈들도 이런 짓은 하지 않았다. 양인들은 같은 하늘 아래 살 종자들이 아니다.

_오페르트 도굴사건을 본 묘지기의 일기

한국사 그물망

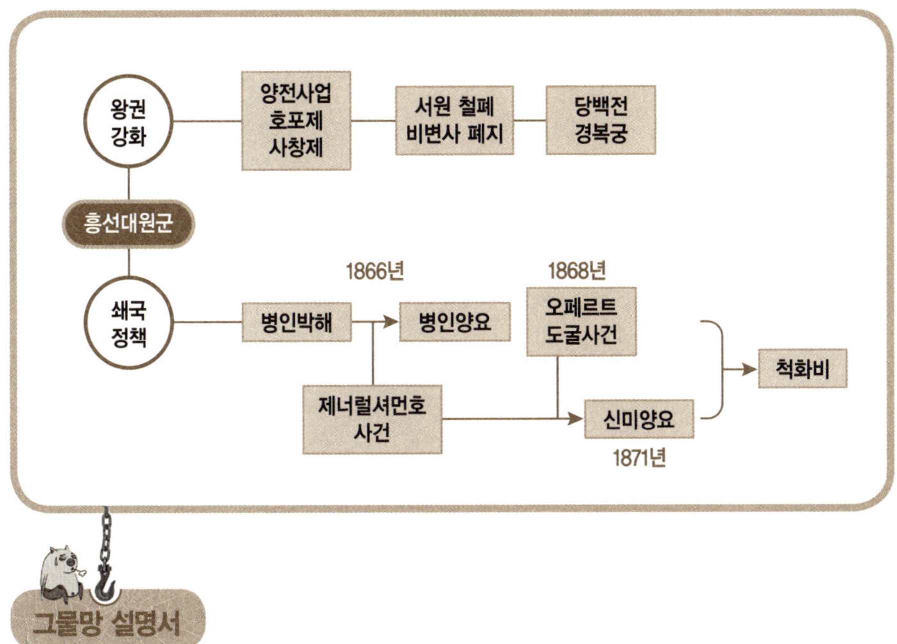

그물망 설명서

홍선대원군이 추진한 두 가지 핵심 정책은 왕권강화와 쇄국정책이었다. 홍선대원군은 세도정치로 왕권이 땅에 떨어진 상황을 쭉 지켜봤다. 아들이 어린 나이에 왕위에 오르자 홍선대원군은 세도정치를 끝장내고 왕권을 강화하기 위해 다양한 조치를 취한다. 강력한 권한을 행사하던 비변사를 폐지하고, 당파의 뿌리인 서원을 600여개 중 47개만 남기고 철폐한다. 또한 양전사업을 실시해 국가재정을 확보하고자 했고, 호포제를 실시해 군정을 개혁했으며, 사창제로 환곡의 문제를 해결하고자 했다. 홍선대원군의 이러한 정책은 국가재정을 튼튼히 하는 것이 주목적이었으나, 삼정문란으로 고통 받는 백성들의 처지를 개선하는 효과도 발휘했다. 왕권강화를 위해 임진왜란 때 불탄 경복궁을 다시 세우는 사업을 벌였고, 부족한 돈을 마련하기 위해 당백전을 발행하는 바람에 백성들의 원망을 듣기도 했다.

홍선대원군은 서양세력과 교류하기보다 맞서 싸우는 쪽을 택했다. 1866년(병인년)에 천주교 신자들을 탄압해 수천 명을 죽였고, 병인박해를 이유로 프랑스 군대가 침략하는 병인양요가 일어났다. 병인박해와 병인양요 사이에 제너럴셔먼호 사건이 발생했고, 이로 인해 신미양요가 일어났다. 병인양요와 신미양요 사이에 오페르트 도굴사건도 일어났다. 오페르트 도굴사건은 서양인들의 야만성을 증명하고, 흥선대원군의 쇄국정책이 정당함을 증명하는 사건으로 백성들에게 받아들여졌다. 프랑스와 미국이라는 강대한 서양세력을 물리친 흥선대원군은 자신 있게 쇄국정책을 몰아붙였고, 척화비를 전국 곳곳에 세워 쇄국정책의 의지를 더욱 다졌다.

한국사 어휘사전

양전사업　전정(田政)을 개혁하기 위해 전국의 토지를 조사하는 사업. 조선 초기부터 토지 제도를 개혁하고 국가 재정을 확보하기 위해 실시한 사업을 양전이라 했는데, 흥선대원군은 전정의 문제를 고치기 위해 양반들이 세금을 내지 않으려고 숨겨둔 땅(은결)을 찾아내 세금을 물렸다.

호포제　군정(軍政)을 개혁한 흥선대원군의 정책. 양민만 부담하던 군포를 양반에게도 부담하게 하였다.

사창제　환곡(還穀)의 문제점을 개혁한 흥선대원군의 정책. 곡식을 빌려주는 책임을 관에서 민간으로 넘겼다. 지역민들이 사창을 자치적으로 운영하고 관리를 맡음에 따라 관리들이 운영하면서 생겼던 문제점을 개선했고, 빈민을 돕는 본래 취지를 살렸다.

당백전　흥선대원군이 부족한 국가 재정을 확보하기 위해 발행한 액면가치 100배의 고액권 화폐. 국방력을 강화하고, 임진왜란 때 불탄 경복궁을 다시 세우는 등 왕실 재정을 확보하기 위해 보통 화폐보다 100배나 되는 당백전을 발행했다. 그러나 목적한 바를 이루지는 못하고 물가상승(인플레이션)에 따른 혼란만 빚어졌다.

쇄국정책   다른 나라와 관계를 맺지 않고 경제교류도 하지 않는 정책. 흥선대원군의 쇄국 정책이 유명하다. 조선은 기본적으로 다른 나라와 별다른 교류를 하지 않았는데 흥선대원군이 집권한 시기에는 프랑스, 미국 등이 무역을 요구해 왔음에도 이를 거부하고 강력한 쇄국정책을 폈다. 이로 인해 프랑스가 침입한 '병인양요', 미국이 침입한 '신미양요'를 겪기도 했다. 청나라가 서양과 교류를 하다 어려움에 빠지는 걸 교훈 삼아 펼친 쇄국정책은 외세의 침입을 막는 일정한 성과를 거두기도 했으나, 교류를 통해 나라를 부강하게 할 기회를 놓친 잘못된 정책이었다.

병인박해   1866년(병인년). 프랑스 신부 9명과 수천 명의 천주교 신자를 학살한 사건. 프랑스를 끌어들여 러시아의 남하를 견제하려던 시도가 실패로 끝난 뒤 천주교에 대한 비난이 빗발치자 대원군이 천주교를 탄압하기 위해 벌인 사건이다.

병인양요   1866년 9월~11월. 병인박해를 이유로 프랑스군이 침략한 사건. 문수산성에서 한성근, 정족산성에서 양헌수가 이끄는 군대가 프랑스군을 격퇴하였다. 그러나 프랑스군은 물러나면서 많은 문화재를 불태웠고, 『외규장각 의궤』 등 국보급 문화재를 약탈해갔다.

제너럴셔먼호 사건   1866년 8월. 미국상선 제너럴셔먼호를 평안도민들이 침몰시킨 사건. 제너럴셔먼호가 대동강을 거슬러 올라와 통상을 요구하다 약탈을 하고 백성을 살해하자 평안도 관찰사 박규수가 평양 백성들과 함께 공격해 침몰시켰다.

오페르트 도굴사건   1868년. 통상을 요구하다 거절당한 독일 상인 오페르트가 대원군의 아버지인 남연군의 묘를 도굴하려다 실패한 사건. 서양인에 대한 반감이 더욱 확산되는 계기가 된 사건이었다.

신미양요   1871년(신미년). 미국이 제너럴셔먼호 사건을 빌미로 침략한 사건. 어재연 부대가 광성보전투에서 결사항전을 벌였고 큰 피해를 입은 미군이 물러나면서 끝났다.

척화비   신미양요가 끝난 뒤 서양세력과 싸우겠다는 의지를 드러내기 위해 세운 비석. 척화비에 '서양 오랑캐가 침입하는데도 싸우지 않으면 화친이요, 화친은 나라를 파는 짓이다'는 문구를 새겼다.

: 34 :

개항과 개화파

한국사 읽기

오늘 우연히 술자리에서 두 사람의 논쟁을 들었다. 논쟁이 참으로 흥미진진했다.

"일본식으로 개화를 해야 합니다. 수신사로 다녀온 사신들의 이야기를 들어보면 일본의 발전이 놀랍습니다. 일본식으로 해야 우리도 제대로 발전합니다."

"일본처럼 한 순간에 나라를 고치려 하면 안 됩니다. 천천히 해야 합니다. 서양인들은 단지 기술과 군대만 뛰어날 뿐 정신적인 문화는 우리가 훨씬 뛰어납니다. 우리의 훌륭한 문명은 그대로 두고 서양인들의 기술과 군대만 받아들이면 됩니다."

"사회가 변하지 않으면 기술도 군대도 발전하지 못합니다. 산업, 교육, 정치까지 모두 바뀌어야 진정으로 조선이 강해집니다."

"서양인들의 천박한 정신문화를 그대로 받아들여야 한단 말입니까?"

논쟁은 끝날 줄 모르고 이어졌다. 논쟁의 결말이 나기를 바랐지만 의견이 팽팽히 맞선 채 끝나고 말았다. 집에 와 곰곰이 생각했지만 누구 말이 맞는지 결론을 내리지 못했다.

_온건개화파와 급진개화파의 논쟁을 지켜본 백성의 일기

한국사 그물망

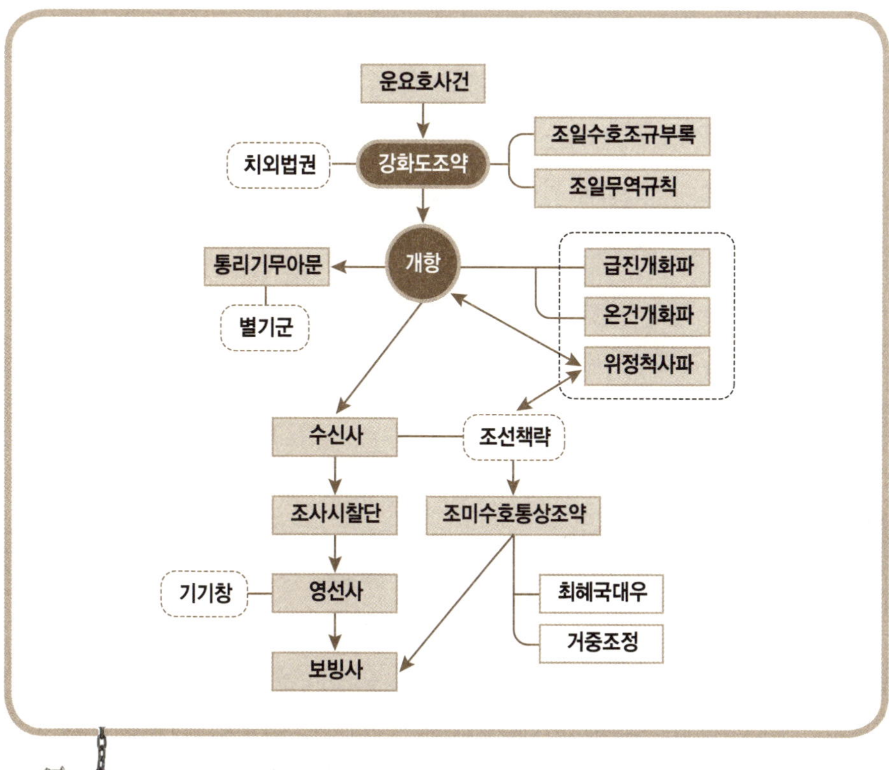

그물망 설명서

홍선대원군이 물러나고 고종이 직접 통치한 뒤 얼마 지나지 않아 운요호사건이 발생한다. 일본은 운요호사건을 빌미로 개항을 요구하고 홍선대원군의 복귀를 걱정한 민씨 정권은 이를 재빨리 받아들인다. 강화도조약은 치외법권 등이 명시된 불평등조약이었으며, 함께 체결한 조일수호조규부록과 조일무역규칙은 일본의 경제침탈을 가능하게 했다. 개항 뒤 외국문물을 받아들이기 위해 외국에 다양한 사절단을 파견한다. 수신사와 조사시찰단은 일본, 영선사는 청나라, 보빙사는 미국에 파견한 사절단이다. 수신사를 통해 전해진 『조선책략』으로 인해 미국과 조미수호통상조약을 체결한다.

조미수호통상조약에는 최혜국대우와 거중조정 조항이 들어 있었으며, 최혜국대우는 심각한 불평등 조항의 하나였다. 개항 뒤 조선 정부는 개혁을 총괄하기 위해 통리기무아문을 설치하고, 별기군이란 신식군대를 만들었다. 서양식 무기를 만드는 기관인 기기창은 영선사를 파견해 거둔 성과였다. 한편 개항을 둘러싼 세력의 견해 차이에 따라 급진개화파, 온건개화파, 위정척사파로 나뉘었다. 급진개화파는 일본 메이지 유신처럼 사회 전체를 급진적으로 변화시키길 원했고, 온건개화파는 동도서기론을 내세우며 청나라와 같은 개혁을 원했다. 반면에 위정척사파는 개항 자체를 반대했는데, 특히 『조선책략』의 권고에 따라 서양 세력에 문호를 개방하는 것에 강력히 반대했다.

한국사 어휘사전

운요호사건 1875년. 일본의 운요호가 조선 해안을 살피기 위해 왔다는 핑계로 강화도에 불법 침입하다 포격을 받자 강화도를 약탈하고 공격한 사건. 이 사건을 핑계로 개항을 요구했는데, 이는 미국이 일본을 개항시킬 때 썼던 수법 그대로였다.

강화도조약 1876년. 정식 명칭은 '조·일 수호 조규'로 외국에 문호를 개방하기로 한 최초의 근대적 조약. 일본의 강요에 의해 조약을 체결하고 인천, 부산, 원산을 개항했다. 일본의 자유로운 해안선 측량, 치외법권 등이 담긴 불평등 협정이었다.

조일수호조규부록 1876년. 강화도조약에 딸린 협정서. 일본인이 자유롭게 무역과 장사를 하는 개항장을 열고, 개항장에서 일본 화폐를 자유롭게 유통하도록 허용하였다.

조일무역규칙 1876년. 조선의 곡식을 무제한으로 일본으로 가져가게 허용하며, 일본 제품에 대한 무관세 규정을 담은 무역 규칙.

치외법권 다른 나라 국민이 우리나라에서 저지른 범죄를 우리나라 법이 아니라 그 나라 법으로 처리하는 것. 치외법권이 있으면 일본인이 우리나라 사람을 죽여도 우리 법으로 처벌하지 못한다. 치외법권은 우리나라의 법을 무시하는 불평등한 조항이다.

수신사 1876년. 개항 직후 일본의 근대적 발전 모습을 알아보기 위해 보낸 외교사절.

조선책략 1880년. 김홍집이 2차 수신사로 갔다가 돌아오면서 들고 온 책. 중국 외교관이 쓴 책으로 러시아의 남하를 막기 위해 중국, 일본, 미국과 통상교류를 해야 한다는 주장을 담았다. 『조선책략』의 영향으로 조선 정부는 미국과 수교를 맺는 등 적극적인 개화정책을 폈다. 이 책을 접한 유학자들은 개항에 반대하는 위정 척사운동을 격렬하게 벌였다.

조사시찰단 1881년. 일본의 발전된 문물을 조사하여 개화정책을 추진하기 위해 보낸 조선 정부의 시찰단.

영선사 1881년. 근대식 무기 제조법과 사용법을 배우고, 미국과 외교관계를 맺는데 도움을 받기 위해 김윤식을 인솔자로 하여 청나라에 파견한 사신단. 지식 부족과 재정의 어려움으로 1년 만에 귀국하였으나 최초의 무기 공장인 '기기창'을 세우는데 기여했다.

보빙사 1883년. 미국과 통상조약을 맺은 뒤 미국에 파견한 조선의 첫 번째 친선 사절단.

통리기무아문 1880년. 개화 정책을 총괄하기 위해 설치한 기관.

별기군 1881년. 개화 이후 만든 신식 군대. 별기군을 특별대우하자 구식 군대의 불만이 쌓여 1년 뒤 임오군란이 발생한다.

조미수호통상조약 1882년 5월. 미국과 맺은 통상조약. 『조선책략』의 영향으로 체결된 조약이며, 서양 세력과 맺은 첫 번째 조약이다. 치외법권, 최혜국대우 규정, 거중조정 등의 조항 등이 담겼다.

최혜국대우 조약 내용 중에서 조선이 다른 나라에 준 가장 좋은 혜택을 외교관계를 맺은 모든 나라에도 그대로 적용하는 것. 조미수호통상조약에 처음으로 명시되었고 이로 인해 외세의 경제 침탈이 심해졌다.

거중조정 조약의 한 당사자가 분쟁이 생겼을 경우 다른 나라가 갈등이 생긴 나라 사이에서 공정하게 갈등을 해결하도록 돕는 것. 조선이 미국과 통상을 맺은 이유는 거중조정을 통해 주변국과 갈등을 해결하려고 했기 때문이다. 그러나 미국은 나중에 거중조정의 의무를 저버리고 몰래 일본 편을 들었다.

급진개화파 서양의 기술뿐 아니라 제도와 사상, 문화까지도 받아들여야 하다고 주장한 개화 세력. 일본의 메이지 유신을 모델로 개화를 하고자 했으며 김옥균, 박영효,

서광범 등이다. 갑신정변을 주도한 세력이다.

온건개화파　조선의 전통적인 제도와 사상은 지키면서 서양의 근대 과학과 기술 문명을 받아들이자는 '동도서기론'을 주장한 개화 세력. 동도서기론에 따라 청나라 식으로 점진적인 개화를 주장한 김홍집, 어윤중, 김윤식 등 온건개화파다.

위정척사파　개화를 반대하고 조선의 전통을 지킬 것을 주장한 유학자 세력. 최익현이 대표적인 인물이며 나중에 항일 의병운동을 벌인다.

개혁과 청·일의 대결

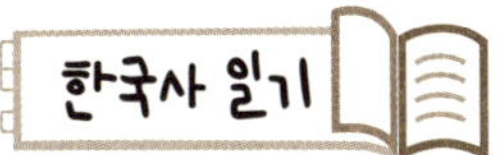

"엄마, 우리 언제 쌀밥 먹어 봐."

자식이 보챈다. 나도 쌀밥을 구경하고 싶다. 남편이 쌀을 구하러 나간 지 한참이 지났는데 돌아오질 않는다. "아빠다!" 아이가 먼저 발견하고 반갑게 뛰어나간다. 남편의 어깨를 보니 오늘도 아무런 소득이 없음을 미리 짐작할 수 있다.

"미안하오. 아무리 시장을 뒤져봐도 쌀이 보이지 않으니 어쩔 도리가 없었소."

남편은 벌써 며칠 째 쌀을 구하러 나갔지만 쌀을 구하지 못했다. 알다가도 모를 일이다. 쌀을 생산하는 우리 고장에서 쌀이 보이지 않으니……

"왜놈들이 쌀이란 쌀은 전부 사서 가져가니 시장에 쌀이 말라 버렸소."

"왜놈들에게 안 팔면 되잖아요?"

"그게 지주들이 왜놈들 물건 산다고 쌀을 파니 어쩔 수 없다오. 괜찮은 지방관은 방곡령을 내려서 쌀이 빠져나가지 못하게 했는데, 뭐가 잘못됐는지 도리어 왜놈들에게 배상을 했다 하오."

수공업을 하는 친정집도 왜놈 물건 때문에 어렵다는데 이래저래 왜놈들이 밉다.

_농촌에 사는 한 여인의 일기

한국사 그물망

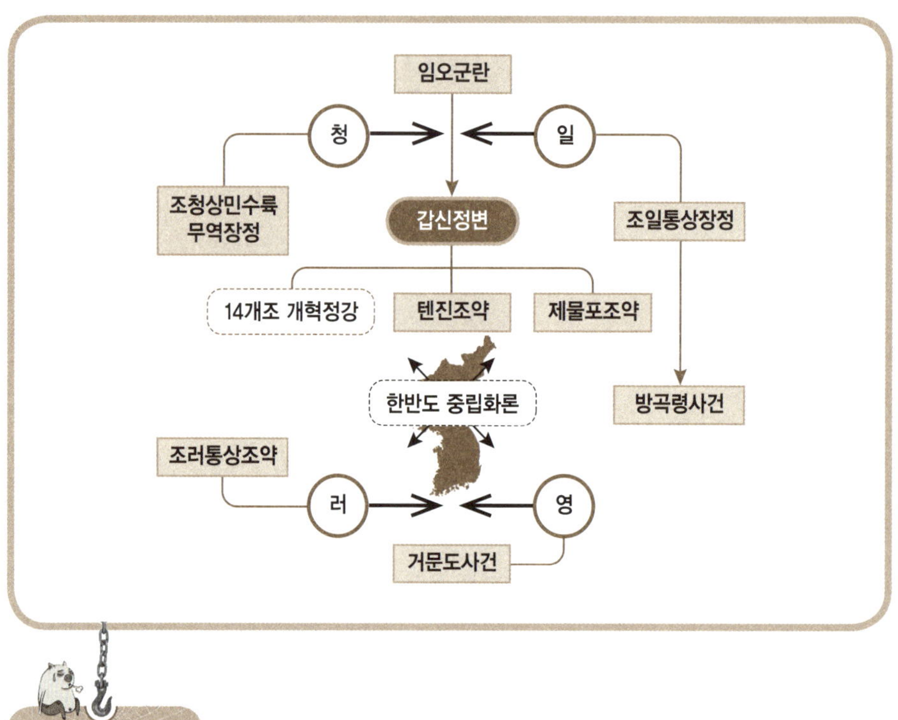

그물망 설명서

개항을 한 뒤 조선은 청과 일이 주도권을 두고 다툼을 벌인다. 청나라는 조청상민수류무역장정을 체결하여 본격적으로 조선에 진출하고, 일본은 조일무역규칙을 개정한 조일통상장정을 통해 더욱 가혹하게 경제침탈을 자행했다. 일본은 영국산 면제품을 들여와 팔고 조선의 쌀과 콩을 싸게 사들여 막대한 이득을 얻었다. 농촌에서는 값싼 영국 면제품으로 면과 관련된 직업이 큰 타격을 입었고, 조선의 곡식이 급격하게 빠져나가며 곡류 가격이 급격하게 상승하였다. 일본의 쌀 수탈로 식량 부족 위기가 발생하자 이를 막기 위한 과정에서 방곡령사건이 발생하기도 한다. 일본의 경제침탈은 백성들이 일본을 싫어하는 근본 원인이 되기도 한다.

한편, 임오군란이 일어나자 민씨 정권은 청나라 군대를 불러들여 이를 해결했는데 이는 외세에 의존해 국내 문제를 푸는 어리석은 선택이었다. 1884년(갑신년)에 김옥균을 중심으로 한 급진개화파는 일본군을 등에 업고 갑신정변을 일으켜 14개조 개혁정강을 발표한다. 그러나 청나라 군대가 개입하고 일본군이 배신하면서 갑신정변은 3일 만에 실패로 끝났다. 갑신정변 실패의 가장 큰 원인은 일본에 지나치게 의지한 탓에 일반 백성들의 지지를 받지 못했기 때문이다. 갑신정변 이후 일본은 청나라와 톈진조약을 체결해 청나라와 동등하게 조선에 군대를 파병할 권한을 얻었고, 10년 뒤 동학농민운동이 일어나자 일본군대를 조선에 파병해 조선을 식민지로 삼을 교두보를 확보했다. 한편 조러통상조약을 맺으며 러시아가 조선에 진출하자, 세계 곳곳에서 러시아와 대결을 펼치던 영국은 러시아의 남하를 저지하기 위해 거문도사건을 일으킨다. 이처럼 한반도 주변의 강대국들이 치열하게 대결하는 상황에서 '한반도 중립화론'은 조선의 자주독립을 보장하는 효과적인 정책이었으나 조선 정부는 이를 받아들이지 않는다.

한국사 어휘사전

임오군란 1882년(임오년) 6월. 별기군이 생긴 뒤 차별을 받던 구식 군대 군인들이 모래가 섞인 쌀을 급료로 받자 봉기를 일으킨 사건. 별기군의 일본인 교관을 죽이고 정부 고관 및 일본 공사관을 습격하였다. 도시 하층민까지 결합하였고 대원군이 다시 집권하였는데 청나라 간섭으로 대원군이 끌려가면서 진압당했다. 임오군란 뒤 청나라의 영향력이 강해졌다.

조청상민수륙무역장정 1882년. 청나라와 조선이 맺은 무역 협정. 청나라가 조선의 종주국임을 명시하고 청나라 상인이 서울에서도 상점을 열 수 있는 권리를 부여했으며, 치외법권을 인정한 불평등한 협정이었다. 청나라의 경제침탈이 강화되면서 청나라와 일본 상인들의 경쟁이 치열해졌다.

조일통상장정　1883년. 조일무역규칙(1876)을 개정한 협정. 방곡령을 선포할 권리를 명시했으며 일본의 무관세 혜택을 없앴다. 미국과 통상조약에서 명시되었던 최혜국대우 규정을 삽입하였다.

갑신정변　1884년. 청의 내정 간섭으로 개혁 정책이 후퇴하자 급진 개화파들이 일본을 등에 업고 일으킨 정변. 우정총국 개국 축하연을 이용해 민씨 정권 요인을 죽이고 14개조 개혁안을 발표했다. 그러나 청군의 개입으로 3일 만에 실패로 끝났다. 백성들의 지지를 얻지 못하고 일본군에만 의지한 개혁이었기 때문이다.

14개조 개혁정강　　갑신정변 때 발표된 개혁 방안. ①청나라에 잡혀간 대원군 귀환, ②청에 대한 조공 폐지. ③문벌 및 신분제 폐지, ④자유로운 상공업 발전을 위해 혜상공국(생계를 위협받던 보부상을 보호하기 위한 기관) 철폐, ⑤국가 재정의 호조 단일화, ⑥지조법(토지와 관련해 거두는 세금을 명시한 법) 개혁.

텐진조약　1884년. 갑신정변 직후 일본과 청이 맺은 조약. 청과 일본이 동등하게 조선에 군대를 보낼 권리를 명시하였다. 텐진조약으로 인해 추후 동학농민혁명 때 청나라 군대가 들어오자 일본군도 들어와 청일전쟁이 발생한다.

제물포조약　1884년. 갑신정변 직후 일본과 맺은 조약. 일본 경비병의 공사관 주둔을 인정하여 일본군이 조선에 공식적으로 주둔하는 계기가 되었다.

조러통상조약　1884년. 청나라와 일본을 견제하기 위해 러시아와 맺은 조약. 러시아에 '영흥만'을 내주고(조차) 조선의 군사훈련을 담당할 러시아 군사교관의 파견을 약속받았다.

거문도사건　1885~1887년. 러시아가 조선에 진출하자 영국이 러시아 조선 진출을 봉쇄하기 위해 거문도를 불법으로 점거한 사건.

방곡령사건　'조일통상장정'에 따라 지방 수령이 곡물의 대일본 수출을 막은 사건. 함경도 방곡령사건(1889)과 황해도 방곡령사건(1890)이 대표적이다. 흉년 등으로 곡식이 부족할 경우 지방관의 권한으로 방곡령(곡물 수출 금지 명령)을 선포할 수 있는데, 일본 상인들이 곡물을 다량으로 일본으로 가져가면서 곡물 부족과 가격 폭등이 일어나자 지방 수령이 선포했다. 그러나 1개월 전에 미리 일본에 통고해야 한다는 규정을 어겼다는 이유로 일본의 항의를 받고 방곡령을 철회하고 피해도 보상해주었다.

한반도 중립화론　　　한반도를 어느 누구의 속국도 아니 중립국으로 만들어 조선의 안전과 평화를 보장하자는 방안. 최초의 일본 유학생이자 『서유견문』을 쓴 유길준과 독일 부영사 부들러의 주장이었다. 한반도 중립화론은 청나라와 일본의 전쟁 위기가 고조되는 상황에서 가장 효과적인 외교 방안이었으나, 조선 정부는 받아들이지 않았다.

조선의 운명을 결정한
1894~1895년

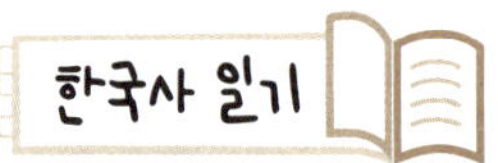

왜군이 멀리 보이자, 한 아이가 큰소리로 노래를 부른다.

♪ 새야 새야 파랑새야 녹두밭에 앉지 마라

녹두 꽃이 떨어지면 청포장수 울고 간다 ♬

아이의 노래 소리를 받아, 들에서 일하던 농부들도 노래를 같이 부른다. 나도 따라서 노래를 부른다. 간절한 바람을 담아 노래를 부른다. 입으로는 '새야 새야 파랑새야~'를 부르지만 마음으로는 다음과 같이 빈다.

♪ 녹두장군님 왜놈들이 오고 있습니다. ♬

녹두장군님이 왜놈들에게 잡히시면 백성들의 피눈물은 누가 닦아 줍니까?

잡히지 마십시오. 여기는 위험하오니 피하십시오. ♪♪

내 소망이 바람을 따라 녹두장군님께 전해지길 기원한다. 한울님이 부디 녹두장군님을 보호해 주시길 기도한다.

_녹두장군 전봉준을 흠모하는 백성의 일기

한국사 그물망

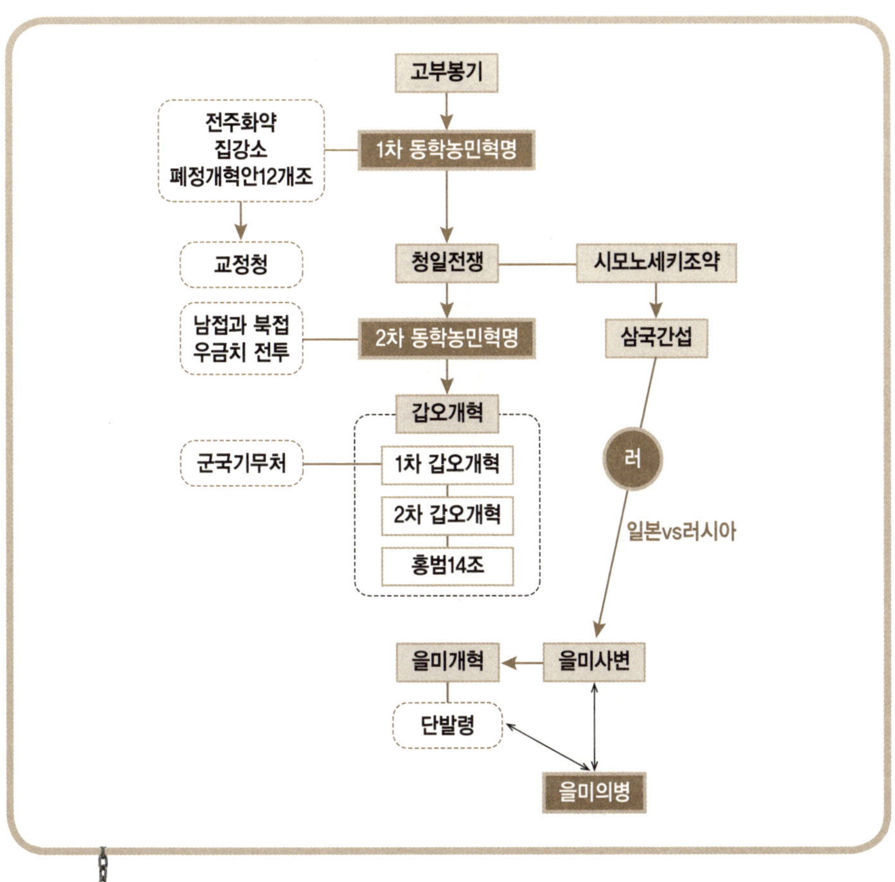

그물망 설명서

1894년은 조선의 역사가 결정된 해이다. 그 출발은 나쁜 탐관오리였던 고부군수 조병갑을 처단하기 위해 일어난 고부봉기였다. 고부봉기를 수습하기 위해 파견된 중앙관리가 농민들을 더 가혹하게 대하자 1차 동학농민혁명이 일어난다. 농민군은 황토현 싸움에서 관군을 크게 이기고 전주성을 점령한다. 이에 조선 정부는 또다시 옛 버릇을 버리지 못하고 청나라 군대를 끌어들였고, 일본은 텐진조약을 핑계로 동시에 군대를 파견한다. 외국 군대가 출병할 명분을 없애기 위해 동학농민군은 '전주화약'을 맺고 해산한다. 각 지역으로 돌아간 농민들은 '집강소'를 설치해 각 지역을 스스로 다스리는 민주정치를 선보인다. 일본군은 동학농민군의 해산에도 아랑곳하지 않고 청나라를 공격하고 경복궁을 점령하면서 조선을 지배하려는 움직임을 보이고, 이에 동학농민군은 2차봉기를 일으킨다. 그러나 조선 조정은 동학농민군을 품기보다 일본군과 합세해 동학농민군을 공격한다. 동학농민군은 공주 우금치에서 일본군과 관군의 연합군에게 대패하며 실패하고 만다. 동학농민혁명은 실패했지만 이후 의병과 3·1 운동으로 이어진다.

한편 청일전쟁에 승리한 일본은 조선을 실질적으로 지배하게 되었고, 대만과 요동반도 등을 청나라에게서 빼앗았다. 러시아는 프랑스와 독일을 끌어들여 일본이 빼앗은 요동반도를 청나라에 돌려주도록 했다. 이를 3국간섭이라 하는데, 이때부터 러시아와 일본이 만주와 조선을 둘러싸고 갈등을 빚었으며 이는 결국 러일전쟁으로 이어진다.

조선을 실질적으로 지배하게 된 일본은 갑오개혁을 진행한다. 갑오개혁은 조선이 근대 사회로 나가는 제도적 토대를 놓았지만, 일본의 강요에 의한 타율적 개혁이었다. 신분제 폐지, 조세 개혁, 행정과 사법권의 분리 등 나름대로 큰 개혁 성과를 거두었지만 장차 식민지 지배를 원활히 하는 쪽으로 제도를 정비하려는 일본의 의도가 반영되었기에 백성들의 지지를 받지 못했다.

한편 러시아가 본격적으로 진출하자 일본은 당황한다. 3국간섭으로 요동을 되돌려주고, 조선에서도 왕후 민씨가 친러 정책을 주도하자 일본은 궁지에 몰린다. 조선에서 확실한 주도권을 확보하려면 러시아를 끌어들이는 중심 인물인 왕후 민씨를 없애야 한다고 판단한 일본은, 야밤에 깡패와 군인들을 동원해 왕후 민씨를 시해하는 을미사변을 일으킨다. 이후 주도권이 잠시 일본에 넘어갔고 단발령을 포함한 을미개혁을 시행한다. 을미사변과 단발령에 반발한 백성들은 양반 유생들을 중심으로 을미의병을 일으킨다.

고부봉기 1894년 1월. 고부(현재 전라북도 정읍)군수 조병갑이 농민들을 무자비하게 수탈하자 동합 접주 전봉준이 농민들과 함께 일으킨 농민 봉기. 역사상 가장 거대했던 농민봉기인 동학농민혁명이 일어난 출발점이다.

1차 동학농민혁명 1894년 3월. 고부봉기를 수습하기 위해 파견된 안핵사가 농민들에게 더욱 못된 짓을 하자 이에 반발해 농민들이 더 큰 봉기를 일으킨 사건. 황토현과 황룡촌에서 관군을 크게 격파하고 전주성까지 점령했으며, 전라도 일대가 실질적으로 농민들의 지배에 들어갔다.

전주화약 1894년 5월. 청나라와 일본의 군대가 들어오자 외국 군대를 철수시킬 목적으로 농민군들이 흩어지면서 정부와 맺은 협약. 집강소 설치와 농민군이 제시한 폐정 개혁안 실시를 합의하였다.

집강소 전주화약으로 전라도 일대에 설치한 농민 자치 조직. 계급사회가 된 이후 역사상 처음으로 농민들이 주인이 되어 스스로를 다스린 기구다.

폐정개혁안12개조 동학농민군이 요구한 개혁 방안. 조세 제도 개혁, 신분 차별 철폐, 과부 재혼 허가, 공정한 관리 채용, 왜와 통하는 자는 엄벌, 토지를 농민에게 돌려주는 토지 제도 개혁 등이 주된 내용이다. 특히 왜와 통하는 자를 엄벌하고 토지 개혁을 내건 점이 특징인데, 이는 백성들의 요구를 정확히 반영한 개혁안이었다. 이 개혁안의 일부는 갑오개혁에 반영되었다.

교정청 전주화약 이후 일본이 간섭하는 구실을 주지 않으려고 조선 정부가 자주적으로 개혁을 추진하기 위해 설치한 관청.

청일전쟁 1894년 7~11월. 청나라와 일본 사이에 벌어진 전쟁. 동학농민운동이 일어나자 조선 정부는 청나라에 도움을 청했고, 일본은 텐진조약에 따라 군대를 보낸다. 동학농민군이 자진 해산한 뒤에 일본군은 물러나지 않고 청나라 군대를 공격하면서 청일전쟁이 일어난다. 일본이 승리하면서 조선에서 일본의 지배권이 확고해졌다.

2차 동학농민혁명 1894년 9월. 일본군이 경복궁에 침입하고 청일전쟁을 일으키면서 조선을 침략하려는 야욕을 드러내자 동학의 남접과 북접이 연합하여 일으킨 봉기.

일본군과 관군의 연합군과 공주 우금치에서 치열하게 싸웠으나 크게 패하면서 동학농민혁명은 실패한다. 패배한 동학농민군은 이후 의병에 참여한다.

남접과 북접 남접은 전봉준이 이끄는 전라도 일대의 동학교도 조직, 북접은 손병희가 이끄는 충청도 일대의 동학교도 조직. 1차 봉기 때는 남접만 참여하였지만 2차 봉기 때는 남접과 북접이 연합하였다.

갑오개혁 1894년 7월부터 1896년 2월까지 추진했던 근대화 개혁. 을미사변 뒤 진행된 을미개혁까지를 넓은 의미의 갑오개혁으로 포함시키기도 한다. 일본의 메이지 유신을 본 따 근대화 개혁을 추진하려 했다. 신분제 폐지, 조세개혁 등 나름대로 큰 성과도 거두었으나 일본의 힘을 등에 업고 진행된 개혁이었기에 백성들의 반발이 심했고 결국 미완의 개혁으로 남고 말았다.

1차 갑오개혁 ①신분제 폐지, ②연좌제와 고문 폐지, ③과거제 폐지, ④개국 연호 사용, ⑤왕실과 국가 행정의 업무 분리, ⑥탁지아문으로 재정 일원화, ⑦세금을 현금으로 내는 조세의 금납화 실시, ⑧6조를 폐지하고 내무, 외무, 탁지, 군무, 법무, 학무, 공무, 농상 8아문으로 개편, ⑨과부 재혼 허용.

군국기무처 1차 갑오개혁을 주도했던 기관.

2차 갑오개혁 ①지방행정 구역을 23부로 개편, ②행정부를 7부로 재편, ③사법권을 행정권에서 분리, ④교육 입국조서 발표

홍범14조 1895년 1월. 갑오개혁의 핵심 정책을 담은 헌법 성격의 문서. ①청나라 종주권 부정, ②근대적인 내각제도 확립, ③재정 일원화, ④조세법정주의 및 예산제도 수립, ⑤해외유학생 파견, ⑥법치주의, ⑦문벌 폐지와 인재 등용

시모노세키조약 청일전쟁 후 청나라와 일본이 맺은 조약. 일본의 조선 지배를 인정하고 요동반도(랴오둥반도)를 일본에 넘겨주는 약속이 담겼다.

삼국간섭 1895년. 독일, 프랑스, 러시아가 일본이 청일전쟁으로 얻은 요동반도를 청나라에 다시 되돌려주게 한 사건. 삼국간섭을 계기로 조선에서 러시아의 영향력이 확대되고, 일본과 러시아가 조선을 두고 본격적으로 대립하게 된다.

을미사변(명성황후시해사건) 1895년 10월, 왕비 민씨가 러시아 세력과 손잡고 일본 세력을 제거하려고 하자 일본이 깡패와 군인들을 동원해 경복궁으로 쳐들어가 왕비 민씨를 시해한 사건.

을미개혁(3차 갑오개혁)　　을미사변 후 친일파 내각이 주도하여 실시한 개혁. 개혁 내용은 좋았으나 국모를 살해하고, 전통을 무시한 개혁(단발령)으로 인해 백성들이 크게 반발했다. ①음력을 폐지하고 태양력 사용, ②단발령, ③종두법(천연두 예방 접종), ④우편업무 시작, ⑤소학교 설립, ⑥건양이란 연호 사용, ⑦군대 개편.

단발령　　조선 전통의 문화였던 상투를 자르라는 강제적인 명령. '목은 자를 수 있으나 머리카락은 자를 수 없다'는 말에 단발령에 대한 당시 사람들의 반발심이 잘 드러난다.

을미의병　　단발령과 을미사변을 계기로 일어난 의병. 국모 시해와 단발령에 격렬하게 반발했던 양반 유생들이 주도하는 의병이었다. 고종이 해산 명령을 내리자 자진 해산했는데 양반들이 주도한 의병의 한계를 보여주었다.

: 37 :

대한제국과 러·일의 대결

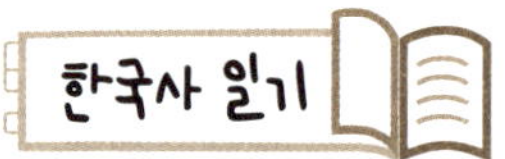

셀 수도 없는 사람들이 거리를 가득 메웠다. 한 사람이 연단 위에 섰다. 웅성거리던 사람들이 일제히 조용해졌다. 머리와 옷차림을 보니 천한 사람이 분명하다.

"저는 백정 박성춘입니다."

백정이 첫 번째 연설자로 나서다니 놀랍다. 예전 같으면 백정이 양반들 앞에서 어찌 감히 말을 할 수 있겠는가. 더구나 이렇게 수많은 사람들 앞에서 떳떳하게 나서는 일은 아예 불가능했다. 박성춘은 열정적인 연설을 했다. 모두가 마음을 합쳐 황제의 덕에 보답하고, 새로운 세상을 만들자고 주장했다. 박성춘의 연설이 끝나자 거리가 들썩거릴 정도의 박수가 울려 퍼졌다. 박성춘은 연설이 끝났음에도 연단에서 내려가지 않고 잠시 머물렀다. 박성춘의 얼굴이 약간 상기되어 보였다. 자기 자신도 흥분하고 있음이 분명했다. 박성춘의 뒤를 이어 여러 사람이 연설을 했다. 연설자 중에는 임금을 모시는 벼슬아치들도 있었다. 주위를 살펴 보니 러시아인과 일본인도 보였다. 모두들 놀라워하는 표정이었다. 두 손에 힘이 들어갔다. 정부도, 러시아도, 일본도 여기 모인 사람들을 주목하고 있었다. 두려워하고 있었다. 세상을 바꿀 힘이 거리에 넘쳐흘렀다.

_관민공동회 참가자의 일기

한국사 그물망

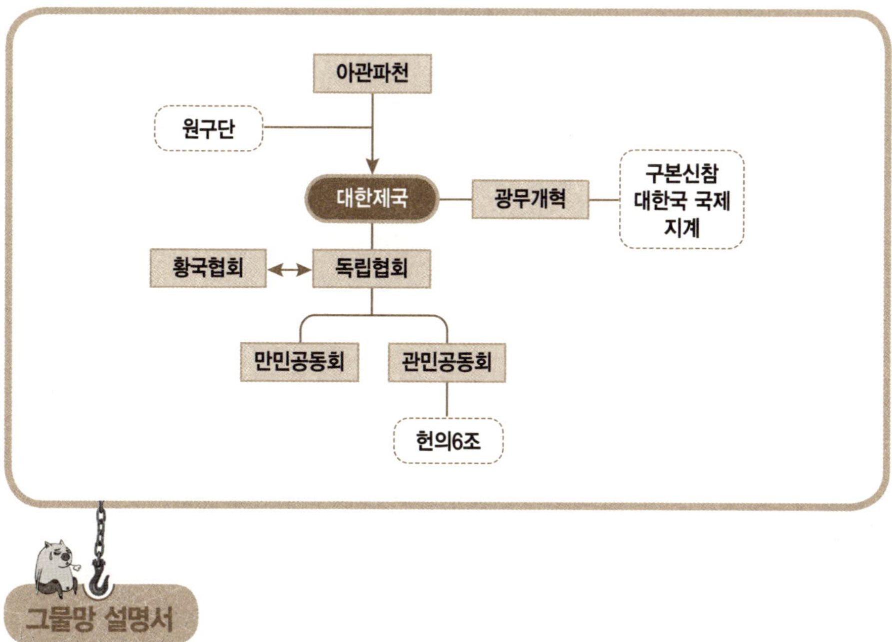

을미사변 이후 일본이 잠시 주도권을 쥐었으나 고종이 러시아 공사관으로 옮겨간 아관파천 이후 러시아가 주도권을 다시 장악한다. 1년 정도 러시아 공사관에 머무른 고종은 궁으로 돌아온 뒤 8월에 연호를 '광무'로 고치고, 9월에 원구단을 세운 뒤, 10월에 황제로 등극하면서 대한제국을 선포한다. 대한제국은 광무개혁을 진행하는데 '옛것을 근본으로 하여 새것을 참고한다'는 구본신참을 개혁의 핵심 원리로 삼는다. 대한국 국제를 선포하고 지계를 발행하는 등 개혁 정책을 실시했으나, 근본적인 개혁보다는 황제권을 강화하는 데 치우친 개혁이었다.

개혁을 추구했던 독립협회와 보수 세력인 황국협회는 대한제국을 수립할 때까지는 협조적이었으나 대한제국이 나가야 할 방향을 두고 대립했다. 독립협회는 황제가 형식적인 지위만 유지하는 입헌군주제를 원했으나, 황국협회는 대한제국이 황제국이 되어야 한다고 주장했다. 또한 독립협회는 만민공동회를 개최하고, 정부 고위관리도 참가하는 관민공동회를 열어 헌의6조를 선포하는 등 정부를 강하게 압박했다. 수만 명이 참여하는 만민·관민공동회는 정부와 외세에 크나큰 압력으로 작용했고, 백성들의 의식이 상당 수준으로 향상되었음을 보여주었다. 그러나 백성들의 힘이 커지는 것을 두려워한 보수 세력은 황국협회를 앞세워 '독립협회는 황제를 부정하고 민주공화정을 추진한다'는 음모를 제기하였고, 고종은 이를 빌미로 독립협회 해산 명령을 내리게 된다. 이렇게 독립협회의 개혁 노력은 실패로 끝나게 되었고, 독립협회와 만민공동회가 강제 해산당하면서 조선이 주체적인 힘으로 개혁을 할 마지막 가능성이 사라졌다.

한국사 어휘사전

아관파천   1896년 2월~1897년 2월. 을미사변 뒤 목숨에 위협을 느낀 고종과 세자가 러시아 공사관(아관俄館)으로 옮겨간 사건. 친일파가 몰락하고 친러파가 권력을 장악했으며, 러시아가 막강한 영향력을 행사했다. 러시아는 울릉도 살림벌채권, 광산채굴권 등을 차지했으며, 중요한 국가 경제의 이권이 헐값에 외국에 넘어갔다.

대한제국   1897년 10월 12일에 선포한 조선의 새로운 국가 이름. 러시아 공사관에서 돌아온 고종은 연호를 '광무'로 하고, '원구단'을 세운 뒤 '대한제국'을 선포하고 스스로 황제에 오르며, 조선을 자주독립국으로 유지하고자 하였다.

원구단   황제가 하늘에 제사를 지내는 제단. 고종은 원구단을 세워 하늘에 제사를 지낸 뒤 조선의 국호를 대한제국으로 바꿨다.

광무개혁   대한제국 때 '구본신참'의 원리에 따라 황제권을 강화하기 위해 진행한 개혁. '대한국 국제'를 선포하였고, 원수부를 설치하여 황제가 직접 군대를 장악했다. 무관학교를 만들어 군대를 강화하고, 토지제도 개혁을 위해 양전사업을 벌여 '지계'를 발행했다.

구본신참 '옛것을 근본으로 하여 새것을 참고한다'는 광무개혁의 이념. 황제의 권력을 유지하기 위한 개혁 원리로 새로운 시대를 열어 갈 원리로는 적절하지 않았다.

대한국 국제 대한제국이 선포한 일종의 헌법. 군통수권, 입법권, 행정권, 사법권, 외교권 등 모든 권한이 황제에게 있음을 명시하여 대한제국이 군주제 국가임을 명시했다.

지계 근대적인 토지 소유권을 확립하기 위해 대한제국에서 발행한 토지 소유 문서. 대한제국 때 토지를 조사하는 양전사업을 벌이고 토지 소유권을 확립하기 위해 지계를 발행했다. 국가의 조세 기반을 다지기 위한 목적으로 실시했다.

독립협회 1896년 설립. 자유와 민권을 확립하고 국민 참정권을 확보하기 위한 운동을 벌인 단체. 만민공동회를 개최하고 입헌군주제를 지향했으며, 외국의 부당한 간섭을 배격하는 운동을 벌였다. 독립문을 세우고 독립신문도 발행했다. 그러나 독립협회가 왕을 부정하는 공화국을 세우려 한다는 보수 세력의 모함을 믿은 고종이 해산 명령을 내려 해산 당했다.

만민공동회 1898년. 독립협회가 주도한 집회로 협회 회원, 시민, 정부 관료들까지 함께 한 대중 집회. 러시아에 지나치게 의존하는 정부를 비판하고, 입헌군주제로 전환을 요구했다.

관민공동회 1898년. 만민공동회가 확대되어 정부 고위 관리들까지 참여한 대회. 정부 고위 관리뿐 아니라 백정 출신이 나서서 연설을 하는 등, 정부 관리들과 백성들이 함께 국정을 의논한 역사상 유래가 없는 회의였다. 관민공동회를 통해 '헌의6조'를 결의하였으며 초보적인 국회 형태인 '충추원'이 개설되는 성과를 거두었다.

헌의6조 관민공동회에서 합의해 발표한 개혁안. ①국가의 대외적인 자주권 확립, ②국민의 재산권과 신체의 자유 보장, ③자유 민권 보장, ④국가 행정의 근대화와 대의정치제도 도입.

황국협회 황실 측근 세력과 보부상이 연합하여 독립협회를 없애기 위해 만든 보수 테러 단체.

: 38 :

일제의 국권 강탈

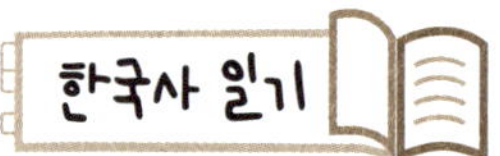

안중근 의사의 어머니 조마리아 여사가 아들에게 보낸 편지를 읽었다.

네가 만약 늙은 어미보다 먼저 죽은 것을 불효라 생각한다면 이 어미는 웃음거리가 될 것이다. 너의 죽음은 너 한 사람 것이 아니라 조선인 전체의 공분을 짊어진 것이다. 네가 항소를 한다면 그것은 일제에게 목숨을 구걸하는 짓이다. 네가 나라를 위해 이에 이른 즉 딴 맘 먹지 말고 죽으라. 옳은 일을 하고 받은 형이니 비겁하게 삶을 구하지 말고 대의에 죽는 것이 어미에 대한 효도이다. 아마도 이 편지가 이 어미가 너에게 쓰는 마지막 편지가 될 것이다. 여기에 너의 수의를 지어 보내니 이 옷을 입고 가거라. 어미는 현세에 재해하길 기대하지 않으니 다음 세상에는 선량한 숑부의 아들이 되어 이 세상에 나오거라.

내 비록 일본인으로 태어나 여순 감옥에서 조선인들을 감시하는 일을 하고 있으나 이런 편지를 읽고 어찌 감동하지 않으리오. 감옥에서 보여준 안중근 의사의 의로움과 꿋꿋함은 지금까지 접하지 못한 인품이었다. 내 힘이 미약하여 안중근 의사를 구해 드리지는 못하나 안중근 의사의 인품은 꼭 후대에 전하리라.

_여순 감옥 일본인 간수의 일기

한국사 그물망

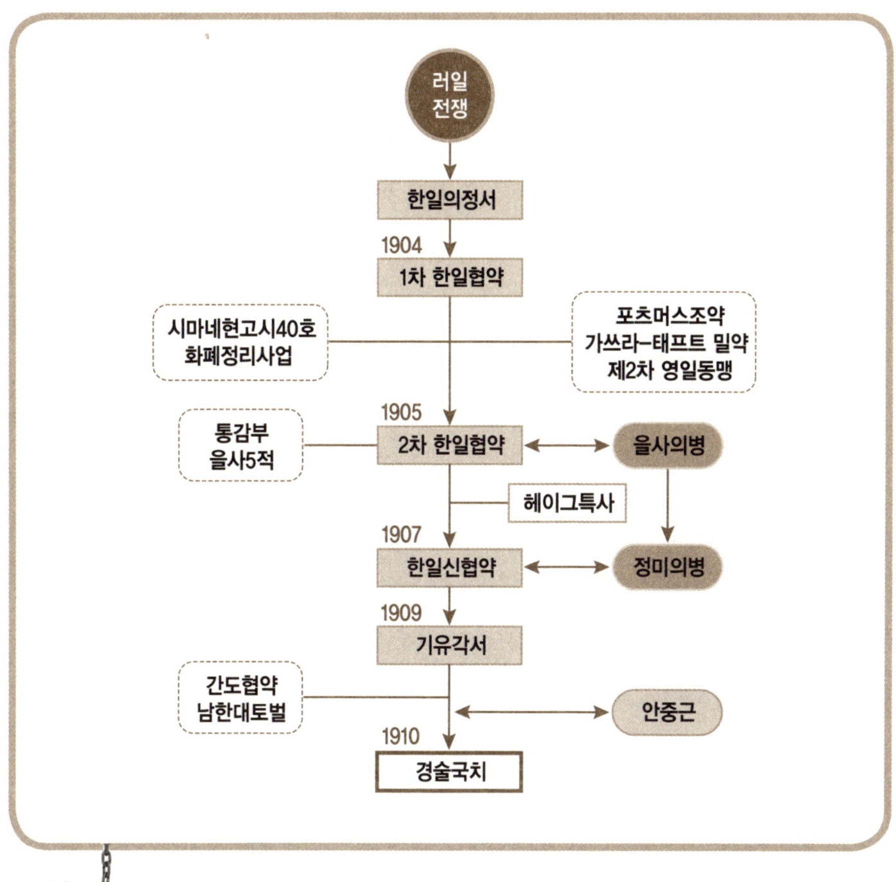

그물망 설명서

3국간섭부터 시작된 러시아와 일본의 대결은 1904년 러일전쟁으로 이어진다. 일본은 가쓰라-태프트 밀약으로 미국을, 제2차 영일동맹으로 영국을 끌어들임으로써 러시아와 전쟁에서 승리한다. 러시아는 일본에 패배한 뒤 포츠머스조약을 체결해 일본의 조선 지배권을 인정한다. 이제 조선에 남은 유일한 외국 세력은 일본이다. 조선이 식민지가 되는 것은 시간 문제였으며, 일본은 차근차근 식민지 지배를 위한 조치를 밟

아나간다.

1904년 한일의정서를 통해 군사기지 이용권을 획득하고, 제1차 한일협약을 통해 대한제국의 내정을 간섭하는 고문을 둔다. 독도 문제의 원인이 된 시마네현고시40호도 이 즈음에 발표되고, 화폐정리사업을 통해 조선의 경제를 붕괴시킨다. 러일전쟁에서 승리한 뒤에는 제2차 한일협약(을사늑약)을 통해 통감부를 설치하고, 외교권을 박탈한다. 그리고 을사늑약에 맞서 '을사의병'이 일어난다.

고종은 헤이그에서 열린 만국평화회의에 특사를 파견해 국제사회에 일본의 만행을 알리려 하나 받아들여지지 않고, 도리어 일본에 트집이 잡혀 황제 자리에서 물러난다. 1907년 일본은 한일신협약을 체결해 정부 관료 임명권을 장악하고, 대한제국 군대를 해산시킨다. 고종 퇴위와 군대해산으로 인해 정미의병이 일어나는데, 해산한 신식 군대가 의병에 합류하면서 정미의병은 그 어떤 의병전쟁보다 치열해진다.

일제는 1909년 기유각서를 통해 대한제국의 사법권과 감옥 관리권을 빼앗고, 간도협약으로 간도를 청나라에 넘겨준다. 또한 의병의 뿌리를 뽑는다며 남한대토벌을 자행한다. 이로 인해 의병은 국내에서 더 이상 활동할 수 없었기에 만주로 이동한다. 대한제국을 식민지로 지배할 만반의 준비를 마친 일본은 1910년 8월 29일을 기해 대한제국을 없애고 식민지 통치를 시작한다. 경술년(1910년) 8월 29일은 한민족 역사상 처음으로 나라를 외세에 완전히 빼앗긴 치욕스런 날이다.

한국사 어휘사전

러일전쟁 1904년부터 1905년까지 러시아와 일본이 벌인 전쟁. 만주와 한반도를 누가 지배할지를 두고 벌인 전쟁이었다. 처음엔 러시아가 유리해 보였지만 영국과 미국이 뒤에서 일본을 돕고, 국내 내부 문제가 많았던 러시아였기에 일본이 승리했다. 일본이 승리하면서 대한제국은 완전히 일본의 지배에 들어갔다.

한일의정서 1904년 2월. 대한제국의 땅을 일본군 마음대로 군사기지로 쓸 수 있도록 한 외교문서. 러일전쟁을 벌이던 일본이 러시아와의 전쟁에서 승리하기 위해 강제로 체결했다.

1차 한일협약 1904년 8월. 외국인 고문(전문 지식과 경험을 지니고 도움말을 해주는 사람이나 직책)을 두어 대한제국의 정치를 간섭할 수 있도록 한 협약. 재정고문에 메가다, 외교고문에 스티븐슨, 군사고문에 노즈 등이었다. 고문들이 정책을 좌우하게 되었기에 이때부터 대한제국은 실질적으로 일본의 지배 아래 들어간다.

포츠머스조약 1905년. 러일전쟁을 끝맺기 위해 러시아와 일본이 맺은 조약. 이 조약을 통해 러시아는 조선에 대한 일본의 우위를 인정했다.

가쓰라−태프트 밀약 1905년. 미국의 필리핀 지배와 일본의 대한제국 지배를 서로 인정한다는 내용을 담은 미국과 일본의 비밀 협약. 미국은 조미수호통상조약(1882)에 있는 '거중 조정' 조약을 위반하고 몰래 일방적으로 일본 편을 들었다.

제2차 영일동맹 1905년. 영국의 인도 지배와 일본의 대한제국 지배를 상호 인정한다는 약속. 1902년에는 러시아를 공동의 적으로 한다는 1차 영일동맹을 맺은 바 있다. 영국의 도움은 러일전쟁에서 일본이 승리하는데 큰 영향을 끼쳤다.

시마네현고시40호 1905년 1월에 독도를 일본 영토로 편입하기 위해 일본의 지방 정부인 시마네현이 발표한 고시. 시마네현고시를 통해 일본은 독도를 일본 영토로 강제 편입시켰다. 그러나 그 이전에 이미 독도는 확고한 우리나라 영토였으며, 시마네현고시40호도 현재 남아 있지 않아 국제법적으로 독도가 우리나라 영토임은 확실하다.

2차 한일협약 1905년 11월. '통감부'를 설치하고 대한제국의 외교권을 박탈하는 내용을 담은 불법적인 조약. 흔히 '을사조약'이라고 하는데 '을사늑약'이 적절한 명칭이다. 을사조약이라고 부르면 강제적으로 체결된 2차 한일협약을 합법적으로 인정하는 꼴이 되기 때문이다. '늑약勒約'은 강제로 체결된 불법적인 국제 협약을 지칭할 때 사용하는 명칭이다.

통감부 1906년부터 1910년 8월까지 일제가 대한제국을 식민지로 만들기 위한 예비 작업을 수행하기 위해 설치한 감독기관. 통감부를 통해 일제는 대한제국을 실질적으로 통치했으며 식민지로 만들기 위한 준비 작업을 진행한다.

| **을사5적** | 을사늑약 체결 과정에서 일본에 나라를 팔아먹은 이완용, 박제순, 이근택, 이지용, 권중현을 일컫는 말. 오늘날까지도 이완용은 친일파를 대표하는 이름이다. 나철, 오기호 등은 '5적 암살단'을 결성해 활동했으며, 이재명은 이완용을 습격해 중상을 입히기도 했다. |

을사5적 을사늑약 체결 과정에서 일본에 나라를 팔아먹은 이완용, 박제순, 이근택, 이지용, 권중현을 일컫는 말. 오늘날까지도 이완용은 친일파를 대표하는 이름이다. 나철, 오기호 등은 '5적 암살단'을 결성해 활동했으며, 이재명은 이완용을 습격해 중상을 입히기도 했다.

을사의병 1905년. 을사늑약에 반대해 일어난 의병. 을미의병(1895)이 유생들이 주도한 의병이었다면 을사의병은 신돌석과 같은 평민 출신 의병장이 다수 등장했다.

화폐정리사업 1905년. 대한제국 화폐를 없애고 일본 화폐를 도입한 사업. 재정 고문으로 임명된 메가타가 주도하였으며, 대한제국 화폐가 폐기되면서 대한제국의 많은 상인과 은행이 크게 손해를 보거나 파산했다.

헤이그특사 1907년. 네덜란드 헤이그에서 열린 만국평화회의에 을사늑약의 부당함을 알리기 위해 고종 황제가 은밀히 보낸 특사. 일본과 영국의 방해로 뜻을 이루지 못하였다. 헤이그특사 사건으로 인해 일본은 고종 황제를 강제 퇴위시켰다.

한일신협약(정미7조약) 1907년 7월. 고종 황제를 강제 퇴위 시킨 뒤 정부 부처의 주요 인사를 통감이 실질적으로 임명하도록 한 협약. 한일신협약을 강제로 맺은 뒤 정부 각 부에 일본인 차관을 배치하고, 대한제국의 군대를 해산시켰다.

정미의병 1907년. 고종황제 퇴위에 맞서 일어난 의병. 해산된 군대가 결합하면서 의병전쟁 사상 가장 강력한 의병이었다. 군인 의병장이 많은 것이 특징이며, 13도 연합의병을 결성해 서울진공작전을 전개하기도 했다.

기유각서 1909년 7월. 대한제국의 사법권과 감옥 관리권을 일본이 빼앗아간 각서.

간도협약 1909년. 일본이 남만주 철도 부설권과 푸순 광산 채굴권을 얻는 조건으로 간도를 청에게 넘겨준 협약. 대한제국에게 외교권이 없는 상태에서 일본과 청나라가 맺은 협약이기에 부당하다.

남한대토벌 1909년. 의병의 활동 근거지를 파괴하기 위해 일본군이 호남지역에서 벌인 잔인한 군사작전. 일반 백성들을 대상으로 방화, 약탈, 살인을 무자비하게 저질러 의병의 활동 근거지를 완전히 파괴해 버렸다. 이로 인해 국내에서 의병 활동이 더 이상 불가능해졌고, 의병은 만주와 연해주로 이동한다.

안중근 1909년 10월 26일. 초대 조선 통감이자 조선을 식민지로 만든 최고의 기획자 중 한 명이었던 이토 히로부미를 만주 하얼빈 역에서 살해한 조선의 의병 장군. 안중근 장군은 이토 히로부미의 조선 침략 행위에 대한 책임을 묻고, 동양 평화

를 지키기 위해서 이토 히로부미를 처단했다. 죽는 순간까지 꿋꿋하게 지조를
지켜 일본인 간수까지도 감동하게 만들었다.

경술국치　1910년 8월 29일. 일제에게 국권을 빼앗기고 식민지로 전락한 사건. 일제는 '한
일병합조약'이라 부른다. 5천년 역사상 처음으로 나라 없는 민족이 된 치욕스런
사건이기에 '경술국치'라 한다.

39

개화기 운동 단체

한국사 일기

서랍을 열었다. 비단보로 고이 감싼 물건을 꺼냈다. 비단보를 열었다. 반지와 비녀가 보였다. 오래 전 떠나간 그분이 주신 선물이다. 금으로 만들어 제법 값어치가 나간다. 잠깐 망설였다. 소중한 추억이 깃든 물건을 떠나보내려니 가슴이 아렸다. 눈을 질근 감았다. 작은 추억에 얽매일 때가 아니다. 나라를 잃으면 추억도 아무런 소용이 없다. 일본에 진 빚을 갚아야 우리나라가 살고, 우리나라가 살아야 나도 산다. 비단보에 다시 반지와 비녀를 싼 뒤 집을 나섰다. 국채보상운동을 하는 곳으로 갔다. 줄이 길었다. 나와 같은 여인네들이 많이 눈에 띄었다. 기다림 끝에 내 차례가 왔다. 나는 아무 말 없이 반지와 비녀를 내밀었다. 아쉬움은 없었다. 안타까움도 없었다. 다만 뿌듯했다. 나도 이 땅을 위해 무언가를 했다는 자부심이 나를 격려했다. 내 뒷사람은 은가락지를 손에서 빼내서 냈다. 수많은 사람들이 자신의 소중한 추억이 담긴 보물을 내놓았다. 잠깐 망설였던 내가 부끄러웠다. 이런 정성들이 모이면 반드시 나라를 구할 수 있으리라는 믿음이 생겼다.

_국채보상운동에 참가한 여성의 일기

한국사 그물망

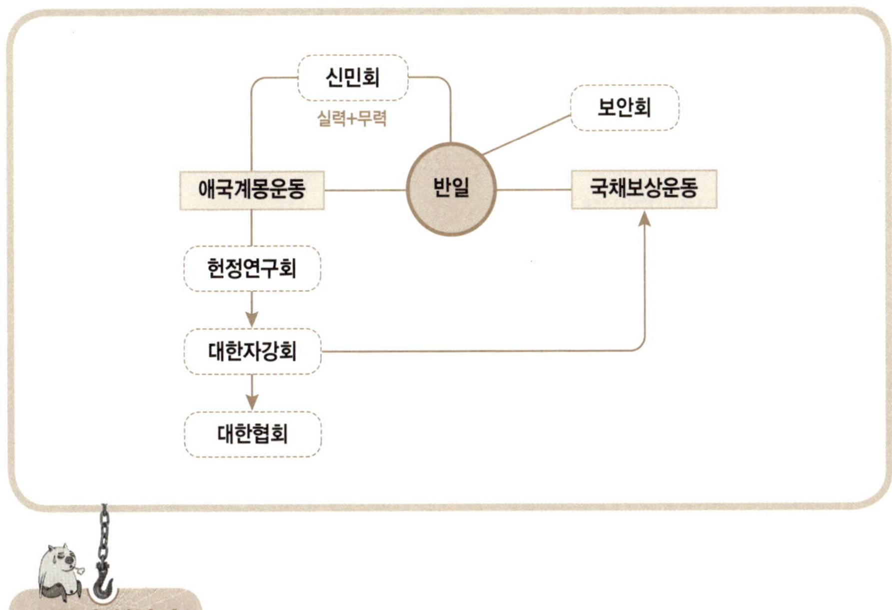

그물망 설명서

실력을 길러 일제를 몰아내겠다는 애국계몽운동은 독립운동의 중요한 영역이었다. 애국계몽운동으로 유명한 단체는 헌정연구회로, 이후 대한자강회, 대한협회로 변화한다. 대한자강회는 국채보상운동을 주도했다. 국채보상운동은 일본에게 빌린 차관을 갚고 국권을 회복하기 위한 운동이었다. 보안회는 일제의 황무지 개간권을 반대하는 운동을 벌여 성공했으며, 신민회는 애국계몽운동을 하면서도 무장독립운동을 함께 준비하였다.

애국계몽운동 1905~1910년. 실력을 길러 국권을 회복하기 위해 했던 모든 운동을 일컫는 말. 교육운동, 언론운동, 계몽운동, 국채보상운동, 문화운동, 문학운동, 종교운동, 민족산업 계발운동 등이 있다.

국채보상운동 1907년. 국민의 성금으로 일본에게 빌린 차관을 갚고 국권을 지키자는 운동. 일제는 대한제국을 경제적으로 지배하기 위해 갖은 명목으로 차관을 도입하게 했다. 일본에 진 빚을 갚아 국권을 회복하고자 대구에서 처음 시작해 전국으로 확산되었는데, 일본의 방해로 실패했다.

보안회 1904년 설립. 일제의 황무지 개간권 요구를 막아내기 위해 결성한 단체. 반대운동을 통해 일제의 황무지 개간권 요구를 막아냈다.

헌정연구회 1905년 설립. 애국계몽운동 단체로 입헌군주제 수립과 백성들의 민권 의식 고취를 위해 활동한 단체.

대한자강회 1906년 설립. 국채보상운동을 주도하고 고종 강제 퇴위 반대 운동을 벌인 단체. 헌정연구회를 계승한 단체로 일본에 의해 1907년 강제로 해산 당했다.

대한협회 1907년 설립, 대한자강회를 재정비하여 설립하였으며 교육 사업, 산업 발달 추진, 근면저축 촉진, 국민의식 고취 등의 운동을 벌인 단체.

신민회 1907년 설립. 일본을 몰아내고 국권을 회복한 뒤 공화국 수립을 목표로 안창호, 양기탁 등이 세운 비밀 조직. 다른 애국계몽운동 단체가 실력양성 운동만 벌인 데 반해 신민회는 독립 전쟁 준비를 동시에 추진하였다. 대성학교와 오산학교를 세웠고, 민족 산업을 일으키기 위해 회사를 설립하였으며, 대한매일신보 등을 통해 언론활동을 벌였다. 또한 군사력을 기르기 위해 신흥무관학교를 설립했다. 그러나 1911년 105인 사건으로 해체됐다.

40

근대화의 상징들

한국사 일기

"이랴, 이랴! 요놈의 소가 외양간에 두고 온 풀이 떠오른 거여, 아님 뒷집 외양간 암소가 그리운 거여, 왜 이리 안 움직이노."

소달구지를 끌고 가는 농부가 고래고래 소리를 질렀다. 달구지에 짐도 많이 없는데 소는 낑낑 거리기만 할 뿐 움직일 생각이 없어 보였다. 농부가 등짝을 후려쳐도 마찬가지였다. 그때 땅을 울리는 진동이 발바닥으로 전해졌다. 이게 말로만 듣던 지진인가? 불안에 떠는데 진동은 거세지고 소음은 강해졌다. 농부가 끄는 소는 히이잉~ 소리를 내며 몸을 뒤흔들었다. 진동은 거세지고 소리는 천둥에 가까워졌다. 빠아앙~ 소리가 귀를 마비시켰다. 저 거대한 괴물은 무엇이란 말인가?

소는 뒷걸음질치고 나도 따라 뒷걸음질을 쳤다. 굉음을 내며 검고 긴 물체가 지나갔다. 주위의 초목들도 진동과 소음으로 부들부들 떨었다. 하늘에서 흑룡이 내려와 땅을 헤집고 다니는 걸까?

저게 철도라는 건가! 참 신기하네. 저게 철도라면, 혹시 저것도 서양에서 들어온 물건인가? 양놈들은 무슨 꿍꿍이로 흑룡을 닮은 저런 괴물을 만들었을까? 이랴~ 소리에 맞춰 발걸음을 옮기는 소가 보였다.

_전철을 처음 본 백성의 일기

한국사 그물망

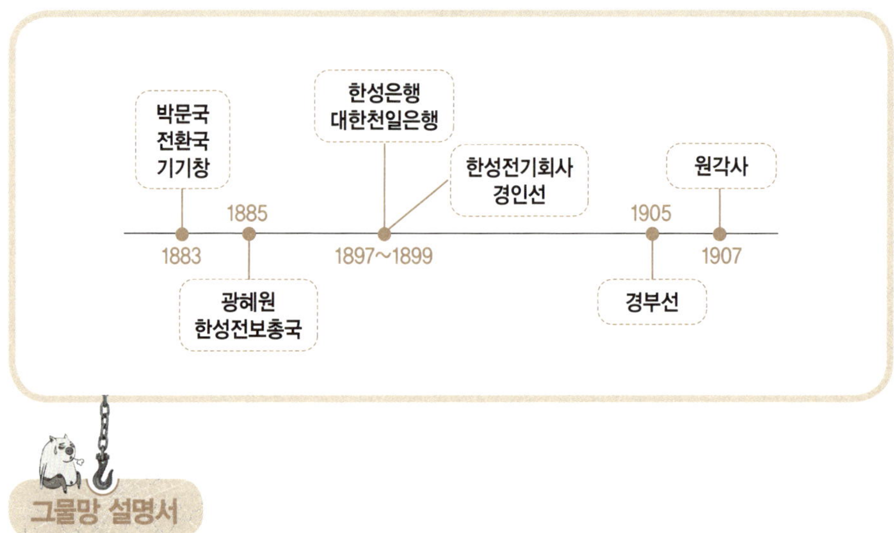

그물망 설명서

개항을 한 뒤 조선에는 조금씩 근대문물이 들어오기 시작했다. 근대문물을 받아들이고 근대화를 추진하기 위해서는 다양한 기관이 필요했다. 1883년에 박문국, 전환국, 기기창이 들어선다. 박문국은 인쇄기관, 전환국은 조폐기관, 기기창은 무기제조 공장이었다. 광혜원은 최초의 의료기관이고, 한성전보총국은 전신전보 업무를 담당했다. 1890년대 후반엔 근대적인 은행인 한성은행과 대한천일은행이 설립되었으며, 한성전기회사는 최초의 철도인 경인선을 운영했다. 1905년에 서울과 부산을 연결하는 경부선이 놓였으며, 1907년에는 근대적인 상설 극장인 원각사가 들어섰다.

박문국　　1883년 설립. 신문, 잡지의 편찬과 인쇄를 맡아보던 출판 인쇄 기관. 최초의 근대 신문인 '한성순보'를 발행했다.

전환국　　1883년 설립. 최초의 근대적 조폐 기관(화폐 발행 기관).

기기창　　1883년 설립. 최초의 근대적 무기 제조 공장. 영선사가 청나라에서 돌아와 설립했다.

광혜원　　1885년 설립. 최초의 서양식 의료기관. 미국인 알렌의 건의로 설립하였고 나중에 '제중원'으로 이름을 바꿨다.

한성전보총국　1885년 설립. 전기와 통신을 관리하기 위해 설치한 기관. 서울과 인천 사이에 전신이 설치되면서 최초로 전보 업무를 시작했다.

한성은행　　1897년 설립. 일본의 금융 침투에 대응하여 설립한 최초의 근대적 민간 은행.

대한천일은행　1899년 설립. 대한제국 관리와 자본가들이 주체가 되어 일본의 경제 침탈을 막고자 설립한 민족 은행.

한성전기회사　1898년 설립. 미국인들과 합작하여 세운 최초의 전기회사. 주로 전철 운행을 맡았는데 1899년 서대문과 청량리 구간에서 처음으로 전철을 운행했다.

경인선　　1899년 건설. 최초의 철도로 서울과 인천을 연결한 철도.

경부선　　1905년 건설. 서울과 부산을 잇는 철도. 일제가 러일전쟁에 사용하고자 건설했다.

원각사　　1907년 설립. 최초의 서양식 상설 극장.

근대 학교

교실은 낡았지만 열기는 뜨거웠다. 교실 가득 들어찬 학생들은 단 한 명도 졸거나 딴 짓을 하지 않았다. 일본의 교실에서는 보기 어려운 풍경이었다.

"고구려 을지문덕 장군은 30만 수나라 대군을 깊이 끌어들였다. 싸우면 지고, 싸우면 지고를 반복했다. 하루에 일곱 번을 싸워 모두 져주었다. 수나라 대군은 자신만만하게 평양으로 밀고 들어왔다."

학생들은 긴장하며 선생님의 이야기에 귀를 기울였다.

"그러나 그건 속임수였다. 을지문덕 장군은 시 한 편을 보내 수나라 군대가 꾐에 빠졌음을 깨우쳐 주었다. 그때서야 수나라 장군들은 자신들이 식량도 없이 고구려 땅 한 복판에 포위되어 있다는 사실을 깨달았다. 현실을 깨달은 수나라 군대는 후퇴를 시작했다. 고구려군은 수나라 30만 대군을 청천강에서 몰살시켰다."

학생들이 와~ 소리를 질렀다. 나는 움찔했다. 고구려가 조선으로, 수나라가 일본으로 들렸다. 저 학생들이 수나라를 상대하는 고구려군이 되듯이, 우리 일본을 향해 날을 세우는 군인이 된다 생각하니 등이 오싹해졌다. 이런 학교를 그대로 두어서는 안 된다. 어떻게든 이런 교육을 못하게 해야 한다.

_조선을 염탐한 일본인의 일기

한국사 그물망

그물망 설명서

원산학사는 최초의 근대식 사립학교이며, 배재학당과 이화학당은 외국인들이 세운 사립학교다. 육영공원은 최초의 근대식 공립학교이며, 동문학은 통역관을 기르기 위해 정부가 세운 영어학교다. 교육입국조서는 갑오개혁 뒤 발표한 교육정책 지침이며, 이에 따라 한성사범학교를 설립해 교원을 양성했다. 오산학교를 비롯한 많은 학교가 설립되자 일제는 사립학교령을 내려 민족교육을 단속하려 했다.

한국사 어휘사전

원산학사 1883년 설립. 함경남도 원산에 세운 최초의 근대식 사립학교. 근대 학문과 무술을 가르쳤다.

동문학 1883년 설립. 통역관을 기르기 위해 조선 정부가 세운 영어 학교.

배재학당	1885년 설립. 선교사 아펜젤러가 설립한 근대식 중등 교육기관.
이화학당	1886년 설립. 선교사 스크랜턴이 설립한 여성 전용 초·중·고 사립학교.
육영공원	1886년 설립. 최초의 근대식 공립학교. 미국인 헐버트 등이 교사로 참여했으며 상류층에게 근대적인 학문을 가르쳤다.
교육입국조서	1895년. 갑오개혁 뒤 '교육이 국가를 부강하게 한 핵심'임을 강조한 고종의 조서로 일종의 교육 정책 지침. 교육입국조서에 따라 소학교, 중학교, 사범학교, 외국학교 등 근대식 교육기관을 설립하였다.
한성사범학교	1895년 설립. 최초의 근대적인 교원(선생님) 양성 학교.
오산학교	1907년 설립. 이승훈이 민족정신을 기르고 실력 있는 인재를 기르기 위해 세운 학교. 많은 애국지사가 오산학교를 통해 배출되었다.
사립학교령	1908년. 우리나라의 사립학교가 많아지는 것을 경계한 일제가 사립학교를 통제하기 위해 만든 법. 일제는 이 법령을 근거로 마음에 들지 않는 학교를 폐교시키기도 했다. 사립학교령으로 인해 사립학교 설립과 운영에 많은 제약이 따랐다.

42

개화기의 신문

신문에 실린 기사를 읽는 내내 손이 부들부들 떨렸다. 나라가 망하고 있다.

…… 개돼지 새끼만도 못한 정부 대신들이 자기 살려고 나라를 파는 도적이 되었구나! 이 땅과 나라를 왜놈들에게 바치고 모든 백성을 노예로 만들어 놓고 자신들은 오히려 나라의 발전을 위한 일을 했다며 뻔뻔한 얼굴을 내밀다니, 개돼지라 한들 저리 낯 두꺼운 짓을 하겠는가? 나라를 팔아먹은 다섯 역적 놈들은 두고두고 오늘의 죗값을 받게 되리라…….

궁궐에서 뭔가 심각한 일이 벌어졌다고 하더니 그것이 나라를 팔아먹은 짓이었다니……. 나는 개돼지보다 못한 다섯 역적의 이름을 몇 번이고 외웠다. 이 자들의 죄를 절대 잊지 않으리라. 언젠가 반드시 죗값을 치르게 하리라. 외부대신 박제순, 내부대신 이지용, 군부대신 이근택, 학부대신 이완용, 농상부대신 권중현! 잊지 않으리라! 반드시 기억하리라! 원수 놈들에게 나라를 팔아먹은 역적의 이름을 절대 잊지 않고 내 심장에 새겨 두리라. 이 짐승만도 못한 놈들, 내 기어코 네놈들에게 조선 백성의 분노를 보여주리라!

_을사늑약(1905)에 관한 기사를 읽은 백성의 일기

한국사 그물망

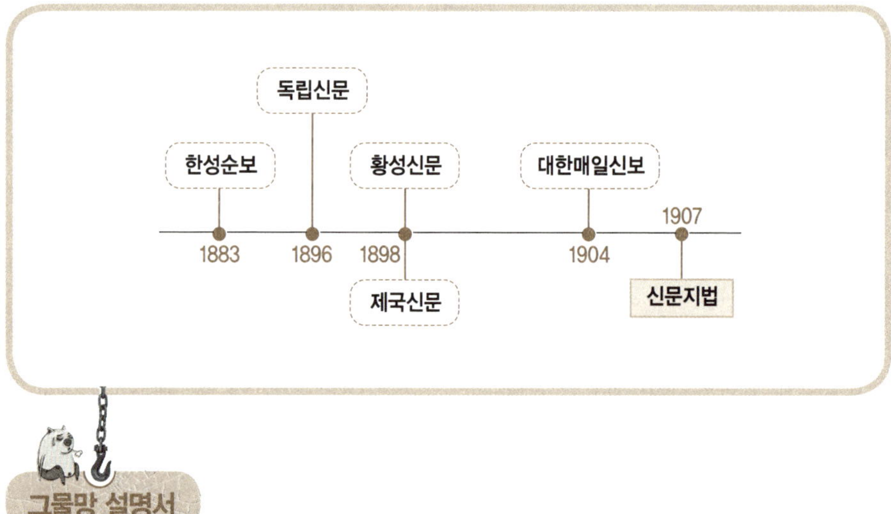

그물망 설명서

한성순보는 최초의 근대적 신문이며 독립신문은 영문판과 한글판을 함께 발행했다. 제국신문은 순 한글 신문이었으며, 황성신문은 한문과 한글을 섞어서 발행했다. 대한매일신보는 영국인 베델이 발행인이어서 민족적인 기사를 많이 다뤘다. 이에 위기감을 느낀 일제는 신문지법으로 언론을 통제하려고 했다.

한국사 어휘사전

한성순보 1883년 창간. 최초의 근대적 신문. 박문국에서 발행.

독립신문 1896년 창간. 독립협회가 발행한 신문. 한글판과 영문판을 발행하여 국제적인 여론 형성에 기여했다. 독립협회 해체와 함께 1899년 폐간당했다.

황성신문 1898년 창간. 국한문을 섞어서 발행하여 유생과 지식인들이 주된 독자였던 신문. 을사늑약 체결 시 이를 비난하는 장지연의 '시일야방성대곡' 논설을 실었다.

제국신문　　1898년 창간. 순 한글로 발행하여 서민과 여성들이 핵심 독자였던 신문.

대한매일신보　1904년 창간. 영국인 베델을 내세워 양기탁 등이 만든 신문. 영국인 베델이 대표로 있었기 때문에 일제의 검열을 피해 독립운동과 일제 침탈과 관련한 제대로 된 기사를 내보냈다. 신채호, 박은식 등 독립운동가들이 민족의식을 고취하는 글을 주로 실었고, 독립운동 소식도 실제 그대로 전달했다. 그러나 경술국치 다음 날 일제는 신문의 이름을 '매일신보'로 바꾸고 총독부 기관지로 삼았다.

신문지법　　1907년. 일본이 대한제국의 신문을 단속할 목적으로 만든 법. 일제 마음대로 신문을 단속하고 폐간시킬 수 있도록 했다.

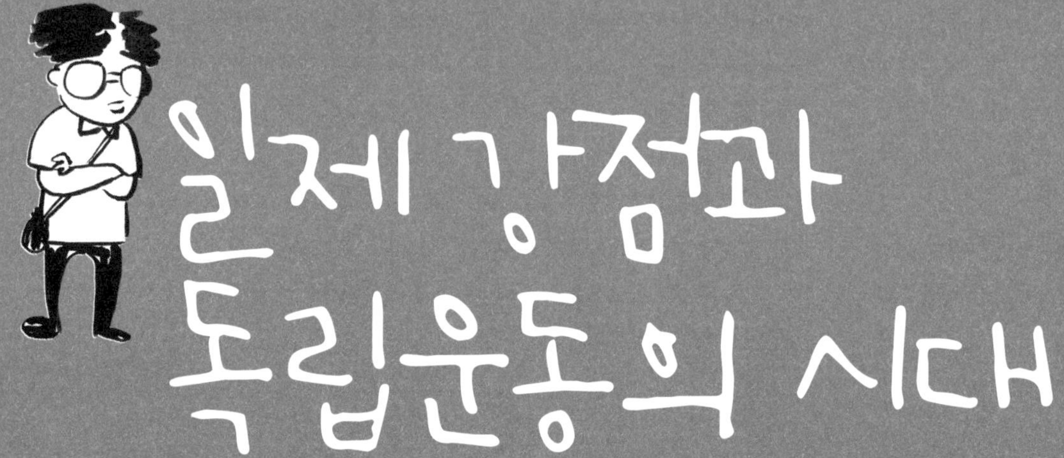

일제 강점과
독립운동의 시대
: 일제의 통치 변화와 독립운동의 흐름을 잡아라

1980

4장

무단통치

　각진 모자에, 목까지 꽉 채운 옷이 답답해 보였다. 약간 기른 수염 위로 번뜩이는 두 눈은 매섭게 주위를 훑었다. 감히 두 눈을 마주볼 용기가 나지 않았다. 허리에 걸려 출렁거리는 검은 언제 뽑힐지 몰라 겁이 났다. 왼손에 든 몽둥이는 숱한 학생들의 눈에서 눈물을 짜냈다. 긴장이 뒤통수를 팽팽하게 끌어당겼다. 수업 내내 망부석처럼 꼿꼿하게 몸을 버텨냈다. 일본인 선생은 왜 헌병 복장에 칼까지 차고 수업을 하는지 모르겠다. 학교가 완전히 군대에 감옥이다.

　학교를 무사히 마치고 교문을 나서면서 아무도 듣지 않도록 조심스럽게 긴 한숨을 내쉬었다. 혹시나 선생님이 들을까 봐 걱정하면서. 서둘러 집으로 가는데 길거리 분위기가 심상치 않다. 헌병 한 명이 길가에서 두 사람을 땅에 엎드려 놓고 매를 때리고 있었다. 길 한복판에서 매를 때리다니! 애도 아니고 어른을! 모욕도 이런 모욕이 없다. 맞는 사람도 지켜보는 사람도 항의를 하지 않는다. 잘못 항의했다가는 매가 아니라 칼이 날아올지도 모르기 때문이다. 엄마는 이게 바로 나라를 잃은 설움이라고 했다. 이렇게 계속 살다간 칼에 맞아 죽기 전에 울화병이 생겨 죽게 생겼다. 내가 식민지 학생이라는 현실이 끔찍하다.

_무단통치기 학생의 일기

한국사 그물망

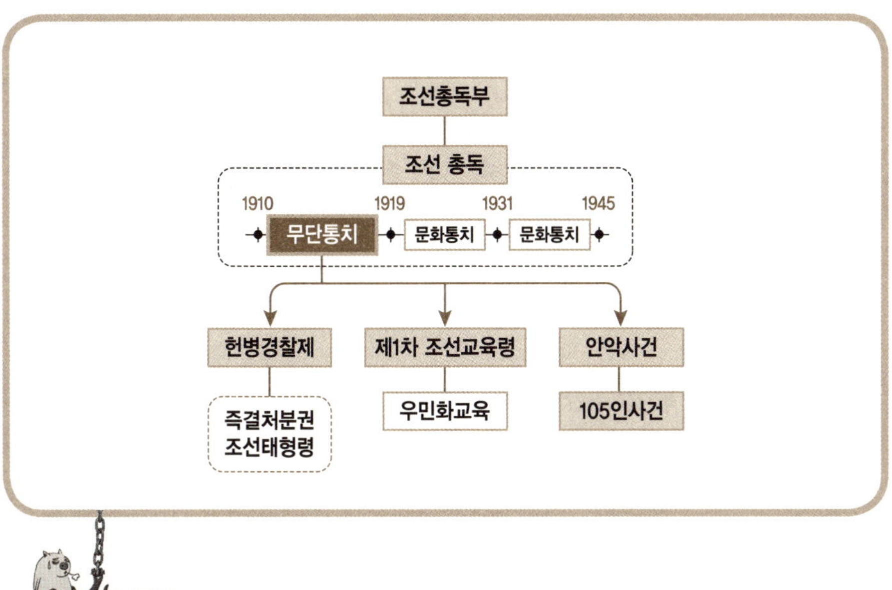

그물망 설명서

조선총독부는 일지 식민지 최고 통치 기관이며 조선 총독은 최고 통치권자다. 일제는 1910년대 무단통치, 1920년대 문화통치, 1930년대부터 민족말살통치를 펼쳤다. 또한 한국을 식민지로 만든 뒤 저항을 억누르기 위해 헌병경찰제를 도입해 무자비하게 억압하는 무단정치를 펼쳤다. 총독부 관리뿐 아니라 교사들까지 칼과 제복을 차도록 해 억압적인 사회분위기를 만들었다. 헌병경찰은 즉결 처분권이 있어서 재판 없이 한국인을 처벌하고, 조선태형령에 따라 매를 때릴 권한도 있었다. 일제는 제1차 조선교육령을 통해 조선의 백성을 멍청하게 기르는 우민화교육을 실시했다. 또한 일제는 안악사건과 105인사건 등을 통해 독립운동을 심하게 탄압했다.

조선총독부	1910~1945년까지 우리나라를 지배했던 일제의 식민지 최고 통치 기구.
조선 총독	조선총독부 최고 지위. 일본군 대장 중 한 명이 총독이 되었으며 군대, 행정, 사법, 입법 등 거의 모든 권력을 행사한 막강한 권력자였다.
무단통치	1910년대, 군대의 경찰인 헌병을 통해 무자비하게 지배한 통치 방법. 언론, 집회, 출판, 결사의 자유를 빼앗는 등 그 어떤 자유도 허용하지 않고 무력으로 통치했다.
헌병경찰제	군대의 경찰인 헌병이 일반 경찰을 대신해 치안을 담당하는 제도. 무단통치의 핵심은 헌병경찰제에 있었다.
즉결처분권	헌병경찰에 준 권한으로 정식 재판 없이 헌병이 그 자리에서 벌금, 구류 및 태형을 실시할 수 있는 권한.
조선태형령	1912년. 헌병경찰이 조선인에게 태형을 가할 수 있게 허용한 법령. 태형이란 때리는 형벌로 갑오개혁 때 폐지되었는데, 일제가 한국인들을 강압적으로 통치하기 위해 헌병경찰에게 태형을 실시할 권한을 주었다.
제1차 조선교육령	1911년. 조선교육령은 식민지 지배를 원활하게 하기 위해 일제가 만든 교육 법령으로 4차에 걸쳐 발표되었다. 1차 조선교육령은 일본어를 보급하고 일제에 충성하는 식민지 백성을 길러내기 위한 목적으로 사립학교 설립을 억제하고, 대학 설립을 금지하였으며, 보통·실업·전문 교육 등 단순한 교육만 받게 하였다.
우민화 교육	백성을 바보로 만드는 교육. '우민(愚民)'이란 멍청한 백성을 뜻하므로 우민화 교육은 백성을 멍청하게 하는 교육을 말한다. 일제는 원활한 식민지 통치를 위해 단순한 기술만 가르치고 제대로 된 교육은 철저히 막았다. 일제 교육의 목표는 한국인을 어리석게 만들어 영원히 저항하지 않고 순종하게 하는 것이었다.
안악사건	1910년. 안중근의 사촌 안명근이 무관학교를 세우기 위한 독립운동 자금을 모으다 여러 독립운동가들과 함께 체포된 사건.
105인사건	1911년. 안악사건을 데라우치 총독 암살 미수사건으로 조작하여 많은 독립운동가를 구속한 사건. 105인사건으로 신민회의 존재가 드러나면서 신민회가 해체되었다.

문화통치

한국사 일기

　멍청한 놈들! 이상만 높고 현실을 모르는 놈들! 자기들만 민족을 위하고, 자기들만 백성을 염려한다고 착각하는 고집쟁이 놈들! 그래봐야 현실은 바뀌지 않는다. 낙후된 조선이 언제 일본을 따라잡겠는가? 일본은 이미 서구 열강과도 어깨를 나란히 하는 강대국이다. 우리나라는 썩어빠진 정신에 멍청한 백성들이 가득한 후진국가다. 이런 민족은 일본의 지배를 받는 게 더 낫다. 일본의 지배를 받으면 안전하다. 독립은 무슨 얼어 죽을 독립이란 말인가? 지금 총독부는 우리에게 많은 자유를 주는 정책을 펼친다. 교육도 자율로 하고, 신문과 책도 내게 하고, 생활도 많이 자유로워졌다. 예전처럼 헌병이 위압적으로 다니지도 않는다. 이럴 땐 독립을 하기보다 안전하게 선진 일본의 보호를 받으며 차근차근 국력을 길러 자치권을 더 많이 확보하면 된다. 자치권만 확보하면 독립할 때보다 훨씬 낫다. 일본의 보호도 받고, 자유도 누리니 얼마나 좋은가? 내 말이 뭐가 틀렸는가? 그런데 나에게 친일 역적과 똑같은 놈이라고 욕을 해대니 억울하고 분통이 터진다. 우리처럼 뒤떨어진 민족은 뛰어난 일본이 우리나라를 지도해야 맞다. 부족한 민족은 뛰어난 민족 아래서 살아야 한다. 내일은 총독부에 가봐야겠다.

_친일파가 된 타협적 민족주의자의 일기

한국사 그물망

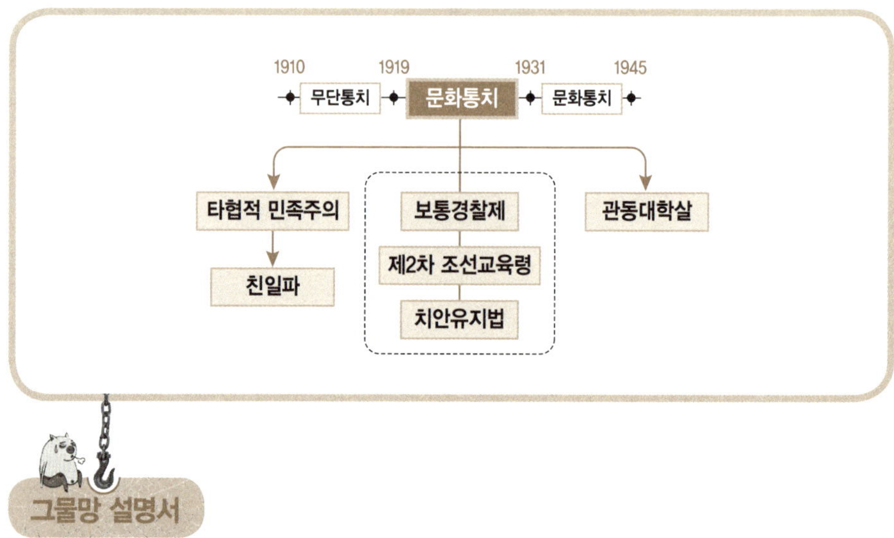

한국인들이 1919년 3·1 운동을 통해 대대적인 저항을 펼치자 일제는 더 이상 무단통치로는 식민지를 지배하기 어렵다고 보고 문화통치로 전환한다. 일제는 헌병경찰을 보통경찰제로 바꾸고, 언론·출판·결사의 자유를 일정 정도 인정하며, 제2차 조선교육령을 통해 한국인을 위한 교육도 어느 정도 보장해주겠다고 했다. 그러나 문화통치는 겉으로는 부드러웠지만 본질은 헌병통치와 다르지 않았다. 보통경찰제로 바뀐 뒤 경찰 숫자는 오히려 늘었으며, 치안유지법을 통해 독립운동을 가혹하게 탄압하고, 타협적 민족주의자들을 포섭해 친일파로 만들었다. 1926년 벌어진 관동대학살은 일제가 한민족을 어떻게 여기는지 적나라하게 보여준 사건이라 할 것이다.

문화통치 일제의 식민통치에 저항한 대규모 항쟁인 3·1 운동으로 무단통치가 한계에 부딪치자 새롭게 내세운 일제의 통치 방식. 한민족의 문화를 존중하고 언론과 출판의 자유를 인정하며 헌병경찰을 보통경찰로 바꾼다. 또한 군인 출신이 아니어도 총독이 가능하게 하는 등 부드러운 통치를 내세웠다. 그러나 일제를 비판하는 신문은 결코 그대로 두지 않았으며, 경찰의 숫자도 더욱 늘었고, 총독은 여전히 군인이 차지하는 등 실제로는 억압적인 통치 방식이 바뀌지 않았다. 일제가 문화통치를 실시한 가장 큰 목적은 친일파를 길러내 우리 민족을 분열시키는 데 있었다.

보통경찰제 문화통치를 하면서 헌병경찰이 아니라 일반 경찰이 치안을 담당하게 한 제도. 겉으로는 강압적인 통치를 안 한 것 같지만 실제로는 경찰관 수가 헌병경찰보다 더 느는 등 강압통치는 전혀 변하지 않았다.

타협적 민족주의 일제의 식민지통치를 인정하고 일제가 허용하는 범위 내에서 자치권을 행사하자는 주장. 독립을 포기하고 영원히 일제의 식민지로 남으려는 주장이며, 나중에 타협적 민족주의자들은 대부분 친일파가 된다.

친일파 일제 침략에 협조하여 나라를 잃게 하거나, 독립운동을 방해하거나, 일제를 등에 업고 같은 민족을 배신한 민족반역자들. 초기 친일파는 극소수였으나 문화통치기에 친일파가 점점 늘어났다. 일제의 민족말살 통치기에 친일파들이 본색을 드러내며 노골적으로 일제에 충성하고 한민족을 탄압했다.

제2차 조선교육령 1922년. 문화통치에 따라 한국인과 일본인의 차별을 없앤다는 명목으로 보통학교의 수업을 6년으로 늘리고 한국어를 필수과목으로 인정한다는 내용을 담고 있다. 민족 사이의 차별을 없앤다고 했지만 실제로는 일본인과 한국인을 여전히 차별했으며, 한국인들에게는 기초 교육과 기술 교육만 시켰다.

관동대학살 1923년. 일본의 관동 지방에서 대지진이 발생해 일본인들의 민심이 흔들리고 정부에 대한 비판이 커지자, 한국인들이 우물에 독약을 푼다는 등의 헛소문을 퍼뜨려 한국인들을 대량 학살하게 한 사건. 수천 명의 한국인들이 일본인들에 의해 살해당했다. 일제가 한국인을 대하는 자세와 잔인함을 적나라하게 보여준 사건이었다.

치안유지법 1925년. 관동대지진 이후 정부 비판적인 사회운동 세력을 탄압하기 위해 만든 법으로 고문을 합법화하고 사형까지 시킬 수 있는 무시무시한 법. 일본 국내 뿐 아니라 한국인에게도 적용하여 독립운동 세력을 무자비하게 탄압하였다. 치안 유지법은 문화통치가 겉으로만 부드러운 척하는 속임수 통치이며 실제로는 무 자비한 통치였음을 증명한다.

45

민족말살정책

내 몸은 내 몸이 아니다. 내 몸은 수백 명 일본 군인들의 물건이다. 쉴 새 없이 가지고 노는 장난감이다. 온몸에 멍자국이다. 조금만 말을 듣지 않으면 가차 없이 날아드는 주먹과 발길질을 당하다보니 멀쩡한 곳이 없다. 밤이면 죽어야겠다고 결심하지만 아침이면 다시 눈을 뜨는 내가 저주스럽다. 차라리 잠을 자다 죽어버리면 이 끔찍한 고통은 겪지 않으련만 모진 생명은 끊어지지도 않는다. 오늘은 또 몇 놈이나 나를 짓밟을까? 또 어떤 놈이 나에게 모진 발길질을 해댈까? 저들은 인간이 아니다. 저들은 악마다. 신이시여, 왜 저들에게 저주를 내리지 않으시나이까? 왜 저의 모진 목숨을 빼앗지 않으시나이까? 아침이 나왔다. 소금국에 밥 한 덩이가 식사의 전부다. 배가 고프다. 이런 처참함 속에서도 배고픔의 고통을 느끼는 내가 어이없다. 죽고 싶다면서 음식 생각을 하다니…… 그래, 나는 살고 싶은 거야. 반드시 살아남고 싶은 거야. 살아서 이 잔인한 놈들의 죄를 낱낱이 고발하고 싶은 거야. 이들이 악마였음을 알리고 싶은 거야. 신이 이들을 벌주지 않는다면 내가 살아서라도 이들의 죄를 세상에 낱낱이 알리고 싶은 거야. 어찌되었든 살아서 짐승만도 못한 자들의 죄를 세상에 알려야 해.

_일본군 위안부의 일기

한국사 그물망

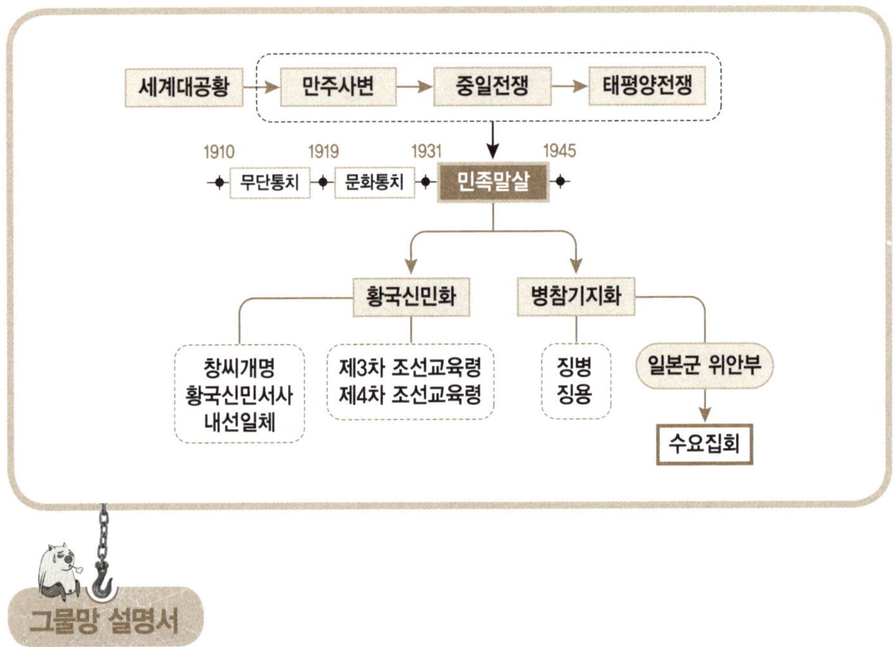

1929년 미국에서 비롯된 세계대공황은 일본 경제를 파탄으로 몰아갔다. 일본은 공황에서 벗어나기 위해 전쟁을 택했다. 1931년 만주사변, 1937년 중일전쟁, 1941년 태평양전쟁으로 점점 전쟁을 확대해나갔다. 일제는 전쟁을 수행하는데 필요한 인적, 물적자원을 수탈하기 위해 황국신민화 정책과 병참기지화 정책을 폈다. 창씨개명, 황국신민서사, 내선일체 등을 통해 한민족의 정체성을 없애려 했으며, 제3~4차 조선교육령을 통해 노골적으로 한민족의 정신을 무너뜨리려고 했다. 징병과 징용을 통해 전쟁에 직접 인력을 동원하였고, 일본군 위안부를 강제로 끌고 가는 잔인한 전쟁범죄를 저지르기도 했다. 위안부에 끌려갔던 할머니들은 일본정부의 공식적인 사과와 배상을 요구하며, 1992년 1월 8일부터 한 주도 빠짐없이 수요일마다 일본대사관 앞에서 수요집회를 열고 있다.

세계대공황 1929년. 뉴욕 증권거래소 주가가 대폭락하면서 시작된 세계적인 규모의 공황. 미국에서 시작하여 거의 모든 자본주의 국가로 퍼져나갔으며 일본도 크나큰 위기를 맞는다. 대공황의 위기에서 벗어나기 위해 일본은 만주사변과 중일전쟁을 일으키고, 마침내 태평양전쟁까지 벌인다.

만주사변 1931년. 대공황에 따른 경제 위기를 해결하기 위해 일제가 만주를 침략한 사건. 일제가 관리하던 철도를 스스로 파괴하고 이를 중국에게 뒤집어씌운 뒤 만주를 침략했다. 만주를 점령한 뒤 일본은 꼭두각시 국가로 '만주국'을 세웠다.

중일전쟁 1937년. 일제가 중국 대륙을 점령하기 위해 중국을 침략하여 일으킨 전쟁. 중일전쟁을 할 때 일제는 난징대학살을 저지르는 등 잔혹한 학살을 자행했다.

태평양전쟁 1941년. 미국이 동아시아 원유 자원을 봉쇄하자 일제가 하와이 진주만을 공격하여 일으킨 전쟁. 진주만 공격 전까지 중립을 지키던 미국은 진주만 공격을 당한 뒤 2차세계대전에 참전했다.

민족말살정책 일제강점기 때 일제가 한민족을 없애고 일본인과 똑같이 만들려고 했던 정책. 1930년대 들어 일본은 만주사변, 중일전쟁, 태평양전쟁을 일으켰는데 전쟁을 수행하기 위해 조선을 전쟁 물품을 공급하는 기지로 만든다. 동시에 한민족을 완전한 일본인으로 만들어 전쟁에 동원하려고 하였다. 처음에는 조선과 일본이 하나의 민족임을 내세우더니, 일본식으로 이름을 바꾸는 창씨개명을 강요하고, 우리말을 사용하지 못하게 했으며, 우리 역사와 문화도 송두리째 없애 철저히 일본인으로 바꾸려고 하였다. 많은 독립운동가들이 민족말살정책에 맞서 우리말, 우리 얼을 지키기 위해 목숨을 걸고 싸웠다.

황국신민화 한민족을 일본 왕의 신하인 국민(신민臣民)으로 만드는 것. 한민족을 완전히 사라지게 하여 일본의 영원한 식민지 지배를 가능하게 하고, 일제의 전쟁에 동원하기 위해 한민족을 황국신민으로 만들려 했다.

창씨개명 한국인의 성과 이름을 일본식으로 바꾸는 것. 창씨개명을 하지 않으면 학교도 못 들어가게 했으며, 식량도 주지 않고, 회사에 들어가지도 못하게 했다.

황국신민서사　일본 왕에게 충성을 바치겠다고 맹세하는 글. 일제는 일본 왕을 천황이라 부르면서 일본 국민들을 황국신민이라 하였다. 학교뿐 아니라 각종 행사에서 반드시 황국신민서사를 외우게 하여 일제에 대한 충성을 높이려 하였다.

내선일체　일본과 조선은 하나라는 일제의 논리. 일본인과 한국인이 공동운명체라고 하며 한민족을 말살하고 마구잡이로 전쟁에 동원하기 위해 사용한 논리다.

제3차 조선교육령　1938년. 군국주의 이념에 따라 한민족을 황국신민으로 기르는 것을 목표로 한 조선교육령. 한국어를 선택과목으로 만든 뒤 실제로는 가르치지 못하게 하였고, 일본 문화와 역사를 가르치는 교육을 강화하였다. 보통학교를 소학교, 고등보통학교를 중학교, 여자고등보통학교를 고등여학교로 변경하는 등 모든 학교 명칭을 일본식으로 바꾸었다.

제4차 조선교육령　1943년. 한국어 교육을 금지하고 일본어를 무조건 사용하도록 하고, 한국인을 전쟁에 효율적으로 동원하기 위해 실시한 조선교육령.

병참기지화 정책　일제가 수행하는 전쟁에 필요한 군수 물자와 인력을 지원하는 기지로 한반도를 만들려는 정책. 무기를 만드는 공장을 세우고, 지하자원을 약탈했다. 수십, 수백만 명을 군대에 끌고 가 군인으로, 노동자로 부려 먹었으며, 심지어 여성들을 일본군 위안부로 삼기도 했다.

징병　일제의 전쟁에 필요한 군대에 동원하는 것. 1938년에는 지원병제, 1943년에는 학생들을 군대에 지원하게 하는 학도지원병제, 1944년은 20세 이상 모든 남성을 강제로 군대에 동원할 수 있는 징병제를 실시했다.

징용　전쟁에 필요한 물자를 만드는 공장이나 광산에 동원하는 것. 1939년 국민징용령을 선포하고 처음에는 취업을 미끼로 모집하였으나, 차츰 강제로 동원하여 수백만 명이 끌려갔다. 한국인들은 징용에 끌려가 탄광, 공장, 전쟁터에서 노예처럼 일을 해야 했다.

일본군 위안부　일제가 1937년 중일전쟁부터 태평양전쟁이 끝날 때까지 일본 군인들의 성욕을 해소하기 위해 한국, 대만, 중국 등에서 강제로 끌고 가 성노예로 삼은 여성들을 일컫는 말. UN에서는 사건의 본질을 더 정확하게 드러낸다는 점에서 '일본군 성노예'(Military Sexual Slavery by Japan)라고 부른다. 20세기 최대 인신매매 범죄이며, 일본이 저지른 가장 잔혹한 전쟁 범죄 중 하나다. UN인권위, EU국가들, 미국 의회 등에서 이를 전쟁범죄로 규정하고 사과와 배상을 일본 정부에 요구했으나 일본 정부는 모두 거절했다. 일본 정부와 극우파들은 일본군 위안부 여성들이 자발적으로 몸을 파는 여성이었다는 못된 주장을 일삼고 있다.

수요집회 일본군 위안부 문제 해결을 요구하며 일본대사관 앞에서 일본군 위안부로 끌려 가셨던 할머니들과 이를 지지하는 시민들이 수요일마다 여는 집회. 1992년 1월 8일에 시작하여 현재도 진행 중인 집회며, 세계에서 가장 오랫동안 열리는 집회로 기네스북에 올랐다. 일본 정부가 공식 사과하는 그날까지 수요집회는 계속 이어질 것이다.

46

일제의 경제침탈

한국사 일기

일어나자마자 소에게 든든히 여물을 먹였다. 평소보다 훨씬 좋은 여물을 줬다. "오늘 논 갈아야 해. 일 년 농사에서 네 힘이 가장 필요한 날이야." 등을 쓰다듬어줬다. 아침밥을 든든히 챙겨먹고 논으로 나갔다. 나는 오랜 머슴 생활 끝에 논을 얻었다. 10년 동안 제대로 먹지도 못하고 돈을 모아서 얻은 내 땅이다. 논을 막 갈려고 하는데 갑자기 일본 헌병이 나타났다.

"남의 땅에서 뭐하는 짓이냐?"

남의 땅이라니? 여긴 내 땅이다. 내가 머슴 생활을 해서 얻은 내 땅이다.

"토지조사사업 결과 주인 없는 땅으로 밝혀졌다. 이 땅은 오늘부터 동양척식주식회사의 땅이다. 당장 소를 끌고 나가라!"

이 땅이 내 땅이라는 사실은 마을 사람들 전부가 안다. 이 땅을 나에게 넘긴 옛 주인도 안다. 헌병이 칼을 꺼내들었다. 나는 무서워서 얼른 도망쳤다.

"다시 한 번 허락 없이 이 땅을 이용하면 목숨이 온전치 못할 것이다. 이 땅에서 굳이 농사를 짓고 싶다면 소작 계약을 하여라."

나라를 빼앗더니 내 땅마저 빼앗기는구나.

_토지조사사업으로 땅을 빼앗긴 농민의 일기

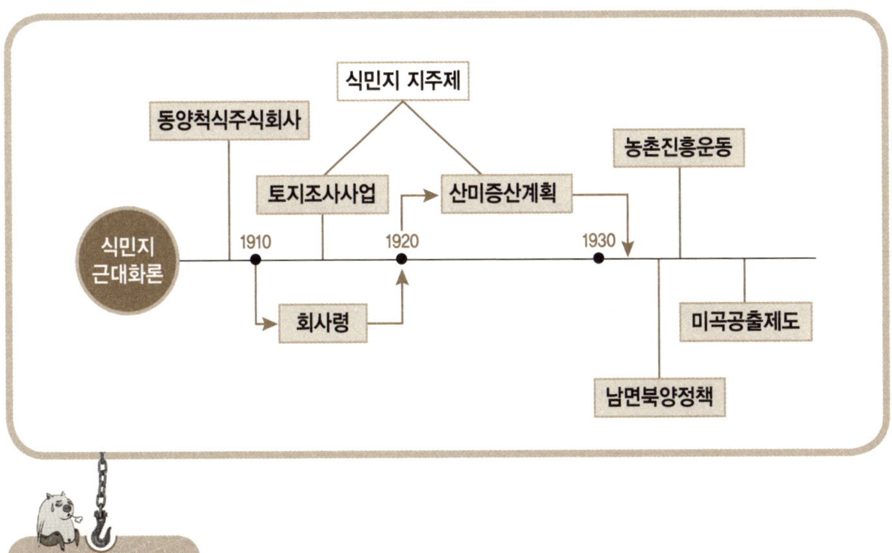

그물망 설명서

일제는 일관되게 한반도를 수탈하여 일본 경제의 발전을 뒷받침하는 정책을 폈다. 1910년대는 회사령을 통해 민족자본 형성을 억제하고, 1920년에는 회사령을 폐지하여 일본인 기업의 진출을 보장해주었다. 산미증산계획을 통해 더 많은 식량을 빼앗아 갔다. 근대적 토지소유권을 확립하기 위해 실시한다는 토지조사사업은 식민지 지주제가 형성되게 만들었으며, 산미증산계획도 식민지 지주제가 강화되는 결과를 빚었다. 동양척식주식회사는 한국인의 토지를 빼앗아 일본인에게 몰아주는 역할을 했다. 또한 병참기지화 정책을 펴던 1930년대에는 남면북양정책과 미곡공출제도를 실시했고, 농민들의 반발을 억누르기 위해 농촌진흥운동을 벌였다. 일제의 식민통치가 우리나라의 근대화에 기여했다는 '식민지근대화론'은 사실을 왜곡하고, 일제의 지배와 친일파를 정당화하기 위한 궤변일 뿐이다.

동양척식주식회사 1908년 설립. 우리나라의 토지와 자원을 빼앗기 위해 일제가 설립한 회사. 동양척식주식회사는 가장 많은 토지를 소유한 지주로 소작농을 악랄하게 수탈했으며, 토지조사사업으로 빼앗은 토지를 싼값에 일본인 이주민들에게 넘겨주어 일본 지주층 확대를 이끌었다. 동양척식주식회사의 약탈로 수십 만 명의 농민이 땅을 잃고 만주로 이주하거나, 소작농으로 전락했다.

토지조사사업 1912~1918년. 근대적 토지 소유권을 확립한다는 명목으로 실시하였으나 실제로는 우리나라 토지를 약탈해 일본인들에게 넘겨주기 위해 일제가 진행한 사업. 토지 소유주가 직접 신고하는 신고제를 원칙으로 했으나, 일제에 대한 반발심과 신고 기한이 짧은 것 등을 이유로 신고하지 않은 토지가 많았다. 신고하지 않은 토지는 동양척식주식회사가 차지했고, 농민들은 자기 땅을 잃고 소작농으로 전락하거나 만주로 이주했다.

산미증산계획 1920~1934년. 일본 국내의 식량 부족으로 쌀값이 오르자 한국에서 식량 생산을 늘려 일본 국내의 식량 부족을 해결하려는 정책. 수리 시설을 만들고 토지를 개량하는 방법으로 쌀 생산량을 늘리려 했으나 목표량을 채우지 못했다. 증산량은 계획에 미치지 못했으나, 반출량은 계획한 대로 했기 때문에 한국인이 먹을 식량이 부족했다. 더구나 수리조합비, 토지개량비등 식량 증산을 위한 시설 개선비를 농민에게 부담하게 함으로서 그렇지 않아도 높은 소작료로 고통 받는 농민들을 더욱 몰락하게 하였다. 결국 자작농이 소작농이 되었으며, 땅을 버리고 만주 등으로 떠나는 농민들이 많았다.

식민지 지주제 일본인 지주에 한국인이 소작인인 관계. 토지조사사업과 산미증산계획으로 많은 농민들이 일본인 지주의 소작인이 되어 수탈을 당했다.

회사령 1910~1920년. 회사를 설립할 때 총독부 허가를 받도록 한 제도. 한국인의 기업 설립을 어렵게 하여 민족 자본 성장을 막았다. 1920년, 일본 기업이 충분히 경쟁력을 갖추자 회사령을 폐지해 일본 기업이 자유롭게 한반도로 진출할 길을 열어주었다.

농촌진흥운동 1932~1936년. 소작쟁의를 막고 황국신민화와 병참기지화 정책을 농촌에서 실
현하기 위해 일제가 추진한 농촌 사회 운동.

남면북양정책 1930년대. 병참기지화 정책의 하나로 한반도 남쪽에서는 면화를 재배하고 북쪽
에서는 양을 기르게 하는 정책. 1929년 미국에서 시작된 대공황으로 면직물 산
업에 필요한 원료가 부족해지고, 국제 가격이 크게 오르자 면직물 산업의 원료
를 확보하려고 일제가 강제로 실시했다.

미곡공출제도 1937년 중일전쟁을 일으킨 뒤 군량미를 확보하기 위해 실시한 제도. 미곡공출
제도를 통해 쌀을 대량으로 빼앗아 군량미로 사용했다. 한국인이 먹을 식량이
부족해지자 식량 소비량을 통제하기 위해 식량 배급제를 실시하고 부족한 식량
은 만주에서 수입한 잡곡으로 보충했다.

식민지근대화론 일제 식민지 지배 덕분에 우리나라가 경제 발전을 했다는 주장. 식민지
근대화론은 일본 극우파들이 식민지 지배를 정당화할 때 사용하는 논리며, 우
리나라 일부 지식인과 정치세력 중에도 주장하는 자들이 있다. 식민지근대화론
에 따르면 일제의 식민지 지배 덕에 근대화가 되었으니 일제 지배는 정당하고,
친일파는 근대화에 이바지한 사람들이 된다. 반면에 일제에 맞서 싸운 독립운
동가들은 근대화를 방해한 역적이 된다. 식민지근대화론은 독립운동가를 매국
노로 만들고, 친일파를 애국자로 만드는 황당무계한 주장이다. 식민지근대화론
은 도둑이 물건을 훔치러 들어오는 바람에 주인이 이득을 보았으니 주인이 도
둑에게 감사해야 한다는 식의 주장으로, 그야말로 어처구니없는 논리일 뿐이다.
식민지근대화론이 옳지 않은 이유는 다음과 같다. ①일제 강점기 근대화는 일
본의 이익을 위한 수탈 수단이었을 뿐이다. ②일제의 수탈은 우리나라의 자발
적인 근대화 발전을 가로막았다. ③식민지 수탈이 없었다면 우리나라가 훨씬 발
전했을 것이다. ④일제는 식민지 지주제를 통해 토지와 농촌의 근대화를 가로
막았다. ⑤일제 때 남은 경제시설들 대부분이 북한 지역에 있거나 6·25전쟁으
로 파괴되어 실제 남한의 경제 발전에 영향을 끼치지 못했다. ⑥우리의 경제발
전은 1960년대 이후 경제개발 과정에서 이룩된 것으로 식민지 지배와 관련이
없다.

47

국내 대중적 독립운동

한국사 일기

　　학살 현장은 소름이 돋았다. 교회는 완전 잿더미였다. 건물 잔해를 헤집어 보니 타다 만 시체가 검은 재와 뒤섞여 나왔다. 살아남은 친척들이 와서 시신을 수습하려 하지만 누가누군지 분간이 되지 않았다. 무너진 잿더미 옆으로 아이 시신이 보였다. 시신은 살짝 그을렸는데 무수한 총알이 박혀 있었다. 나도 모르게 온몸이 부들부들 떨렸다. 아마도 어머니가 아이만은 살려달라고 밖으로 내보냈을 텐데 그마저도 무시하고 어린 아이에게 무차별 총격을 가한 것이 분명했다. 인간이 아닌 놈들이다. 이웃 채암리도 말이 아니었다. 불에 타고 총에 맞아 죽은 시신이 곳곳에서 발견되었다. 마을은 쑥대밭이 되었고, 피눈물 나는 통곡만 가득했다. 도대체 왜 일본 헌병은 아무런 잘못도 없는 이들에게 이런 만행을 저질렀을까? 악마 같은 놈들이다. 이대로 묻어두면 안 된다. 이 사건은 꼭 세상에 알려야 한다. 떨리는 손으로 사진을 찍었다. 차마 담고 싶지 않았지만 진실을 알리기 위해 하는 수없이 비극을 필름에 담았다. 나는 사진과 더불어 일본 헌병의 잔인한 학살을 낱낱이 고발하는 보고서를 작성해 미국으로 보냈다. 이 진실이 꼭 알려져 학살의 책임자들에게 죄를 묻게 되기를 소망한다.

_제암리 학살 현장을 목격한 선교사의 일기

한국사 그물망

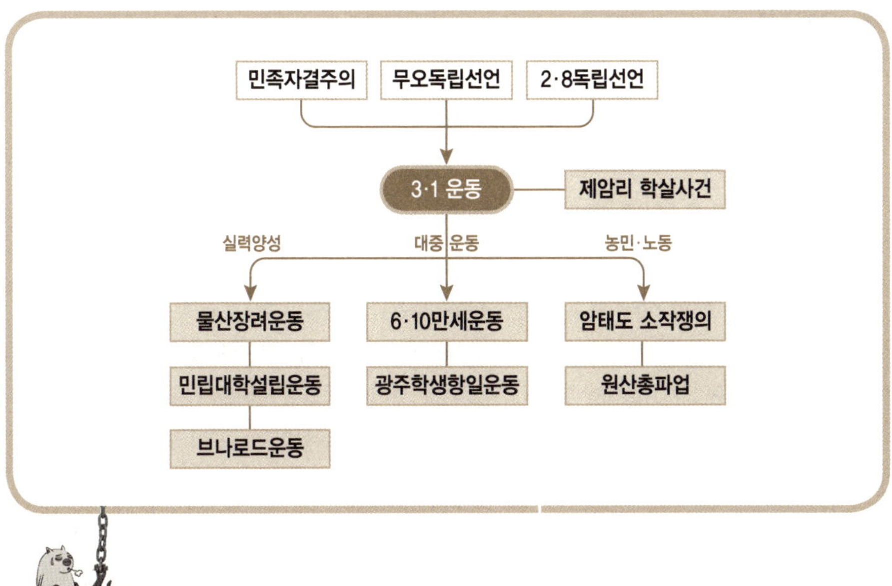

그물망 설명서

민족자결주의는 전 세계 식민지 독립운동 세력에게 용기를 심어주었다. 무오독립선언과 2·8독립선언은 3·1 운동에 막대한 영향을 끼쳤다. 1919년, 일제의 식민지 지배에 항의하며 전 민족이 들고 일어나는 3·1 운동이 일어났다. 일제는 제암리 학살사건에서 보이듯 잔혹하게 탄압했다. 그러나 3·1 운동은 독립운동이 활발하게 일어나는 밑바탕이 되었으며, 민족독립정신의 뿌리가 되었다. 3·1 운동에 뒤이어 6·10만세운동, 광주학생항일운동과 같은 대규모 시위 항쟁이 벌어진다. 1920년대에는 농민들과 노동자들의 항쟁도 벌어졌는데, 암태도 소작쟁의와 원산총파업이 가장 유명하다. 실력양성운동도 꾸준히 벌어져서 물산장려운동, 민립대학설립운동, 브나로드 운동 등이 벌어졌다.

민족자결주의　1918년, 각 민족은 자기나라 운명을 스스로 결정할 권리가 있다는 원리. 1차 세계대전이 끝난 뒤 미국 윌슨 대통령이 제시했는데 식민지 민족에게 독립의 희망을 안겨주었으며, 3·1 운동에도 큰 영향을 끼쳤다.

무오독립선언　1918년. 만주 지역 독립운동가들이 발표한 독립선언. 3·1 운동에 영향을 끼쳤다.

2·8독립선언　1919년 2월 8일. 일본 유학생들이 발표한 독립선언. 3·1 운동에 영향을 끼쳤다.

3·1 운동　1919년 3월 1일에 일본제국주의 지배에 반대해서 전 민족이 들고 일어난 만세운동. 당시 일제는 강력한 헌병경찰로 우리 민족을 무자비하게 통치했기에 저항의식이 최고조로 달했다. 더구나 건강하던 고종 황제가 갑자기 죽자 일제에 의한 독살설이 퍼지면서 반일의식이 극에 달했다. 3월 1일 독립선언문 낭독을 출발로 하여 수백만 명이 참여하는 대대적인 비폭력 만세 시위가 일어났다. 일제는 비폭력 만세운동을 잔인한 방법으로 진압했다.

3·1 운동의 영향은 다음과 같다. ①세계 곳곳에 우리의 독립 의지를 알렸다. ②임시정부 수립으로 이어졌다. ③만주 지역 무장독립운동이 활성화 되었다. ④독립운동의 정신적 뿌리가 되어 독립국가 건설과 국가 운영의 근본정신이 되었다(우리나라는 헌법 전문에 3·1 운동이 우리 민족정신의 뿌리임을 밝히고 있다). ⑤중국의 5·4운동 등 아시아 반제국주의 운동에 영향을 끼쳤다.

제암리 학살사건　3·1 운동 때 일본군이 경기도 화성 제암리에서 주민들을 학살한 사건. 일제는 3·1 운동을 벌이는 한국인을 잔혹하게 무력으로 진압하고 학살을 자행하기도 했는데, 경기도 화성 제암리에서 발생한 제암리 학살사건은 3·1 운동 때 일제가 벌인 대표적인 학살이다.

물산장려운동　1920년대. 국산품을 애용하여 민족 자본과 민족 경제를 활성화하기 위해 '내 살림 내 것으로', '우리는 우리 것을 사자'와 같은 구호를 내걸고 벌인 운동. 일본 상품이 들어올 때 관세를 없애서 일본 제품의 경쟁력을 높이려는 총독부의 정책에 반대하는 과정에서 조만식이 평양에서 '물산장려회'를 조직하면서 시작했고, 전국적인 운동으로 확대되었다. 일부 상인들은 나쁜 마음을 먹고 국산품 가격을 올려 백성들이 고통을 겪기도 했는데, 이로 인해 자본가와 상인의 이익만 키우는 운동이라는 비판을 받기도 했다.

암태도 소작쟁의 1923년. 전라남도 신안의 암태도에서 소작민들이 높은 소작료를 인하할 것을 요구하며 전개한 투쟁. 일제 치하 대표적인 소작쟁의로 1년 동안의 투쟁 끝에 승리했다.

민립대학설립운동 1923년. 식민지 교육이 아니라 제대로 된 인재를 키우기 위해 우리의 대학을 설립하자는 운동. '조선민립대학 기성회'를 만들어 활발하게 모금운동을 벌였지만 일제의 방해로 무산되었다. 일제는 '경성제국대학'을 설립하여 요구를 들어주는 척했지만, 경성제국대학은 일본인 및 친일 관리 양성을 위한 교육을 하였다.

6·10만세운동 1926년. 대한제국의 마지막 황제인 순종의 장례식(인산일)을 계기로 일어난 독립만세운동. 사회주의 단체와 천도교, 학생들이 함께 계획하였으나 사회주의 단체와 천도교가 준비한 만세운동은 사전에 들통나 실패하였고, 학생들만 만세운동을 벌였다.

원산총파업 1929년 1~4월. 함경남도 원산 노동자들이 일제에 맞서 벌인 일제강점기 최대 규모의 노동자 총파업. 일본인 감독관이 한국인 노동자를 멸시하고 구타하면서 시작된 투쟁으로, 노동자들의 정당한 요구를 회사 측이 들어주지 않자 총파업을 벌였다. 일제는 무장군인까지 동원했지만 원산 노동자들은 원산시가 마비될 정도로 강력하게 저항했다.

광주학생항일운동 1929년. 광주에서 일어나 전국적으로 확산된 학생 독립운동. 기차 안에서 일본 남학생이 한국인 여학생을 희롱하자 한일 학생 사이에 집단 싸움이 발생했는데, 일본 경찰은 한국 학생들에게만 일방적으로 책임을 물었다. 이에 반발한 광주 학생들은 동맹 휴학과 대규모 시위로 일제에 맞섰다. 일제의 강압적인 탄압에도 항의시위는 더욱 커져서 전국적인 시위로 확산되었다.

브나로드운동 1931~1934년. 동아일보사가 중심이 되어 전개한 문맹퇴치 및 농촌계몽운동. 브나로드는 러시아 말로 '민중 속으로'라는 뜻인데, 지식인들이 농촌으로 들어가 백성들을 계몽해서 민족의 힘을 기르자는 목적으로 진행했다.

48 대한민국임시정부

　홍코우 공원에서 폭탄이 터졌다. 시라카와 대장과 카와바다 거류민 단장이 죽었다. 노무라 중장은 눈이 멀었고, 우에다 중장과 시게미츠 공사, 무라이 총영사와 토모노 거류민단 서기장은 크게 다쳤다. 상상도 못한 일이다. 침략군의 수괴들을 조선인 단 한 사람이 모조리 죽이고 다치게 했다. 장개석 총통은 "중국의 백만 대군도 못한 일을 일개 조선 청년이 해냈다."며 크게 감탄했다고 하는데 맞는 말이다. 수십 년 쌓인 체증이 내려간 기분이다. 청일전쟁 이후 단 한 번도 속 시원히 일본군을 물리치지 못했는데, 단 한 사람(윤봉길)이 반 백 년 동안 중국이 못했던 일을 해냈다. 주위 동료들은 요즘 온통 그 이야기만 한다. "우리는 군대와 무기가 다 있음에도 일본군을 두려워하기만 했다. 그런데 조선의 청년은 폭탄 하나로 적들의 심장을 박살내 버렸다. 솔직히 나는 부끄럽다." 지휘관이 우리에게 한 말이다. 그때서야 나는 부끄러움을 느꼈다. 일본군을 두려워하던 나의 비겁이 부끄러웠다. 이제 더 이상 두려워하지 않으리라! 단 한 명이 저들의 심장을 공격해서 큰 승리를 거뒀다면, 우리의 군대로는 더 큰 승리를 거두지 않겠는가?

_중국 군인의 일기

한국사 그물망

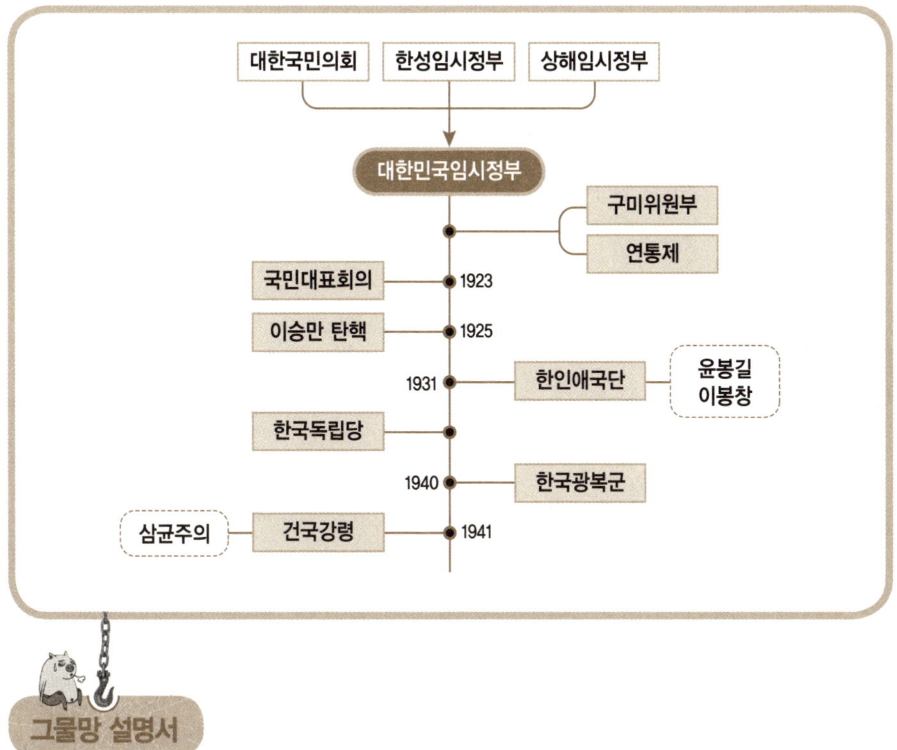

그물망 설명서

1919년 3·1운동 뒤 일제를 몰아내고 독립을 쟁취하기 위해 곳곳에 임시정부가 들어섰다. 대한국민의회, 한성임시정부, 상해임시정부는 통합하여 대한민국임시정부를 조직하고 선포했다. 임시정부는 연통제를 통해 재정기반을 마련하고 구미위원부를 두어 미국 쪽에서도 독립운동을 진행했다. 1923년 임시정부의 노선을 둘러싸고 국민대표회의가 열리면서 치열한 논쟁이 벌어졌으나, 합의에 실패하면서 임시정부의 힘이 약화되었다. 1925년 임시정부는 임시정부를 분열시킨 책임자인 이승만을 탄핵했다. 약화된 임시정부를 이끌던 이는 김구였다. 김구는 한인애국단의 윤봉길과 이봉창 등을 통해 일제를 공격함으로써 독립 의지를 과시하고 임시정부의 힘을 키웠다. 임시정부의 지도체제는 대통령제(1919) → 국무령제(1925) → 국무위원제(집단지도체제, 1927) →

단일지도체제(주석제.1940)로 변화했다. 한국독립당은 임시정부의 여당 역할을 했으며, 한국광복군은 임시정부의 군대였다. 임시정부는 해방된 나라의 운영 방향을 담은 건국강령을 발표했으며, 건국강령은 삼균주의에 바탕을 두었다. 광복 뒤 대한민국을 건국할 때 임시정부 인물들이 대한민국 정부의 중심이 되지는 못했으나, 우리 헌법은 대한민국이 임시정부의 법통을 이어받았음을 분명히 하고 있다.

한국사 어휘사전

대한국민의회 1919년. 소련 블라디보스토크 신한촌에서 손병희를 대통령으로 하여 수립한 임시 망명 정부.

한성임시정부 1919년. 이승만을 집정관 총재로 하여 독립운동가들이 서울에서 결성한 임시 정부.

상해임시정부 1919년. 중국 상하이에서 이승만을 국무총리로 하여 수립한 임시정부.

대한민국임시정부 1919년. 대한국민의회, 상해임시정부, 한성임시정부를 통합하여 독립운동을 통일적으로 이끌기 위해 만든 임시로 만든 정부 조직. 초대 대통령은 이승만이었고, 모든 독립운동을 통일적으로 지휘하기 위한 지도부를 지향했다.

구미위원부 1919년. 워싱턴에서 미국을 상대로 외교적인 활동을 하려고 설립한 임시정부의 외교기관. 외교활동에서 성과를 내지 못하고, 이승만이 자기 멋대로 운영하면서 임시정부는 1925년에 구미위원부 폐쇄를 명령했다.

연통제 대한민국임시정부가 독립운동에 필요한 정보 및 자금을 모으기 위해 국내와 만주에 설립한 비밀 행정 조직. 일제 탄압으로 1921년 붕괴되어 임시정부가 어려움을 겪었다.

국민대표회의 1923년. 임시정부의 독립운동 방향을 의논하기 위해 개최한 회의. 이승만이 미국 대통령에게 우리나라를 국제연맹의 위임 통치 하에 두게 해달라는 청원서를 제출한 사실을 문제 삼아 신채호, 박용만 등이 요구하여 개최하였다. 임시정부의 독립운동 방향을 의논하기 위해 많은 독립운동가들이 모였으나 이견을 좁히지 못했다. 이후 많은 독립운동가들이 임시정부를 떠나 임시정부의 힘이 약화되는 계기가 되었다.

이승만 탄핵 1925년. 임시정부에 분열을 일으킨 이승만을 탄핵하고 박은식을 2대 대통령으로 추대하였다. 그리고 이승만과 같은 대통령의 독단을 막기 위해 정부를 내각 중심 국무령제로 바꾸었다.

한인애국단 1931년. 김구가 임시정부의 어려움을 극복하기 위해 설립한 단체. 한인애국단 소속 이봉창 의사는 천황 암살을 시도했으나 실패했고, 윤봉길 의사는 상하이 홍코우 공원에서 폭탄을 투척하여 일본인 고관과 장군을 사살했다. 윤봉길 의사가 거둔 놀라운 성과로 인해 중국 국민당 정부가 임시정부를 지원하여 임시정부 조직이 안정되고, 한국광복군 설립으로 이어졌다.

한국독립당 일제의 공격으로 상해에서 떠나 충칭으로 옮겨간 뒤 김구의 한국국민당, 지청천의 조선혁명당, 조소앙의 한국독립당을 하나로 합쳐 결성한 당. 한국독립당은 임시정부에서 여당 역할을 했다.

한국광복군 1940년. 중국에서 임시정부가 항일무장투쟁을 위해 지청천을 총사령관으로 하여 만든 군대. 초기에는 미약했으나 1942년 김원봉이 이끌던 조선의용대 일부 병력이 합류하면서 군사력이 강해졌다. 일본이 태평양전쟁을 일으키자 일본에 선전포고를 했으며, 미군 OSS(전략정보처)와 연합하여 국내 진공 작전을 준비했다. 그러나 일본이 너무 빨리 항복하는 바람에 국내 진공 작전은 무산되었다. 임시정부를 이끌던 김구는 우리 힘으로 독립을 달성하지 못함을 한탄하며 이로 인해 큰 문제가 생기리라 걱정했다. 김구의 걱정은 그대로 맞아 떨어져 민족 분단과 6·25전쟁으로 이어졌다.

건국강령 1941년. 독립 후 건국할 나라에서 추구할 핵심 정책과 국가 운영 방향. 임시정부는 삼균주의에 바탕을 둔 건국강령을 발표했는데, 선거에 의한 민주공화국, 주요 산업 시설 및 토지의 국유화, 무상교육, 의무교육 등이 주된 내용이다.

삼균주의 임시정부 건국강령의 기본 사상으로 개인과 개인, 민족과 민족, 국가와 국가 사이에 완전한 균등을 실현하려는 사상. 개인의 균등은 정치, 경제, 교육과 같은 제도를 통해 실현하고, 민족 사이의 균등은 민족자결을 통해 이루며, 국가 사이의 균등은 식민지와 제국주의가 없는 평화를 통해 이룰 수 있다고 보았다.

49

1920년대 무장독립투쟁

한국사 일기

　깊은 계곡은 적막이 가득했다. 바로 옆 동료에게도 내 호흡소리가 들리지 않게 하려고 애썼다. 총을 쥔 손에서 땀이 났다. 그때 일본군이 보였다. 손가락을 방아쇠에 걸고 호흡을 멈추었다. 제일 앞에 서 있는 일본군 장교를 겨누었다. 네놈들의 총칼 아래 쓰러져 간 동포들의 원수를 갚을 것이다. 원수들의 얼굴을 구분할 정도가 되었다. 땅~! 총성이 울렸다. 제일 앞장섰던 장교 중 한 명이 총에 맞아 말에서 떨어졌다. 나도 방아쇠를 당겼다. 내가 겨누었던 일본군 장교는 피를 뿜으며 말에서 떨어졌다. 나는 일본군 한 명 한 명을 조준해서 쐈다. 동포들이 먹고 싶은 음식을 줄이고, 입고 싶은 옷 입지 않고 보내준 군자금으로 마련한 총알이다. 단 한 방이라도 헛되이 쏘지 말아야 한다. 총구에서 나간 총알은 전부 왜놈의 심장과 머리에 박아 넣어야 한다. 전투는 순식간에 끝났다. 우리는 일본군 선발대를 모조리 저승으로 보내버렸다. 짜릿했다. 그리고 눈물이 났다. 일본 헌병에게 억울하게 죽은 아버지가 떠올랐기 때문이다.

　'아버지! 이제 시작입니다. 원수들을 남김없이 몰아낼 때까지 물러서지 않고 싸우겠습니다. 지켜봐주십시오. 아버지!'

_청산리전투에 참가한 독립군의 일기

한국사 그물망

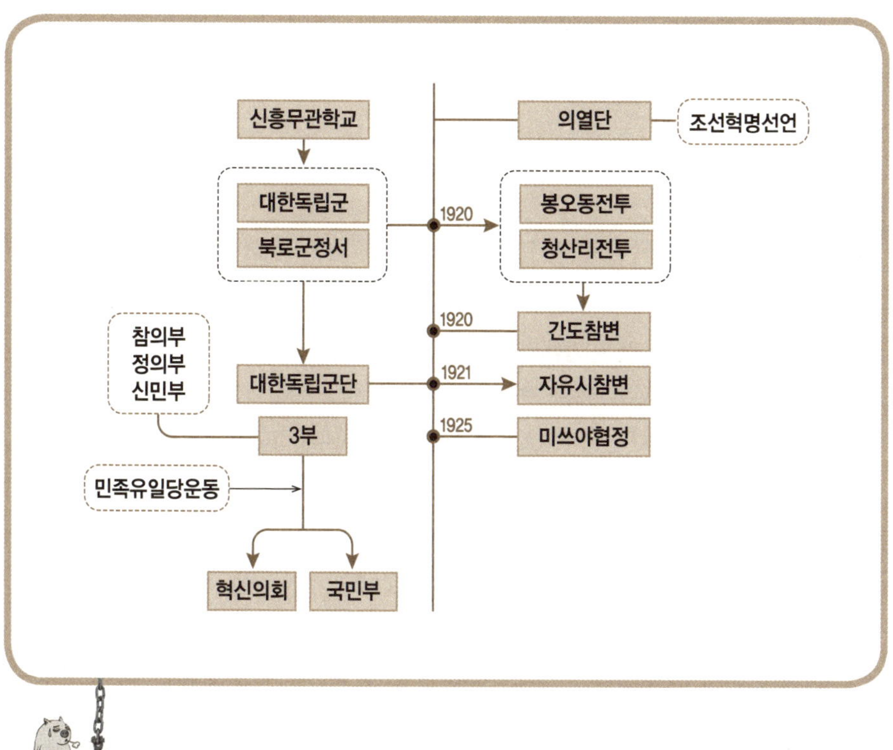

그물망 설명서

의열단은 개인적인 폭력투쟁으로 일제에 저항했으며 신채호의 조선혁명선언을 행동 지침으로 삼았다. 신민회가 세운 신흥무관학교는 대한독립군과 북로군정서 등 독립군 부대가 성장하는데 크게 기여했다. 봉오동전투와 청산리전투는 독립군 역사에서 가장 크게 일본군을 물리친 전투였다. 봉오동전투와 청산리전투에서 크게 패한 일본군은 간도참변을 일으켰다. 일본군의 학살에 맞서기 위해 독립군은 대한독립군단으로 통합하여 소련 지역으로 이주했으나, 자유시참변을 겪으며 세력이 크게 약화되었다. 자유시참변을 겪은 뒤 독립군은 전열을 정비해 참의부, 정의부, 신민부라는 3부를 창립했다. 분열된 독립군을 하나로 합치기 위해 민족유일당운동이 벌어졌으며, 그 결

과 혁신의회와 국민부가 탄생했다. 일제는 만주 군벌과 미쓰야협정을 맺어 독립군을

지속적으로 공격했다.

신흥무관학교 1911년 설립. '신민회'의 결의에 따라 이회영, 이시영, 이상룡 등이 만주 서간도
지역에 세운 독립군 훈련 학교. 처음엔 '신흥강습소'였으며 3·1 운동 직후 지원
자가 늘자 '신흥무관학교'로 확대했다. 신흥무관학교 졸업생들은 홍범도의 대
한독립군과 김좌진의 북로군정서의 중심이 되어 봉오동전투와 청산리전투에서
큰 역할을 하였다.

의열단 1919년 김원봉이 주도하여 결성한 개인 폭력 투쟁 단체. 조선총독부의 고위 관
리와 친일파, 식민지 착취 기관을 공격했다. 1920년대 후반 개인 폭력 투쟁의 한
계를 인정하고 대중적인 무장투쟁으로 방향을 바꾼 뒤 중국 국민당이 운영하
는 황포 군관학교에 단원들이 들어가 훈련을 받았다. (김상옥 – 종로경찰서 폭탄 투
척. 김지섭 – 도쿄 궁성에 폭탄 투척. 나석주 – 동양척식주식회사 폭탄 투척. 김익상 – 조선
총독부 폭탄 투척)

조선혁명선언 1923년. 의열단을 이끌던 김원봉의 부탁으로 신채호가 쓴 의열단 선언. 다른 독
립운동 방법의 한계를 지적하고 폭력 혁명을 통해서만 일제를 타도하고 독립을
쟁취할 수 있다는 내용이다.

봉오동전투 1920년 6월. 중국 지린성 봉오동에서 홍범도, 안무, 최진동 등이 이끄는 독립군
부대가 일본군을 무찌르고 크게 승리한 전투.

청산리전투 1920년 10월. 두만강 허룽현 청산리 일대에서 김좌진, 홍범도, 안무 등이 이끄는
독립군 부대가 5천여 명의 일본군에 맞서 2~3천명을 사살하며 크게 승리한 전
투. 일제 강점기 독립전쟁 중에서 가장 큰 승리를 거둔 전투다.

대한독립군 홍범도가 이끌던 독립군. 봉오동전투와 청산리전투의 승리에 크게 기여했다.

북로군정서 1919년. 대한민국임시정부의 지시로 북간도 지역에 설립한 독립군부대. 서일, 김좌진 등이 이끌었으며 청산리전투에서 큰 공을 세웠다.

간도참변 1920년. 봉오동전투와 청산리전투에서 크게 패한 일제가 독립군 근거지를 없애기 위해 간도에 사는 한국인들을 무자비하게 학살한 사건.

대한독립군단 간도참변을 계기로 북로군정서군과 다른 독립군 단체가 연합하여 서일을 총재로 하고 김좌진, 홍범도 등을 부총재로 하여 결성한 독립군. 소련으로 옮겨갔다가 '자유시참변'을 겪고 해체되었다.

자유시참변 1921년. 소련의 자유시에서 소련군이 독립군의 무장해제를 요구하는 과정에서 벌어진 군사적 충돌. 무장독립운동 사상 가장 비극적인 사건으로 무장독립운동이 큰 타격을 입었다.

3부 간도참변과 자유시참변으로 타격을 받은 독립군들이 전열을 재정비해 설립한 참의부, 정의부, 신민부를 가리키는 말. 참의부(1923. 압록강 연안 지안현), 정의부(1925년. 남만주의 길림성), 신민부(1924년. 북만주 일대. 소련에서 돌아온 독립군)가 3부다. 3부는 단순한 군사조직이 아니라 행정조직도 갖추고 있어서 1920년대 만주 일대 한국인들을 실질적으로 이끄는 정부 역할을 했다.

민족유일당운동 1920년대 중반. 중국 각지에 있던 독립운동 단체들을 하나의 조직으로 단결시키기 위해 벌였던 운동. 제대로 된 독립운동을 이끌기 위해서는 하나의 당으로 단결해 일제와 싸우는 것이 필요했다.

혁신의회 1928년. 민족유일당운동의 성과를 바탕으로 북만주에 만든 독립운동 조직. 그 밑에 한국독립군을 두었다. 혁신의회는 1930년 한국독립당으로 재편되었다(이 '한국독립당'은 임시정부의 '한국독립당'과 이름은 같지만 다른 조직이다).

국민부 1929년. 민족유일당운동에 따라 남만주에 만든 독립운동 조직. 정당 조직인 조선혁명당과 이름만 다를 뿐 하나의 기관이었으며, 군사조직으로 조선혁명군을 두었다.

미쓰야협정 1925년. 독립군을 탄압하기 위해 일제와 만주 군벌 장쭤린이 체결한 협정. 독립군을 체포하면 일본에 넘기고, 일본은 상금을 지불한다는 내용의 협정으로 만주에 있던 독립군들과 이들을 지원하던 일반 백성들이 크게 피해를 입었다.

50

1930~40년대 무장독립투쟁

한국사 일기

어둠을 틈타 움직였다. 경비병의 움직임은 이미 충분히 파악해 두었다. 동료와 함께 경비병이 자리를 비우는 시간과 장소를 골라서 움직였다. 조심스럽지만 빠르게 발걸음을 옮겼다. 일본군의 추적이 두려웠기에 긴장을 잠시도 늦추지 않았다. 낮에는 숲에 숨어 꼼짝도 하지 않고, 밤이 되면 움직였다. 5일째 되는 날 새벽, 우리는 마침내 중국군이 있는 곳에 도착했다. 일본군에게 학도병으로 끌려갔다가 탈출했다고 말하자 중국군은 우리를 차에 태웠다. 차는 서너 시간 동안 계속 달렸다. 피곤했지만 눈을 붙이지 못했다. 도대체 우리를 어디로 데려가는 걸까? 깜빡 졸았다가 깼더니 차가 멈추었다. 차문을 열고 밖으로 내렸다.

"동지들, 반갑습니다. 광복군에 오신 걸 환영합니다."

광복군, 광복군이란 말인가? 일본군에게 끌려가 개죽음을 당하는 줄 알았는데 내가 독립을 위해 싸울 기회가 생긴단 말인가? 갑자기 눈물이 흘렀다. 사나이 한평생 울지 않으리라 다짐했는데 이 순간은 눈물을 참을 수 없었다. 광복군에 오신 걸 환영한다고 말한 그 분은 나를 따뜻하게 껴안았다. 아, 이게 바로 조국의 품이구나! 조국의 품은 이렇게 따뜻하고 든든하구나!

_학도병이었던 광복군의 일기

한국사 그물망

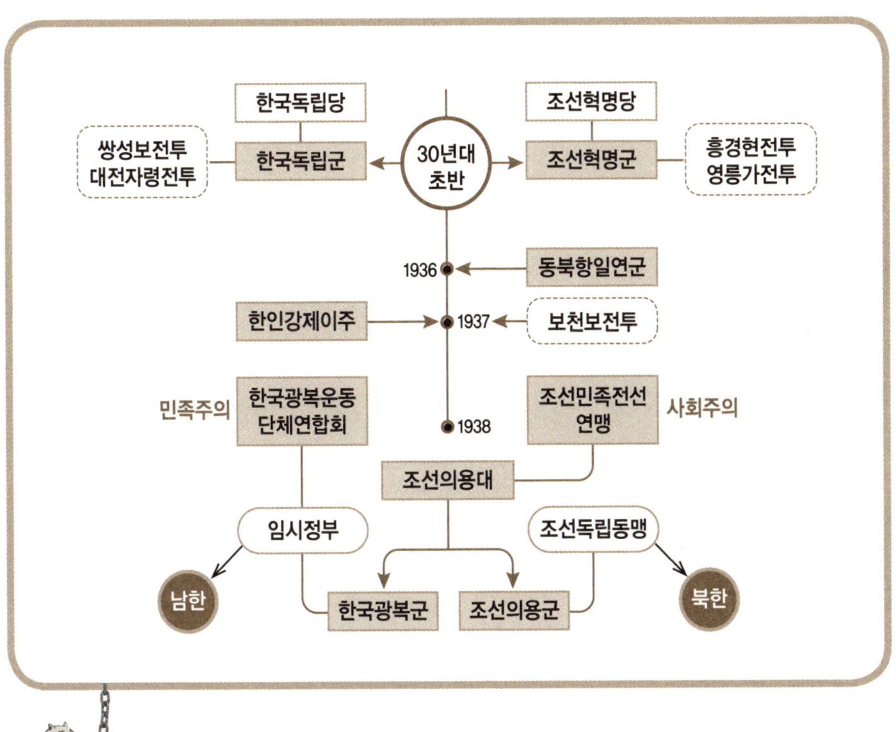

그물망 설명서

1930년대 초반 한국독립당의 한국독립군과 조선혁명당의 조선혁명군은 중국군과 연합해 일본군과 맞서 싸웠다. 한국독립군은 쌍성보전투, 대전자령전투에서 큰 성과를 거두었고, 조선혁명군은 흥경현전투와 영릉가전투에서 큰 승리를 거두었다. 동북항일연군은 한중연합부대였는데 1937년 국내 진공 작전인 보천보전투를 벌이기도 했다. 그러나 독립운동세력의 큰 기반 중 하나였던 연해주 지역의 한인들이 강제이주 당하면서 독립운동에 큰 타격을 입었다. 한국광복운동단체연합회는 민족주의 계열, 조선민족전선연맹은 사회주의 계열로 독립운동의 연합세력이었다. 조선민족전선연맹의 조선의용대는 중국 관내에서 결성된 최초의 한인 부대였으며, 조선의용대는 한국광복군과 조선의용군으로 나뉘어 흡수되었다. 한국광복군은 임시정부의 군대로 광복 후 남한으로 들어왔고, 조선의용군은 조선독립동맹의 군대로 광복 후 북한으로 들어갔다.

한국독립군 1930년대. '한국독립당'의 군사조직으로 지청천이 이끈 독립군. 만주에서 중국 호로군과 연합해 쌍성보전투(1932), 대전자령전투(1933) 등에서 일본군에 승리를 거뒀다.

조선혁명군 1930년대. 국민부의 조선혁명당 산하 군사조직으로 양세봉이 이끈 독립군. 중국 의용군과 연합하여 흥경현전투(1932), 영릉가전투(1932)에서 일본군을 물리치고 큰 승리를 거뒀다.

동북항일연군 1936년. 중국공산당을 중심으로 만주 지역의 다양한 단체와 사람들이 일제에 맞서 싸우기 위해 결성한 대일항전 군대. 한국인들도 상당수 들어가 활동했다.

보천보전투 1937년. 동북항일연군의 한인 부대가 함경도 갑산군 보천보로 진격해 일본군과 일제의 행정기관을 공격해 크게 승리한 사건.

한인강제이주 1937년. 소련은 일제와 전쟁이 벌어지면 연해주에 거주하는 한국인들이 일제를 지원하리라고 걱정하여 연해주 한인 수십만 명을 중앙아시아로 강제 이주시켰다. 강제 이주를 당한 사람 중엔 홍범도 장군도 포함되어 있었으며, 이로 인해 연해주 독립운동이 큰 타격을 입었다.

한국광복운동단체연합회 1937년. 중일전쟁 이후 중국 관내에서 활동하던 민족주의 계열의 독립운동 단체들이 연합하여 결성한 연합 운동단체. 김구와 민족주의 세력이 중심이 되어 독립운동을 전개했다.

조선민족전선연맹 1937년. 중일전쟁 이후 중국 관내에서 활동하던 사회주의 계열의 독립운동 단체들이 연합하여 결성한 연합 운동단체. 조선민족전선연맹은 중국 정부의 지원을 받아 조선의용대를 만들었다.

조선의용대 1938년. 중국 관내에서 결성된 최초의 한인 부대. 처음으로 한인만의 독자적인 부대를 이루어 중국과 일본이 벌이는 국제 전쟁에 참여하였다. 조선의용대는 조선의용군과 한국광복군으로 나뉘어 흡수된다.

조선독립동맹 1942년. 중국 공산당과 연대하며 활동했던 사회주의 계열의 독립운동 조직.

조선의용군 1942년. 조선독립동맹의 군사조직. 조선의용대 화북 지대를 흡수했으며 중국 공산당과 연합해 활동했다.

51

국내 독립운동 조직

한국사 일기

　2월의 날씨는 쌀쌀했지만 참가자들의 열기는 뜨거움으로 가득했다. 전에는 별로 친하지 않았던 동지들도 많았다. 평소에는 운동 방향과 세계관이 달라 함께하지 못했는데, 이념과 노선의 차이를 떠나 독립을 위해 한 길로 나아가기 위해 뭉치니 더없이 좋았다. 맞다. 독립을 위하는 길에서 작은 차이는 아무 것도 아니다. 오직 독립! 독립이 중요하다. 차이를 넘어 큰 하나가 되는 오늘, 어찌 가슴이 뜨겁지 않겠는가? 창립대회는 한 치의 어긋남 없이 진행되었다. 회장에 이상재, 부회장에 권동진이 선출되었다. 35명의 간사도 선출하였다. 조선의 정치적·경제적 해방을 이루고, 모든 개량주의를 몰아내며, 독립을 위해 헌신하겠다는 강령도 채택했다. 언론·집회·출판·결사의 자유 보장, 한민족을 억압하는 법 폐지, 동양척식주식회사 폐지와 같은 정책도 채택하였다. 강령과 정책은 모두 비타협적인 투쟁을 이끄는 신간회 출범의 의미와 잘 어울렸다. 대회를 마무리하며 동지들끼리 서로 뜨겁게 손을 맞잡았다. 어찌나 심하게 손을 잡고, 박수를 쳤는지 손이 얼얼할 지경이었다. 그래도 뿌듯하고 행복했다. 독립운동을 이끌 최고 대표 기구가 탄생했으니 오늘은 3·1운동 이후 가장 기쁜 날이다.

_신간회 창립대회 참가자의 일기

한국사 그물망

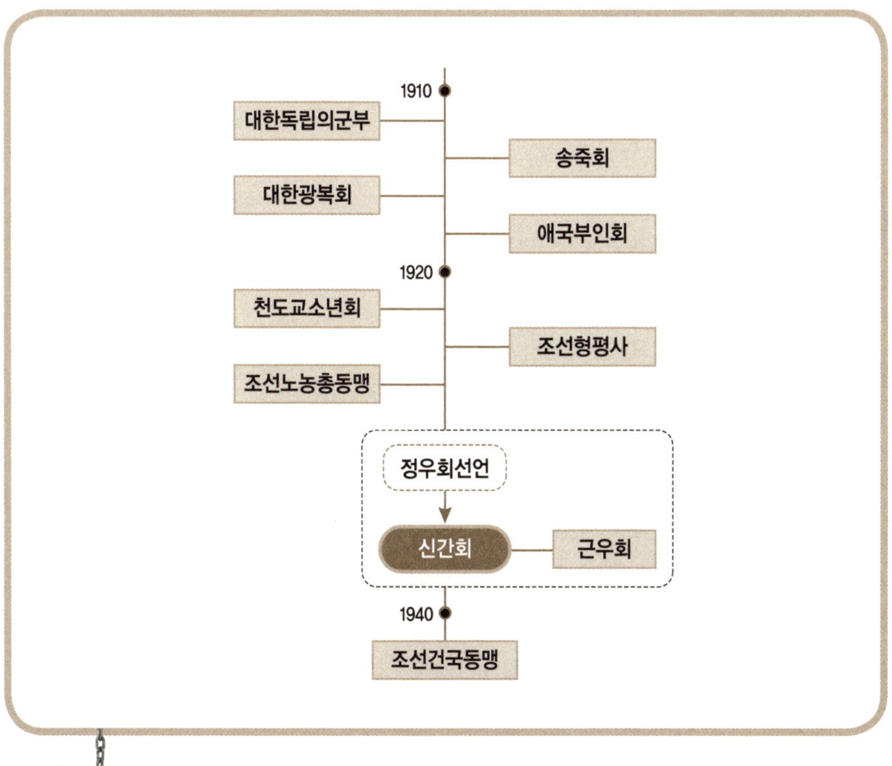

그물망 설명서

대한독립의군부와 대한광복회는 1910년대 독립운동조직이었다. 송죽회와 애국부인회는 여성이 구성원으로 독립운동에 참여한 단체다. 1920년대 천도교소년회는 어린이운동을 벌였으며, 조선형평사는 백정들의 신분 차별 해소를 목적으로 활동했다. 조선노농총동맹은 노동자와 농민을 대표하는 조직이었다. 독립운동에서 차이를 넘어 독립이라는 하나의 목표를 향해 나아가는 것은 굉장히 중요했다. 국내나 국외에서 끊임없이 하나의 독립운동 지도부를 만들기 위해 시도했으나 성과는 신통치 않았다. 국내에서는 정우회선언을 계기로 신간회가 결성되었으나 오래가지 못했다. 근우회는 신간회의 자매조직이었다. 그리고 해방 바로 전에 결성된 조선건국동맹은 국내에서 독립을 준비하기 위한 전국 조직이었다.

대한독립의군부 1912년. 고종의 비밀 명령을 받아 임병찬 등이 세운 독립운동 조직. 일제에 국권반환요구서를 보내려다 발각되어 해체되었다.

송죽회 1913년. 독립운동을 위해 여성들이 모인 조직. 평양의 숭의여학교 교사와 학생들이 참여하여 독립운동 자금을 모으고 독립의식을 고취하는 활동을 하였다. 애국부인회의 기초가 되었다.

대한광복회 1915년. 박상진을 중심으로 대구에서 결성된 비밀 독립운동 조직. 독립과 공화국 수립을 목표로 독립군 양성과 무장투쟁을 준비했다. 군자금을 마련하기 위해 일제 재산을 빼앗고, 부자들에게 돈을 빼앗았으며, 친일파를 처단하기도 했다.

애국부인회 1919년. 독립운동을 하다 투옥된 애국지사를 뒷바라지하고, 독립운동 자금을 모으며, 독립의식을 고취하는 활동을 하던 여성 조직.

천도교소년회 1921년. 방정환이 중심이 되어 소년운동을 벌인 단체. 방정환은 '어린이'라는 말을 처음 만들어 사용했으며, 우리나라 최초의 순수 아동잡지인 『어린이』(1923)를 창간했고, 아동문화운동 단체인 '색동회'도 만들었다. 1923년 '어린이날'을 선포했다.

조선형평사 1923년. 백정에 대한 차별을 철폐하기 위해 조직된 단체. 백정의 신분 차별 해소와 평등한 세상을 위한 운동을 벌였다.

정우회 선언 1926년. 사회주의 단체였던 정우회가 사회주의운동의 새로운 방향을 제시한 선언. 당시 실력양성운동이 자치론으로 변질되면서 친일파가 형성되기 시작했는데, 비타협적 민족주의 세력과 사회주의 세력이 힘을 합쳐야 한다는 정우회 선언을 계기로 통합에 찬성하는 많은 단체들이 모여 신간회를 결성했다.

신간회　　1927년 결성. 민족주의 세력과 사회주의 세력이 이념의 차이를 극복하고 단일한 민족운동을 추진하기 위해 결성한 연합단체. 서로 다른 이념을 지닌 반일 독립운동 단체가 거의 모두 참가하였고, 전국에 지회를 두었다. '우리는 정치적·경제적 각성을 촉진한다. 우리는 단결을 공고히 한다. 우리는 기회주의를 일체 배격한다.'가 핵심 강령이다. 그러나 국제공산당 코민테른이 사회주의 세력에게 민족주의 세력과 협력 운동을 그만두라고 지시하고, 신간회 내부에서도 분열이 생기면서 1931년 해체되었다.

근우회　　1927년 결성. 사회주의와 민족주의 계열의 여성들이 참여하여 만든 여성연합단체. 신간회 여성 자매 단체 성격을 지녔으며, 여성의 권리 신장과 사회적 지위 개선을 목표로 활동했다.

조선노농총동맹　　1924년. 노동자와 농민의 투쟁을 지도하기 위해 만든 사회주의 대중 운동단체. 1927년에 '조선노동총동맹'과 '조선농민총동맹'으로 분리되었다.

조선건국동맹　　1944년. 일제의 패망과 민족의 독립을 대비하기 위해 만든 지하조직. 여운형이 주도하여 만들었으며 좌·우 세력이 대규모로 참가하여 만든 전국적인 조직이었다.

52
기타 해외 독립운동 조직

　일본의 지배가 한국에게 유익하다니? 한국의 농민들이 일제의 지배를 환영한다고? 스티븐슨은 거짓말로 국제사회를 속이려 하는 자다. 이런 자가 외교고문으로 있다면 세계인들은 우리가 일제에게 자발적으로 복종하려는 줄 알 것이다. 총을 움켜쥐었다. 자동차 한 대가 도착했다. 문이 열리고 스티븐슨이 나왔다. 스티븐슨은 여유롭게 웃으며 빌딩으로 들어가려 했다. 그때 전명운 동지가 뛰어나가 방아쇠를 당겼다. 아뿔사! 총소리가 나지 않는다. 불발이다. 움찔했던 스티븐슨은 총이 발사되지 않자 전명운 동지에게 달려들었다. 전명운 동지는 총으로 스티븐슨의 얼굴을 내리치고 몸을 돌려 자리를 피하려고 했다. 스티븐슨은 곧바로 전명운 동지를 쫓아 뛰려고 했다. 스티븐슨의 뒤통수가 눈에 들어왔다. 더없이 좋은 기회다. 총을 꺼내 내리 세 발을 쏘았다. 스티븐슨은 바닥에 나뒹굴었다. 경찰서에 붙잡혀 있는데 이틀 뒤 스티븐슨이 죽었다는 소식이 들렸다. '나는 배움도 부족하고 능력도 없어 조국을 위해 무언가를 하고 싶어도 할 일이 없었는데, 역적 놈을 죽였으니 작으나마 조국을 위한 일을 했구나. 내 소임을 다했으니 이제 죽어도 한이 없다' 이런 생각이 드니 마음이 가볍고 차분해졌다.

_스티븐슨을 저격한 장인환 님의 일기

한국사 그물망

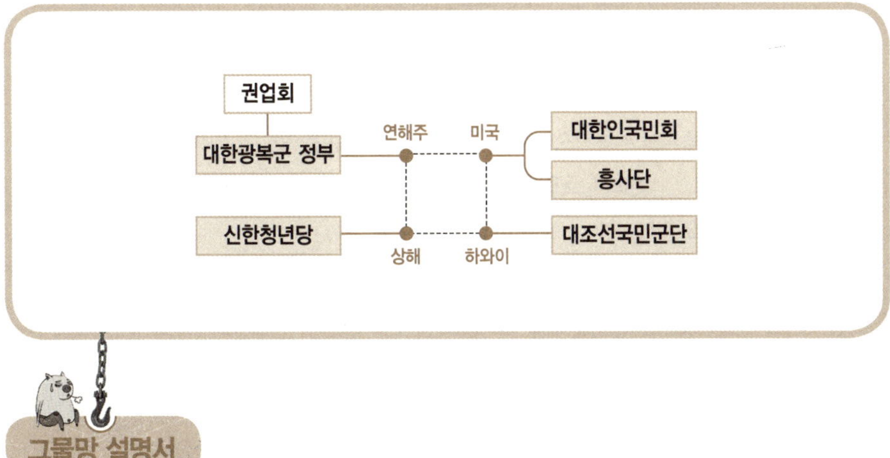

그물망 설명서

연해주에서는 대한광복군정부와 권업회, 상해에서는 신한청년당이 활동했다. 미국에서는 대한인국민회와 흥사단이 독립운동을 전개했으며, 하와이에서는 대조선국민군단이 활동했다.

한국사 어휘사전

대한인국민회 1909년. 미국에 이민을 간 한국인들이 세운 항일독립운동 단체. 장인환과 전명운이 스티븐슨을 사살한 사건을 계기로 1909년 '국민회'를 조직했고, 1910년 '대한인국민회'로 이름을 바꿨다. 재외 한국인의 권익을 지키고, 항일독립운동을 벌였다.

흥사단 1913년. 안창호가 샌프란시스코에서 자주독립을 위한 실력을 기르기 위해 결성한 민족운동 단체.

권업회　　　1911년. 연해주 블라디보스토크 신한촌에 결성된 독립운동 단체. 연해주에 사는 한국인의 권익 보호와 독립을 위해 활동했다. 1914년에 대한광복군 정부를 조직하였다.

대한광복군 정부　　　1914년. '권업회'를 바탕으로 조직한 망명 정부. 이상설을 대통령으로, 이동휘를 부통령으로 해서 항일무장독립운동을 벌이기 위해 결성했다.

대조선국민군단　　　1914년. 독립군을 길러내기 위해 하와이에서 박용만이 조직한 독립군 교육 단체.

신한청년당　　　1918년. 중국 상해에서 청년들의 독립운동을 위해 결성한 청년단체. 미국 윌슨 대통령에게 독립 청원서를 전달했고, 1919년 1차 세계대전 처리를 위해 열린 파리강화회의에 김규식을 파견했다.

53

역사와 말, 바로세우기

"누구냐? 도대체 누가 조선말을 쓰느냐? 빨리 일어나지 못해? 셋을 셀 때까지 일어나지 않으면 모조리 벌을 받을 줄 알아라! 하나! 둘!"

한 아이가 일어났다. 평소에도 나의 지도를 잘 따르지 않던 아이다. 잘 걸렸다. 이 기회에 다시는 반항하지 못하게 만들겠다. 나는 매를 들어 엉덩이와 종아리를 무자비하게 때렸다. 다시는 조선말을 쓸 엄두를 내지 못하게 만들겠다는 결심으로 때렸다. 그런데, 이놈 봐라! 어린놈이 입을 꽉 깨물고 신음소리조차 내지 않는다. 매가 쪼개지고 바지에는 피가 배어나왔다. 나는 분을 이기지 못하고 발로 걷어찼다. 녀석은 바닥에 나뒹굴면서도 신음소리 한 번 내지 않았다. 녀석의 멱살을 잡아 일으켜 뺨을 때리려는데 독기가 서린 아이의 두 눈과 마주쳤다. 맞는다고 굴복할 놈이 아니다. 본보기를 보이려 했는데 다른 녀석들에게 악영향만 끼치게 생겼다.

"매만 들어서는 안 돼. 정신을 바꿔야지." 하는 선배 교사의 충고에 "애들은 매로 다스리면 됩니다." 하고 대꾸했는데 선배가 옳았다. 이 녀석들의 정신을 바꿔야 한다. 정신을 바꾸는 데는 역사가 최고다. 내일부터는 조선의 역사가 얼마나 비참과 굴종으로 가득 차 있는지 가르쳐야겠다고 다짐했다.

_일본인 교사의 일기

한국사 그물망

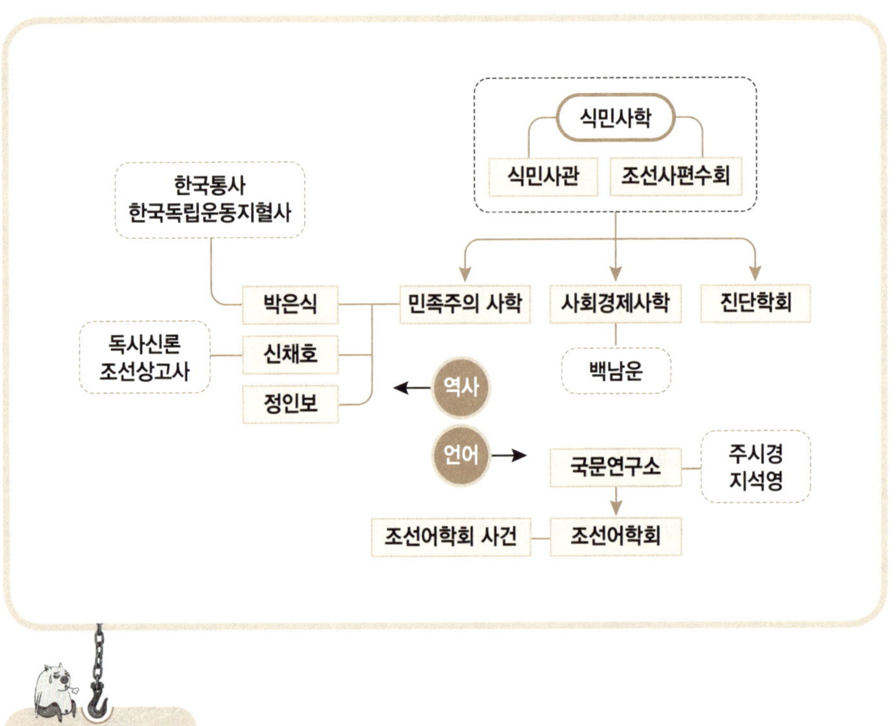

일제는 조선사편수회 등을 통해 식민사학을 만들어 조선의 지배를 정당화하고 한국인에게 굴종 의식을 주입하려고 했다. 식민사학을 통해 식민사관을 퍼뜨림으로써 민족의식을 꺾으려고 하였다. 박은식, 신채호, 정인보 등 민족주의 사학자들은 일제의 식민사학에 정면으로 맞섰다. 박은식은 『한국통사』와 『한국독립운동지혈사』를 지었으며, 신채호는 「독사신론」과 『조선상고사』를 지었다. 백남운은 사회경제사학을 통해 일제의 식민사관에 저항했으며, 진단학회는 객관적인 자료 연구를 통한 역사연구를 하였다. 식민사학의 흔적은 아직도 끈질기게 남아 잘못된 역사관을 형성하는 데 영향을 끼치고 있다. 일제는 민족혼을 꺾는데 우리말을 없애는 것이 핵심임을 알고 우리말을 말살하기 위해 끝없이 시도했다. 주시경, 지석영은 국문연구소를 통해 우리

말 연구의 시작을 알렸으며, 조선어학회는 우리말을 지키기 위해 치열하게 활동했다. 일제는 조선어학회 사건을 통해 우리말을 지키려는 학자들을 탄압했다.

한국사 어휘사전

식민사학 우리나라 역사가 뒤떨어지고, 우리 민족이 형편없으며, 식민지 지배를 받을 수밖에 없는 민족이라고 깎아내리기 위해 일제가 만든 역사학. '조선은 당파 싸움 때문에 망했다', '한국인은 모래알이라 단결하지 못한다', '한국은 반도국가로 강대국에 시달릴 운명이다' 등이 식민사학이 만든 대표적인 관점이다. 일제는 식민사학을 통해 일제의 지배를 정당화했으며, 친일파들은 자신들의 친일 행위를 올바른 것으로 포장했다. 식민사학은 아직도 우리 사회 곳곳에 남아 우리 역사를 왜곡하고 있다.

식민사관 식민사학으로 본 역사관. 타율성론, 정체성론, 당파성론이 핵심이다. ①타율성론 : 한국사는 외세의 간섭과 압력으로 형성된 타율적인 역사다. ②정체성론 : 한국사는 자본주의적인 발전을 하지 못하고 봉건사회에 정체되어 있었던 역사다. ③당파성론 : 한민족은 단결하지 못하고 모래알처럼 흩어지는 민족이다.

조선사편수회 식민사학을 만들어 우리나라 역사를 왜곡한 총독부의 연구기관. 식민사관을 담은 역사책인 『조선사』를 써서 식민사학을 널리 퍼뜨렸다.

민족주의 사학 한민족의 우수성을 강조하고 한국의 자발적이고 주체적인 발전의 역사를 주장했던 역사학. 신채호, 박은식, 정인보 등이 핵심 인물이다.

신채호 고대사를 중심으로 민족주의 사학을 정립한 독립운동가이자 역사학자. '역사는 아(我)와 비아(飛蛾)의 투쟁'이라는 관점에서 민족사학을 정립했다. 대한매일신보에 연재한 「독사신론」을 통해 우리 역사의 전통을 단군에서 부여, 고구려로 계승되는 역사로 새롭게 제시했으며, 나당연합을 반민족 행위로 비판했다. 독사신론에 나타난 역사적 관점을 바탕으로 우리나라 고대역사를 체계화한 『조선상고사』를 저술하였다. 폭력혁명으로 일제를 물리쳐야 한다는 「조선혁

| 박은식 | 명선언」_(의열단)을 쓸 정도로 비타협적인 독립운동가였다. |

명선언」(의열단)을 쓸 정도로 비타협적인 독립운동가였다.

박은식　민족의 독립을 위해 헌신한 독립운동가이자 역사학자. '국혼(國魂)'을 강조하며 국혼만 바로 세우면 나라를 잃어도 다시 되찾을 수 있다고 강조하며, 국혼을 깨우기 위한 역사 서술의 중요성을 강조했다. 『유교구신론』, 『한국독립운동지혈사』, 『한국통사』 등을 저술했다. 『유교구신론』을 통해 명분과 이치 중심의 주자학이 아닌 실천 중심의 양명학이 유교의 중심이 되어야 하며, 불교와 기독교처럼 민중을 위하는 유교로 바뀌어야 함을 강조했다. 『한국독립운동지혈사』에서는 1984년부터 1920년까지 일제의 침략과 독립운동 과정을 담았고, 『한국통사』에서는 고종이 왕위에 오른 때부터 일제가 조선을 식민지로 완전히 점령할 때까지 일제의 침략과정을 폭로하였다. 『한국통사』의 영향력이 커지자 이를 두려워한 일제가 식민사관을 담은 『조선사』를 펴낼 정도로 『한국통사』가 끼친 영향은 매우 컸다.

정인보　독립운동가이며 교육자이자 역사학자. 민족정신은 얼이며, 문화 주체성을 유지해야 민족 독립이 가능하다는 판단아래 '조선학 운동'을 전개했다. 신채호의 민족주의 사학을 이어받았으나, 과학적인 사료를 바탕으로 역사를 연구한 새로운 민족주의 사학의 길을 열었다.

사회경제사학　역사발전의 보편적인 법칙(원시공산사회 → 노예사회 → 봉건사회 → 자본주의사회)이 한국사에도 적용됨을 입증하여 일제의 정체성론을 비판했던 역사학. 백남운이 『조선사회경제사』(1933)를 통해 주장했으며, 한국사가 봉건사회에서 정체되었다는 일제의 '정체성론'을 효과적으로 반박했다.

진단학회　1934년 결성. 문헌과 사료와 같은 객관적인 자료를 바탕으로 역사를 연구했던 학술 단체. 이병도, 손진태 등이 중심이 되어 역사와 문화, 언어를 연구했다.

국문연구소　1907년. 주시경과 지석영이 주도하여 만든 한글연구기관. 한글의 원리를 정리하고 한글의 언어학적 이론을 정립하였다.

주시경　한글을 연구하고 지키는 활동을 통해 독립운동을 했던 국어학자. 『국어문법』 등을 저술하여 한글 맞춤법 통일안 기본 이론을 제시하였다.

지석영　종두법을 처음 도입한 의사이자 한글 보급과 연구에 힘쓴 국어학자. 『자전석요』를 통해 한자 해석의 새로운 방법을 제시했다.

조선어학회   1921년 창립. 우리말 연구를 통해 독립운동을 했던 연구단체. 1921년 '조선어 연구회'라는 이름으로 창립했으며 우리글을 부르는 명칭을 '한글'로 정했다. 1926년 '한글날(처음엔 가갸날)'을 선포하고, 1927년에 기관지 《한글》을 창간했다. 1931년 '조선어학회'로 이름을 바꾼 뒤 1933년 '한글 맞춤법 통일안'을 발표했다.

조선어학회사건   1942년. 일제가 한글을 연구하는 조선어학회를 독립운동 단체로 몰아서 처벌한 사건. 일제는 민족말살정책을 펴며 한글 사용을 금하고 일본어만 사용하도록 강요했는데, 조선어학회가 한글 연구와 보급 활동을 펴자 이를 독립운동으로 간주하고 처벌했다. 학회 회원들을 구속한 뒤 '한글 연구는 독립운동이다'는 자백을 받기 위해 모진 고문을 했다. 이 사건으로 조선어학회는 해산당했고, 광복 후 '한글학회'로 재탄생했다.

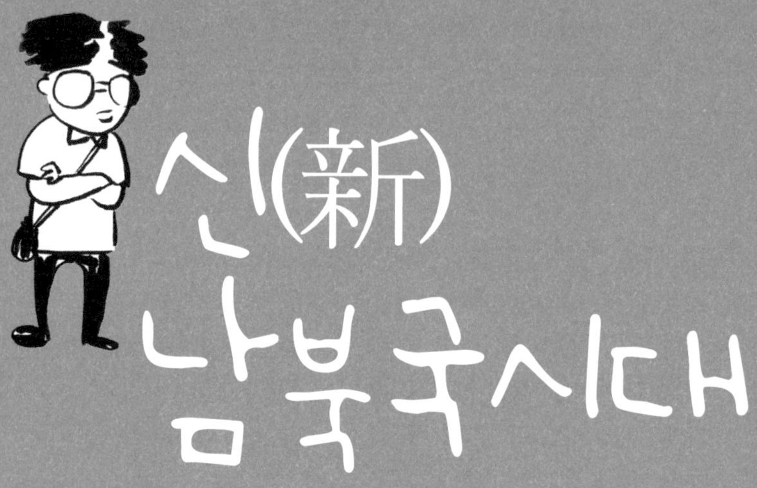

신(新)
남북국시대
: 한국현대사, 시기별 핵심 특징을 정리하라

1920
1910
1930

5장

1980

광복과 분단

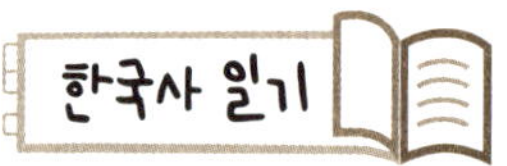

술집에 앉아 있는데 옆에서 두 사람이 논쟁을 벌였다.

"모스크바에서 3개국 외상이 모여서 우리나라를 신탁통치하기로 했다니, 그게 말이 돼? 일제 식민지에서 겨우 벗어났는데 또다시 식민지처럼 우리를 지배하겠다는 속셈이잖아."

"이 친구야. 3개국 외상이 합의한 내용의 핵심은 신탁통치가 아니라 임시정부 수립이야. 임시정부를 수립한 뒤에 차근차근 독립을 준비하자는 거지. 그게 왜 문제야? 신탁통치는 임시정부를 안정되게 만들기 위한 과정이라고."

"왜 우리가 임시정부를 수립해? 지금 당장 해야지. 그리고 신탁통치는 말 그대로 강대국의 통치야. 다시 식민지를 만드는 거라고."

"이 친구 참 답답하네. 아니라니까."

나는 본능적으로 지금이 기회임을 알았다. 신탁통치 반대 운동의 기세가 무섭다. 좌익은 찬탁을 한다. 이럴 때 반탁운동을 하면 내가 친일했던 과거를 묻어버릴 수 있다. 다시없는 기회다. 과거 친구들도 불러 모아서 적극적으로 반탁운동에 나서야겠다.

_반탁운동에 나선 친일파의 일기

한국사 그물망

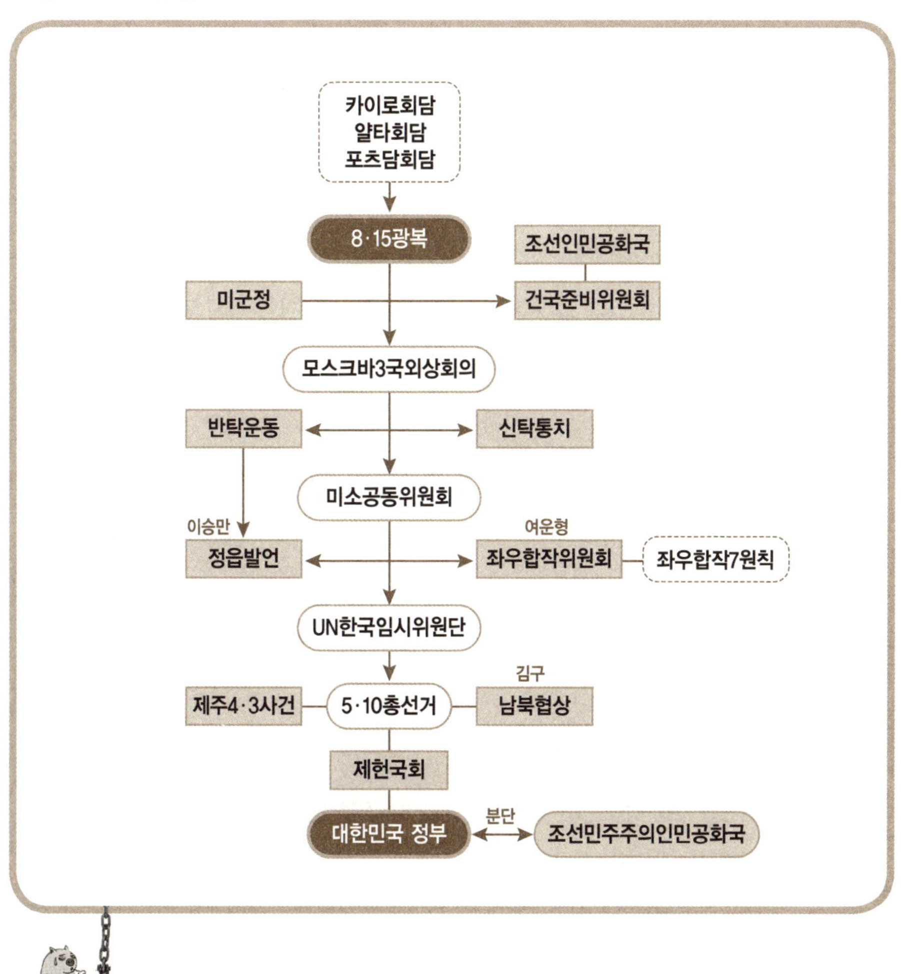

그물망 설명서

국제사회는 카이로회담, 포츠담회담을 통해 한국의 독립을 보장하겠다고 약속했으며, 얄타회담은 소련군 진주의 원인이 되었다. 1945년 8월 15일 일본 패망과 함께 독립이 찾아온다. 여운형이 이끄는 건국준비위원회는 독립국가 건설을 준비하였다. 38선 이북은 소련군이, 이남은 미군이 진주한다. 건국준비위원회는 조선인민공화국을 수립해 미군정과 협상에 유리한 구도를 만들려 하지만, 미군정은 조선인민공화국을 인정하지 않는다. 해방 후 가장 결정적인 사건은 모스크바3국외상회의였다. 모스크바3국외상회의에서 한국의 독립을 위해 임시정부를 수립하고, 임시정부 수립을 위해 미소공동위원회를 열고, 최대 5년 동안 신탁통치를 하기로 결정한다.

신탁통치 결정이 알려지자 격렬한 반탁운동이 벌어졌고, 반탁운동을 등에 업고 친일파들이 다시 득세하기 시작한다. 신탁통치를 둘러싼 좌우대립이 격렬해지는 상황에서 미소공동위원회가 열리나 의견 차이를 좁히지 못하고 결렬된다. 이에 이승만은 정읍발언을 통해 남북분단을 받아들여야 한다고 주장한 반면, 여운형은 좌우합작위원회를 만들어 통일 국가 건설을 포기하지 말아야 한다고 주장한다. 미소공동위원회가 결렬된 뒤 한반도 문제는 UN으로 넘어가고, UN은 한국임시위원단을 파견해 한반도 전체에서 총선거를 실시하려고 한다. 그러나 북한이 거부하면서 남한만의 단독선거가 치러진다.

5·10단독선거를 추진하는 과정에서 제주4·3사건이 발생하고, 김구는 남북협상을 위해 38선을 넘지만 실패하고 나중에 암살당한다. 5·10총선거 결과 제헌의회가 결성되고, 제헌의회를 통해 1948년 8월 15일 이승만을 대통령으로 한 대한민국 정부가 출범한다. 1948년 9월 9일 김일성을 수상으로 조선민주주의인민공화국이 출범하면서 한반도는 두 개의 정부로 분단된다.

한국사 어휘사전

카이로회담　　1943년. 미국, 영국, 중국 지도자들이 모여 2차 세계대전 진행과 전후 처리 문제를 논의한 회의. 한국의 독립을 확인했다.

얄타회담   1945년. 미국, 영국, 소련의 지도자들이 모여 2차 세계대전 뒤처리와 소련군의 대일본전쟁 참가를 결정한 회의. 소련군이 한반도에 진주하는 원인이 되는 회담이다.

포츠담회담   1945년. 영국, 미국, 소련, 중국 대표들이 모여 일본의 무조건 항복을 요구하고 한국의 독립을 다시 확인한 회담.

8·15광복   1945년 8월 15일. 한민족이 일본제국주의의 식민지 지배에서 벗어난 사건. 1910년 8월 29일 일제가 대한제국을 강제 점령한 뒤 빼앗겼던 민족 자주권을 35년 만에 회복했다. 광복은 태평양전쟁에서 연합군이 승리한 덕분이기도 하지만, 독립운동가들이 목숨을 걸고 싸운 덕분에 찾아왔다. 우리 민족 스스로 우리를 다스릴 권리를 회복했기에 빛을 다시 찾은 날이라 하여 '광복절'이라 한다.

건국준비위원회   1945년 8월 15일. 조선건국동맹을 토대로 광복 뒤 건국을 준비하기 위해 여운형이 주도하여 결성한 조직. 조선총독부에서 인수한 치안권을 바탕으로 각 지역의 치안과 행정을 담당하기도 했다.

조선인민공화국   1945년 9월. 건국준비위원회가 미군 주둔을 대비하여 중앙 조직을 실질적인 정부 형태로 바꾸고, 지방은 인민위원회 행태로 개편하여 선포한 것. 미군 주둔 뒤 한국의 독립과 정부 구성에 유리한 조건을 만들려는 의도였다.

미군정   1945년 9월 8일~1948년 8월 14일. 38도선 이남에 진주한 미군이 대한민국 정부 수립까지 남한 전역을 지배한 군사 통치 체제. 미군정은 조선인민공화국, 임시정부 등 한국인이 만든 모든 행정조직을 부정하고 자신들이 직접 38도선 아래를 통치했다.

모스크바3국외상회의   1945년 12월. 미국, 영국, 소련의 외무장관이 한국의 독립을 위해 임시정부를 수립하기로 결정한 회의. 임시정부를 수립하기 위해 미소공동위원회를 열고 최대 5년 동안 신탁통치를 하기로 결정했다.

신탁통치   독립해서 나라를 다스릴 힘이 없는 국가를 UN감독 아래 강대국이 대신 다스리는 제도.

반탁운동   신탁통치를 반대하고 즉각적인 독립을 지지하는 운동. 좌파와 중도 세력은 처음에는 반탁운동을 함께 하다 모스크바3국외상회의 결정의 핵심이 '임시정부' 수립에 있다고 보고, 지지로 돌아서면서 좌우 대립이 격렬하게 벌어졌다. 친일파들이 신탁통치 반대운동에 열심히 참여하면서 권력의 중심부에 다시 들어섰다.

미소공동위원회　모스크바3국외상회의 결정에 따라 임시정부 구성을 위해 1946년 3월(1
차)과 1947년 5월(2차)에 미국과 소련이 진행한 회담. 임시정부 구성 논의에 참가
할 정당과 단체의 자격을 두고 소련과 미국이 마찰을 빚다 무산되었다. 소련은
모스크바3국외상회의 결정을 지지하는 쪽만 협의 대상으로 참가시키려고 했으
나, 미국은 신탁통치를 반대하는 세력까지 미소공동위원회에 협의 대상으로 참
가시키자고 주장하다 결국 결렬되었다.

정읍발언　1946년 6월. 1차 미소공동위원회가 결렬된 뒤 정읍에서 남한만의 단독 정부 수
립을 주장한 이승만의 발언. 이 발언 뒤 이승만은 단독정부 수립을 강력히 주
장하고 미국에 이를 요구하였다.

좌우합작위원회　1946년 7월. 중도 좌파인 여운형과 중도 우파인 김규식이 중심이 되어
좌우세력을 통합하여 하나의 정부를 수립하는 운동을 벌이기 위해 결성한 위원
회. ‘좌우합작7원칙’을 제시하며 좌우세력을 단결을 이루려 하였으나, 신탁통치
와 토지 문제 등에서 좌우의 의견 대립이 심해지고, 처음에 좌우합작위원회를
지지했던 미군정이 지지를 철회하자 어려움을 겪었다. 좌우합작위원회를 주도
하던 여운형이 암살당하면서 좌우합작운동은 실패로 끝난다.

좌우합작7원칙　좌우합작위원회가 제시한 7가지 원칙으로, 좌우합작으로 민주주의 임
시정부 수립, 미소공동위원회 빠른 시간 내에 다시 개최 요청, 친일파와 민족반
역자는 입법기구(국회)에서 처리, 정치 자유 보장과 테러 행동 금지, 농민에게 토
지를 무상으로 분배하는 토지개혁 및 주요 산업의 국유화 등을 핵심으로 한다.

UN한국임시위원단　1948년 1월. 2차 미소공동위원회(1947.5.)가 실패로 끝난 뒤 유엔총회
(1947.11.)에서 남북한 총선거로 국회를 구성하고 통일정부를 만들 것을 결정함에
따라 이를 시행하기 위해 유엔이 파견한 8개국 대표로 구성된 위원단. 북한이
입국을 거부함에 따라 UN은 소총회(1948.2.)를 열어 남한만의 단독 선거를 결정
한다.

남북협상　1948년 4월. 남북을 분단으로 이끄는 남한만의 단독 선거를 반대하고 남북을
하나로 묶는 통일된 국가를 세우기 위해 김구, 김규식 등이 평양에 가서 벌인
회담. 단독 선거 반대와 통일정부 수립에 합의했으나 추진할 실질적인 힘이 없
어 실패했다. 결국 김구는 남한만의 단독 선거에 참여하지 않았다.

제주4·3사건　1948년 4월 3일, 남한만의 단독 정부 수립에 반대해 남로당 제주도당이 무장봉기를 일으켰고, 이를 진압하는 과정에서 죄 없는 주민들이 많이 희생된 사건. 5월 10일 남한만의 단독 선거를 반대하며 남로당 제주도당이 무장봉기를 일으켰고, 미군과 육지에서 파견된 군대 및 서북청년단이 이를 진압했다. 그런데 진압 부대들은 2만5천~3만여 명에 이르는 죄 없는 주민들을 학살했다. 2003년 10월 노무현 전 대통령은 '제주4·3사건에서 정부가 명백한 잘못을 저질렀다'며 제주 도민에게 공식 사과했다.

5·10총선거　1948년 5월 10일. 우리나라에서 처음으로 실시한 민주 선거. 민주 정부에 꼭 필요한 헌법을 만들기 위한 국회의원을 뽑는 선거였다. 좌익세력, 김구 등은 남한만의 단독정부 수립에 반대하며 선거에 참여하지 않았다.

제헌국회　남한만의 단독 총선거에 의해 탄생한 첫 번째 국회. 헌법을 만드는 국회라 하여 제헌국회라 한다. 삼권분립, 대통령중심제, 국회의 간접 선거를 통한 대통령 선출을 핵심 내용으로 하는 헌법을 만들었다.

대한민국 정부　제헌국회에서 만든 헌법에 따라 이승만을 대통령으로 선출하고 1948년 8월 15일에 대한민국 정부가 출범한다.

조선민주주의인민공화국　1948년 9월 9일 김일성을 수상으로 하여 출범한 북한의 정식 국가 명칭. 이로써 한반도에 두 개의 정부가 들어서면서 고려가 한민족을 하나로 통일한 이후 1,000여 년 만에 한민족이 둘로 나뉘는 비극이 발생한다.

6·25전쟁

아이가 무서운 듯 도망간다. 임신한 여인은 공포에 질린 아이의 등을 토닥인다. 젖먹이를 안은 여인의 팔이 앙상해서 애처롭다. 엄마와 딸이 두 손을 꼭 잡고 서로를 의지하지만 무기력하다. 건장한 알몸의 남성들이 머리에 갑옷을 두른 채 칼과 총을 어린 아이와 여인들을 향해 겨눈다. 세 갈래로 갈라진 총구가 여인들과 아이들의 미래를 말해준다. 여인들과 아이들을 뒤덮은 공포와 차갑고 검은 군인들의 눈동자가 비극적 대비를 이룬다.

눈을 감았다. 알몸의 군인들은 손가락을 감정 없이 움직인다. 총이 운다. 피가 튄다. 아이에게 날아드는 총을 몸으로 막아서는 마지막 엄마의 사랑이 가냘프게 통곡한다. 울부짖음은 총소리에 묻히고, 핏물만이 군홧발을 적신다. 눈을 뜨기 두렵다. 혹시라도 눈을 뜨면 상상 속 장면이 펼쳐질까 봐 무섭다. 피카소가 그린 「한국에서의 학살」은 곧 벌어졌을 공포를 숨긴 채 통곡하기 직전이었다. 내 상상 속에선 비극적 학살이 넘쳐흘렀다. 심장이 미친 듯 뛰었다. 입을 꽉 깨물며 뛰는 심장을 진정시키려 했지만 맥박은 더 빨라졌다. 1950년, 한국에서 벌어진 처참한 전쟁의 상흔이 내 삶과 의식을 깊이 뒤흔들었다.

_「한국에서의 학살」을 본 유럽인의 일기

한국사 그물망

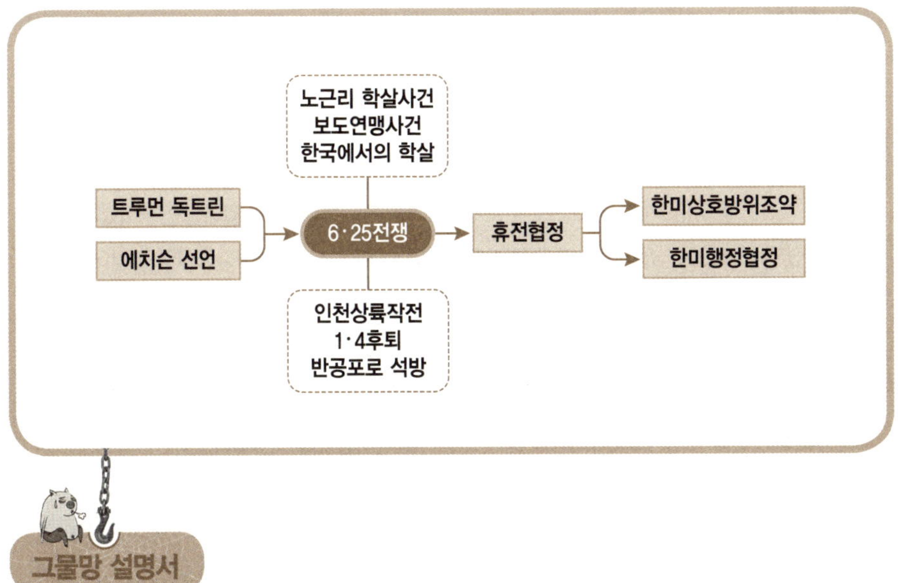

그물망 설명서

트루만 독트린과 에치슨 선언은 남과 북의 전쟁 위기를 고조시킨 국제적인 배경이다. 1950년 6월 25일 북한의 공격으로 전쟁이 시작된다. 6·25전쟁은 북한군 남침(1950.6.25) → 낙동강전투 → 인천상륙작전(9.15) → 서울수복(9.28) → 38도선 돌파(10.1) → 중국군 참전(10.25) → 흥남철수 → 1·4후퇴(1951.1.4) → 서울 재탈환 후 38도선을 중심으로 공방전 → 휴전회담 시작(1951.7) → 휴전협정체결(1953.7.27)로 전개된다. 초기 북한군의 공격에 밀렸지만 인천상륙작전 뒤에는 남쪽이 우세하였다. 그러나 중국군이 참전하면서 다시 북쪽이 우세하게 되었고, 이후 38선 근처에서 치열한 공방전이 벌어졌다. 전쟁 도중에 노근리 학살사건, 보도연맹사건 등이 벌어져 많은 민간인들이 학살당했다. 피카소는 「한국에서의 학살」을 그려 민간인 학살을 고발했다. 휴전협상이 벌어지는 동안 반공포로 석방 문제가 생기기도 했으나, 1953년 7월 27일 휴전협정을 체결하여 6·25전쟁은 멈춘다. 이후 한국은 미국과 한미상호방위조약과 한미행정협정(SOFA)를 체결해 미군의 주둔을 보장한다.

트루먼 독트린　1947년. 공산주의 세력의 확대를 막기 위해 미국이 적극적인 대외 정책을 펴겠
다고 한 미국 트루먼 대통령의 선언. 트루먼 독트린은 냉전이 세계 차원에서 벌
어지는 계기가 되었고, 6·25전쟁도 냉전의 연장선에서 벌어진 전쟁이었다.

애치슨 선언　1950년 1월. 미국 국무장관 애치슨이 태평양 지역 미군의 공산주의 방어선에서
한반도와 타이완을 제외한다고 발표한 선언. 애치슨 선언을 접한 북한은 전쟁
을 일으켜도 미군이 참전하지 않을 거라고 판단했다. 즉, 애치슨 선언은 북한이
6·25전쟁을 일으킨 하나의 원인이었다.

6·25전쟁　1950년 6월 25일 북한 군대가 38도선을 넘어 공격해오면서 일어난 전쟁. 1953
년 7월 27일 휴전협정을 체결할 때까지 수백만 명이 죽고 다쳤으며 천만 명이나
되는 이산가족이 발생했다. 6·25전쟁은 이념에 따른 남과 북의 전쟁이었을 뿐
아니라 중국과 소련을 중심으로 한 공산주의 국가와 미국을 중심으로 한 자본
주의 국가가 싸운 국제 전쟁이었다. 이후 남과 북은 철저히 서로를 원수로 여기
며 분단되었고, 세계는 소련과 미국을 중심으로 한 냉전 체제로 들어섰다.

보도연맹사건　한국전쟁 초기 좌익 활동을 했던 사람들을 중심으로 만든 조직인 국민보도연
맹의 조직원들이 북한군에 협조할 것을 우려하여 학살한 사건. 단지 국민보도
연맹원이라는 사실만으로 많은 사람들이 학살당한 사건으로 6·25전쟁 중 최초
의 집단적 민간인 학살이었다. 보도연맹사건을 겪은 이들은 북한군이 오자 반
대쪽을 보복 공격했고, 이로 인해 민간인을 향한 보복이 반복되는 악순환에 빠
졌다.

노근리 학살사건　1945년 7월. 미군의 한 부대가 충청북도에 위치한 노근리에서 민간인
수백 명을 학살한 사건. 6·25전쟁 중에는 노근리 학살 외에도 군인들에 의한
많은 민간인 학살이 있었다.

한국에서의 학살　피카소가 6·25전쟁에서 벌어지는 민간인 학살의 참상을 고발하기 위
해 그린 그림. 왼쪽에는 벌거벗은 여인과 아이들이 있고 오른쪽에는 총과 칼을
겨누는 병사들이 있다. 민간인 학살이라는 잔혹한 전쟁의 비극을 고발한 작품
이다.

인천상륙작전   1950년 9월 15일. 맥아더 장군이 지휘하는 유엔군이 인천에 상륙하여 6·25전
쟁의 상황을 완전히 뒤바꾼 작전. 인천상륙작전이 성공하면서 북한군은 보급로
가 차단당해 전세가 역전되었다. 9월 28일 서울을 빼앗은 유엔군과 한국군은
파죽지세로 북으로 밀고 올라갔다.

1·4후퇴   1951년 1월 4일. 중국군과 북한군에 다시 서울을 내주고 후퇴한 사건. 압록강까
지 진격하던 유엔군과 한국군은 중국군이 참전하면서 크게 패하여 후퇴한다.
1951년 1월 4일 서울을 내주었으나 얼마 뒤 다시 서울을 탈환했고, 이후 전쟁은
38선 부근에서 지루한 공방전을 이어간다.

반공포로 석방   1953년 6월. 이승만 대통령이 거제도에 수감 중이던 반공포로를 일방적으로 석
방한 사건. 휴전협상의 핵심 쟁점이 포로교환이었는데 북한군과 중국군은 무조
건 자동 송환을 주장했고, 유엔군은 자유의지에 의한 송환으로 맞서던 상황에
서 '송환을 원하지 않는 포로는 중립국 포로 송환위원회에 넘겨 처리'하기로 합
의했다. 그런데 휴전협정 자체를 반대했던 이승만 대통령은 휴전협정을 방해하
기 위해 반공포로를 일방적으로 석방했다. 미국은 한미상호방위조약 체결과 경
제 지원을 약속하며 이승만 대통령을 설득했다.

휴전협정   1953년 7월 27일. 6·25전쟁을 멈추기 위해 맺은 협정. 정식 명칭은 '국제연합군
총사령관을 일방으로 하고 조선민주주의인민공화국 최고사령관 및 중공인민지
원군 사령원을 다른 일방으로 하는 한국 군사정전에 관한 협정'이다. 휴전협정
에 따라 휴전선(군사분계선)을 만들고, 비무장지대를 설치했으며, 판문점에 군사
정전위원회를 꾸렸다. 휴전협정에 따라 전쟁은 멈췄지만 전쟁을 끝맺는 평화협
정이 아니기에 전쟁은 아직 끝나지 않았다. 한반도는 현재 전쟁도 평화도 아닌
어쩡쩡한 상태다.

한미상호방위조약   1953년 10월. 한국과 미국이 서로 침략을 당했을 때 도와주기로 약속
한 군사조약. 이승만 대통령이 휴전협정을 받아들이는 대가로 미군이 남한의
안전을 보장하기 위해 맺은 조약이다.

한미행정협정(SOFA)   주한미군 주둔에 필요한 사항을 규정한 협정. 지나치게 미군에 유리한
불평등한 조항이 있어 협정을 개정해야 한다는 요구가 많다. 주한민군의 한강
독극물 방류 사건, 여중생이 미군 장갑차에 치여 죽은 사건 등이 발생했을 때
SOFA(소파)개정 요구가 거세게 일었다.

56

이승만 정권

한국사 일기

　참을 수가 없다. 내가 아끼던 제자가 죽었다. 살인자는 다른 누구도 아닌 이 나라의 권력이다. 평화 시위를 하는 제자들이 총에 맞고, 칼에 맞고, 몽둥이에 맞아 죽었다. 부정선거에 항의하는 제자들의 요구는 정당했다. 노골적으로 부정선거를 저질러 민주주의를 짓밟은 자들이 왜 정의의 편에 선 나의 제자들을 죽인단 말인가? 참을 수가 없다. 이런 정권은 필요 없다. 이 정권은 더 이상 권력을 차지하면 안 된다. 그들에게 제자들의 피 값을 받아야 한다. 동료 교수들도 나와 같은 생각이었다. 그래서 우리 교수들은 내일 거리로 나가기로 했다. 어떤 교수들은 '교수는 강의실에서 강의로 말해야 한다'고 하는데 엉터리 주장이다. 제자들이 거리에서 민주주의를 요구하며 피를 흘리는데 스승 된 자가 가만히 있어야 한단 말인가? 제자들에게 민주주의를 가르쳐야 할 교수가 민주주의가 말살되는 현실을 보고 아무런 행동도 하지 않는다면, 강의실에서 무엇을 가르치겠는가? 지금 교수들이 서야할 강의실은 대학 강의실이 아니라 거리다. 지금은 거리가 곧 강의실이다. 죽어간 제자들의 한을 달래는 길은 이 땅에 민주주의의 꽃을 피우는 것밖에 없다.

_4.25교수시국선언에 동참한 교수의 일기

한국사 그물망

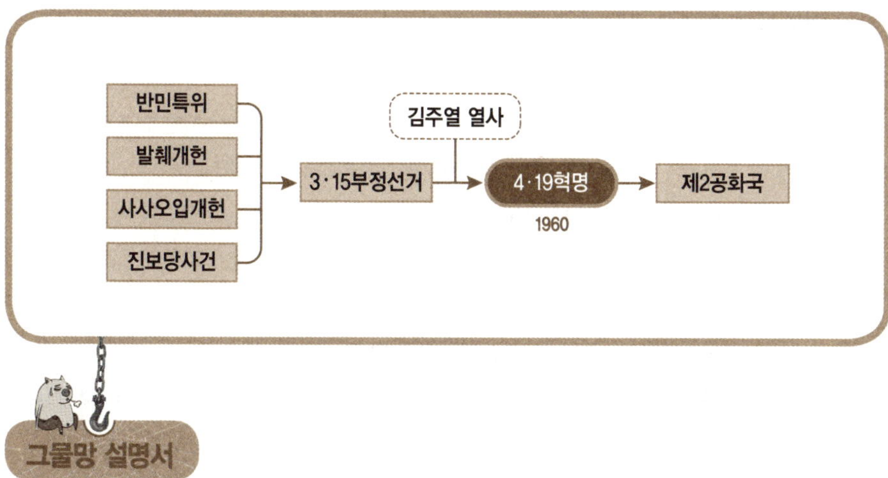

그물망 설명서

반민특위는 친일파 청산을 하려 하였으나 이승만 대통령과 친일파들의 반격으로 해체되면서 친일파 청산을 하지 못한다. 이 대가로 친일파들은 해방 후 다시 권력을 장악한다. 역사가 바른 길로 가지 못하고, 국민들의 역사 인식이 삐뚤어지는 것은 당연하다. 이렇게 과거가 청산되지 못하니 독립을 맞은 나라에서 독립운동가 후손들은 잘 살지 못하고, 친일파 후손들은 떵떵거리며 사는 비극적인 상황이 벌어진다. 이승만 대통령은 발췌개헌, 사사오입개헌 등을 통해 독재를 강화하였으며, 진보당사건을 통해 반대 세력을 반공의 이름으로 탄압하였다. 그러나 자유당이 영원히 권력을 장악하려고 시도한 3·15부정선거는 시민들의 분노를 불러일으켰고, 최루탄이 박힌 채 떠오른 김주열 열사의 시신은 4·19혁명의 도화선이 되어 이승만 정권을 무너뜨렸다. 이승만이 하와이로 망명한 뒤 들어선 정권이 제2공화국이다. 제2공화국은 대통령중심제가 아니라 내각책임제였다.

반민특위 1948년 정부 수립 뒤 친일파를 청산하기 위한 '반민족행위처벌법'에 따라 설치한 국회 특별위원회. 정식 명칭은 '반민족행위처벌특별위원회'다. 식민지에서 해방된 민족에게 가장 시급한 일은 친일파를 청산하는 일이었기에 반민특위 활동은 매우 중요했으나, 이승만 대통령과 그를 둘러싼 친일파들의 집요한 방해로 친일파 청산은 거의 이뤄지지 않았다. 도리어 반민특위에서 활동하던 독립운동가들이 간첩으로 몰려 체포됐고, 반민특위는 강제로 해산 당했다.

발췌개헌 1952년 7월. 대한민국 정부 수립 뒤 첫 번째 헌법 개정. 정부 측이 제시한 안과 국회가 제시한 안을 '발췌하여 절충하였다' 하여 발췌개헌이다. 1950년 5월에 실시된 2대 국회의원 선거에서 이승만 반대 세력이 대거 당선되면서, 국회에서 대통령을 선출하는 제도로는 이승만이 다시 대통령에 뽑힐 가능성이 없었다. 대통령 직선제가 당선에 유리하다고 판단한 이승만은 계엄을 선포하고, 폭력조직과 경찰을 동원하여 공포 분위기를 만들었다. 헌법 표결도 비밀투표가 아니라 기립 표결로 결정하였다.

사사오입개헌 1954년. 초대 대통령은 대통령을 제한 없이 계속해도 되게 바꾼 두 번째 헌법 개정. 당시 헌법은 대통령은 두 번(중임)만 할 수 있었으나 이승만은 장기집권을 위해 초대 대통령은 예외를 두려는 헌법 개정을 시도했다. 투표 결과 재적의원 $\frac{2}{3}$에 1표가 못미치는 135표로 헌법개정안은 부결되었다. 그러나 이승만은 재적의원 $\frac{2}{3}$는 135.333인데 0.333은 사사오입의 원리에 따라 버려야 하는 숫자이므로 135명 찬성은 헌법이 통과된 것으로 해야 한다고 억지 주장을 펴서 헌법을 개정했다.

진보당사건 1958년 1월. 이승만 대통령에게 큰 위협이 되었던 야당인 진보당이 북한과 비슷한 주장을 한다며 해산시키고, 1956년 대통령 선거에서 이승만을 위협했던 조봉암을 간첩죄로 사형시킨 사건. 재판을 통해 사건은 조작으로 밝혀졌고 대부분 무죄가 선고되었으나, 조봉암만은 사형을 선고 받고 이미 죽임을 당한 이후였다.

3·15부정선거 1960년 3월 15일. 이승만 대통령의 자유당 정권이 저지른 대규모 부정선거. 4·19혁명의 직접적인 원인으로 자유당 정권은 몇 명씩 모둠을 지어 하는 공개 투표, 다른 사람 대신 투표하는 대리투표, 투표함 바꿔치기, 투표결과 조작 등 수많은 부정선거를 저질렀다.

김주열 열사 3·15부정선거 규탄 시위에서 행방불명된 고등학생 김주열이 4월 11일에 마산 앞바다에서 최루탄이 머리에 박힌 채 떠올랐다. 김주열 열사의 시신은 경찰의 잔혹한 진압을 보여준 증거였으며, 이에 분노한 시민들이 전국적으로 들고 일어났다.

4·19혁명 1960년 4월 19일. 학생과 시민이 뭉쳐서 독재자 이승만과 자유당 정권을 몰아낸 민주주의 혁명. 4월 19일에 시민과 학생들이 대규모 시위를 벌였는데 이승만 정권은 경찰과 깡패를 동원해 무자비하게 진압했고, 수많은 사람들이 죽거나 다쳤다. 이에 시위는 더욱 격렬하게 확대되었고 결국 이승만은 대통령에서 물러나 하와이로 망명하였다. 4·19혁명 정신은 3·1 운동과 더불어 우리나라 민주주의 정신의 뿌리다.

제2공화국 4·19혁명으로 이승만 정권이 무너진 뒤 내각제를 바탕으로 성립된 권력 체제. 대통령은 윤보선이었지만, 장면이 내각 수상으로서 실질적으로 나라를 다스렸다. 그러나 5·16군사정변으로 제2공화국이 무너지면서 4·19혁명은 완성되지 못한 '미완의 혁명'으로 남게 되었다.

57

박정희 정권

한국사 일기

아프다. 너무도 아프다. 수십 일 동안 당한 고문 때문만은 아니다. 고문을 이겨 내지 못하고 어쩔 수 없이 간첩이었노라고 거짓 자백을 한 나를 자책하기 때문도 아니다. 말도 안 되는 조작 사건인 줄 알면서도 진짜 간첩단으로 판결한 비겁한 법관들에 대한 분노 때문도 아니다. 동료들이 죽었기 때문이다. 동료들은 어제 대법원에서 확정판결을 받은지 하루도 지나지 않아 오늘 새벽 모조리 죽임을 당했다. 이건 살인이다. 법이란 껍데기는 썼으나 이건 명백한 살인이다. 차라리 그냥 살인자가 더 낫다. 그들은 법의 이름으로 거짓을 정의라고 주장하지는 않는다. 아! 억울하게 살해당한 동료들의 원한이 구천을 떠돈다. 그들이 나를 찾아와 통곡한다. 이 원한을 갚아달라고, 이 억울함을 풀어달라고 눈물로 호소한다. 그래서 아프다. 갇힌 몸으로 친구들의 원한을 갚지도 못하고 무기력하게 당하는 내 처지가 억울하여 아프다. 동료들의 한을 풀어줄 길이 막막하여 고통스럽다. 아! 이 깊고 깊은 한을 언제 어떻게 푼단 말인가? 유신 독재의 어둠을 어떻게 물리친단 말인가?

_제2차 인혁당사건 수감자의 일기

한국사 그물망

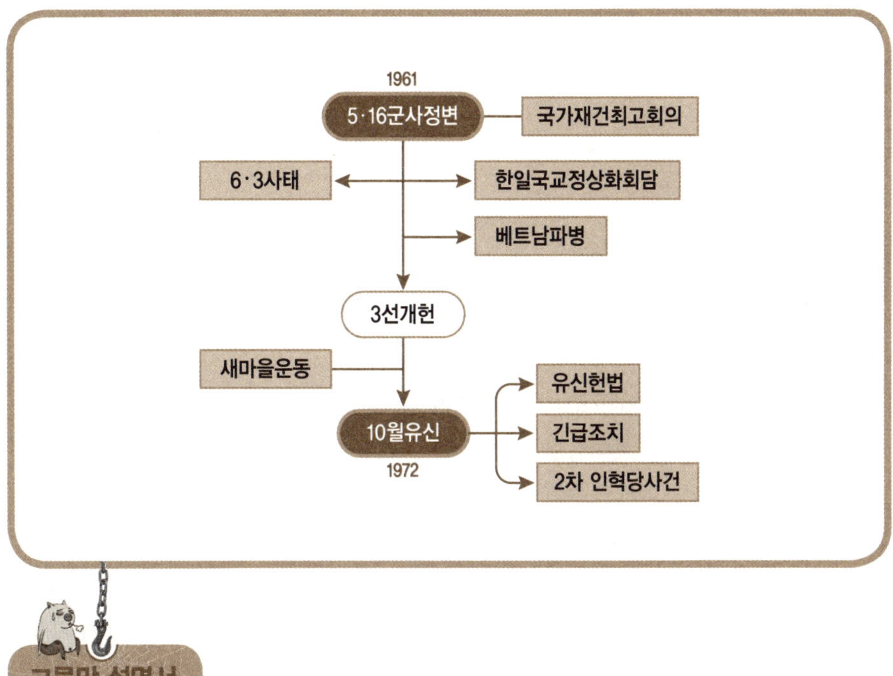

그물망 설명서

1961년 5월 16일, 박정희가 이끄는 군인들이 5·16군사정변을 일으켜 권력을 장악한다. 국가재건최고회의는 군사정권의 최고 통치기구였다. 대통령이 된 박정희는 경제개발과 반공에 국력을 집중한다. 경제개발을 위해 한일국교정상화회담을 진행하지만 시민들은 거세게 저항한다. 그러자 박정희 대통령은 한일국교정상화를 반대하는 6·3시위를 진압하기 위해 계엄령을 선포한다. 또한 미국의 요청을 받아들여 베트남 전쟁에 군대를 파병한다. 이 베트남파병으로 한국군이 현대화되고 많은 외화를 벌어들였다.

1969년 박정희는 대통령이 3번 될 수 있는 3선개헌을 시도하였고, 1970년에는 농촌 개발 운동인 새마을운동을 벌였다. 그리고 1972년 영원히 권력을 장악하기 위해 10월유신을 선포하고 유신헌법을 재정한다. 유신헌법은 국민의 기본권을 보장해주지 않고 대통령의 절대권력만 보장해주는 헌법이었다. 유신헌법에 명시된 긴급조치권으로 박정희는 가혹하게 민주화 요구를 탄압했으며, 2차 인혁당 사건과 같은 간첩단 조작을 통해 권력을 강화해 나갔다.

5·16군사정변   1961년 5월 16일. 박정희가 중심이 되어 군대를 동원해 제2공화국을 무너뜨리고 권력을 장악한 쿠데타. 군대를 동원해 합법적인 정권을 내쫓았기에 5·16은 명백한 쿠데타다. 권력을 잡은 박정희는 이후 18년 동안 장기집권하며 경제개발을 이루었다고 평가받기도 하지만, 독재정치와 부정부패, 재벌 위주의 경제 개발과 농촌붕괴, 경제의 대외종속 심화 등의 이유로 많은 비판도 받는다.

국가재건최고회의   5·16군사정변을 통해 권력을 잡은 군인 세력이 세운 최고 통치 기관. 입법, 사법, 행정의 3권을 모두 장악한 절대 권력 기관이었다.

한일국교정상화회담   광복 후 국교가 끊어졌던 일본과 다시 외교관계를 맺기 위해 진행한 회담. 박정희 정권은 쿠데타를 정당화하려면 경제 개발에서 성과를 내야 했는데, 그러려면 일본의 자본이 필요했다. 미국은 소련, 중국, 북한의 공산주의 세력과 맞서려면 일본과 한국이 정상적인 외교관계로 되돌아갈 필요가 있다고 보았다. 이 두 가지 필요가 맞물려 과거 청산도 제대로 못한 채 한일국교정상화회담이 이루어진 것이다.

6·3사태   1964년 6월 3일. 식민지 지배에 대한 사과와 배상이 없이 한일국교정상화를 추진하는 박정희 정권에 반대해 항쟁이 일어나자 계엄령을 선포하고 시민들을 탄압한 사건. 시위를 진압한 뒤 박정희 정권은 1965년에 독립 축하금으로 3억 달러, 정부 차관 2억 달러, 기타 민간 상업용 차관을 받기로 하고 일본과 한일협정을 맺고 국교를 정상화한다.

베트남파병   1964~1974년. 미국이 베트남에서 벌이고 있는 전쟁에 한국군을 파병한 사건.

한국의 경제 개발과 국군 현대화 작업을 적극 지원한다는 미국의 약속을 받고 한국군을 베트남에 파병했다.

3선개헌 1969년. 대통령을 3번까지 가능하도록 한 여섯 번째 헌법 개정. 박정희 대통령의 장기집권이 가능하도록 헌법을 개정했는데, 야당의 반대가 심하자 국회 본회의장이 아닌 다른 곳에서 본회의를 열어 개헌안을 통과시켰다.

새마을운동 1970년 시작. 근면, 자조, 협동 정신으로 생활환경 개선과 소득 증대를 위해 추진된 농촌 개발 운동. 농촌 생활환경은 일정 부분 개선하였으나 전통 문화와 주택을 없애고 획일적인 농촌 풍경을 만드는 부작용이 있었다. 농가 소득이 증가하긴 했으나 도시와 격차가 줄어들지는 않았다.

10월유신 1972년 10월. 박정희 대통령이 민주주의 제도를 정지시키고 경제발전, 평화통일, '한국식 민주주의'를 이루겠다며 강력한 독재체제를 선포한 사건. 10월유신 이후 박정희 정권은 언론 탄압, 간첩단 조작, 인권 탄압 등을 했는데 국민들이 술자리에서 투덜거리는 말조차 처벌의 대상으로 삼았다.

유신헌법 1972년. 일곱 번째로 개정한 헌법으로 민주주의 원리를 무시하고 대통령의 독재를 보장한 헌법. 국회의 국정감사권을 폐지하고, 대통령에게 국회해산권과 국회의원 $\frac{1}{3}$ 추천권 부여, 대통령 긴급명령권 부여 등 대통령에게 무제한의 권력을 보장하는 헌법이다. 국민이 직접 대통령을 뽑는 직선제를 폐지하고 '통일주체국민회의'에서 대통령을 선출하도록 함으로써 영원한 독재가 가능하도록 하였다.

긴급조치 박정희 대통령이 독재를 강화하고 반대자를 탄압하기 위해 유신헌법을 근거로 내린 대통령 명령. 긴급조치는 대통령이 자기 마음대로 국민의 권리를 짓밟아도 괜찮은 무시무시한 제도다. 대통령과 유신헌법을 비판하기만 해도 무조건 체포했고 죄 없는 사람을 간첩으로 몰아 사형을 시키기도 했다. 2013년 헌법재판소는 긴급조치가 헌법에 어긋난다며 위헌 결정을 내렸다.

2차 인혁당사건 1974년. 인민혁명당 재건위 사건으로 도예종 등이 사형당한 사건. 1964년 도예종, 이재문 등이 인민혁명당을 만들어 북한의 지령을 받고 반란을 시도했다는 사건이 있었다. 1974년 박정희 정권은 이들이 인혁당을 재건하려고 했다며 간첩으로 몰아 사형을 선고했다. 사형을 선고한 8명은 형이 확정된 다음 날 새벽에 사형당했는데, '국제법학자협회'는 '국제 사법사상 암흑의 날'로 불렀다. 박정희 정권 시기 민청학련, 동백림 등 수많은 간첩 사건이 터졌는데, 2000년대 들어 다시 재판을 받은 결과 대부분 고문으로 조작했음이 드러났다.

58

독재와 민주의 대결

한국사 일기

　도청에는 몇 사람이 있을까? 내 눈에 보이는 사람이 전부일까? 아니 수백 명일까? 하긴 숫자는 중요하지 않다. 어차피 지금이 내 마지막 새벽이니까. 날이 밝기 전에 나는 이 땅에 육신만 남기고 영혼은 사라질 것임을 안다. 나는 왜 이 자리를 지키는 걸까? 어차피 계엄군의 진입을 막지 못하고, 저들의 총탄에 죽어갈 수밖에 없음을 알면서도 나는 이 자리를 지킨다. 살아남아 뒷날을 기약하자는 친구의 제안을 뿌리치고 내 목숨을 버리기 위해 여기 남았다. 왜 남았냐고? 다들 도망가면 안 되기 때문이다. 우리들이 모두 도망쳐 뒷날을 기약하겠다고 하는 순간, 뒷날은 없다. 살인마 전두환이 바라는 것이 바로 모두 도망치는 것이다. 모두가 도망치면 저항의 싹이 사라진다. 씨앗이 썩어야 새 생명이 자라듯이 누군가는 쓰러지고 깨져야 한다. 친구가 말했다. "그게 왜 하필 너여야 하는데?" 내가 대답했다. "그럼 내가 아니면 누가 남지?" 친구는 아무 말도 못한 채 떠났고 나는 남았다. 목숨을 버려 싹을 틔우는 씨앗이 되기 위해 나를 버린다. 계엄군의 총소리가 가깝다. 안녕, 나의 사랑 광주여! 안녕, 나의 청춘이여, 생명이여!

_5월 27일 새벽, 전남도청에서 죽은 시민군의 일기

한국사 그물망

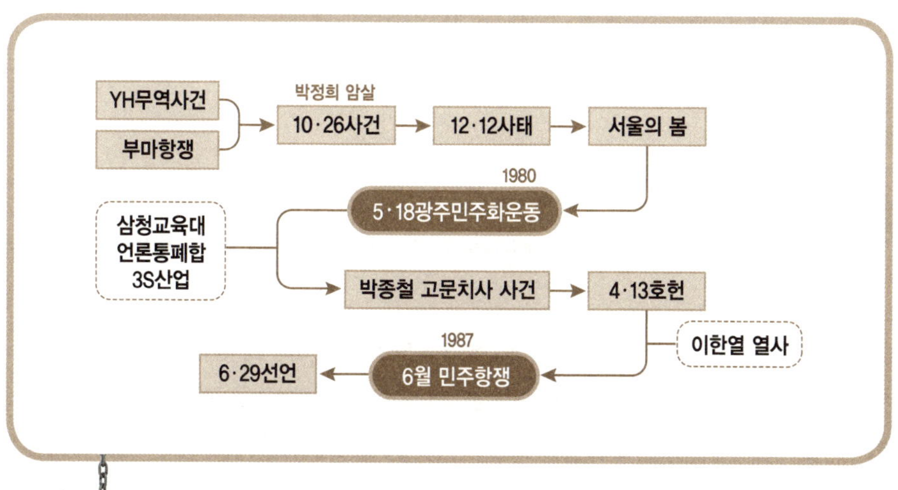

아무리 강한 힘도 언젠가는 약해지며 절대 권력도 끝은 있기 마련이다. YH무역사건을 계기로 박정희 정권이 신민당의 김영삼 국회의원을 제명하자, 부산과 마산에서 대규모 항쟁이 일어난다. 박정희가 시위를 진압하기 위해 군대까지 동원하려 하지만 이에 놀란 김재규가 1979년 10월 26일에 박정희를 암살한다. 계엄령이 선포된 상황에서 12월 12일 전두환, 노태우가 이끄는 신군부는 쿠데타를 통해 군부를 장악한다. 잠시 민주화 시위가 활발해지는 서울의 봄이 오지만 계엄령이 확대되고 1980년 5월 18일, 광주에서 계엄군의 끔찍한 진압이 시작된다. 광주민주화운동을 군대를 동원해 진압한 전두환은 박정희의 뒤를 이어 군사독재정권을 이어간다. 전두환은 삼청교육대와 언론통폐합과 같은 강경책으로 시민들을 억압하는 한편, 3S산업을 활성화시켜 시민들의 의식을 마비시키려 한다. 1987년 대통령 선거를 앞두고 민주화 열기가 고조되는 가운데 박종철 고문치사 사건이 터지면서 시민들의 분노가 점점 커져 간다. 전두환은 4·13호헌 조치를 통해 대통령 선거를 자신이 유리한 간선제로 계속 유지하겠다

"

고 선포한다. 독재타도와 직선제 개헌을 내걸고 6월 민주항쟁이 벌어지고, 전두환 정권은 6·29선언을 통해 민주화 요구를 받아들인다.

YH무역사건 1979년 8월. YH무역이 회사를 일방적으로 폐업하자 노동자들이 이에 항의하기 위해 야당인 신민당사에서 농성을 벌인 사건. 박정희 정권은 야당 당사에 경찰을 동원하여 노동자들을 끌어냈고, 이 과정에서 노동자인 김경숙이 사망하는 사고가 발생한다.

부마항쟁 1979년 10월, YH무역사건에 항의하는 신민당 총재 김영삼의 국회의원직을 박탈하자 김영삼의 정치적 고향인 부산과 마산에서 유신 철폐를 요구하며 발생한 대규모 시위. 박정희 대통령은 군대를 동원해 시위를 진압했다.

10·26사건 1979년 10월 26일. 평생 대통령을 꿈꾸던 독재자 박정희가 중앙정보부장 김재규가 쏜 총에 맞아 죽은 사건. 부마항쟁을 진압하는 방법을 둘러싸고 경호실장 차지철과 논쟁을 벌이다 김재규가 차지철과 박정희를 죽였다. 이로 인해 유신독재 체제가 끝났으며, 전국에 계엄령이 내려지고 국무총리였던 최규하가 '통일주체국민회의'에서 대통령으로 선출되었다.

12·12사태 1979년 12월 12일. 전두환과 노태우를 중심으로 한 신군부 세력이 계엄사령관 정승화가 김재규와 연관이 있다는 누명을 씌워 체포한 다음 군대 내 주도권을 장악한 사건. 12·12사태는 군사 쿠데타로 이후 신군부 세력이 권력을 장악하는 출발점이 된다.

서울의 봄 박정희가 사망하고 광주학살이 벌어지기 전까지 시기를 지칭하는 말. 유신체제가 추운 겨울이며 유신독재가 끝나고 봄같이 좋은 시기가 왔기에 '서울의 봄'이라고 했다. 시민들은 신군부 퇴진, 민주 정부 수립, 계엄령 철폐 등을 내걸며 대규모 민주화 시위를 계속했지만, 신군부는 5월 17일 비상계엄령을 전국으로 확대하면서 민주화 요구를 짓밟았다.

5·18광주민주화운동　1980년 5월 18일에서 27일까지 광주 시민들이 전두환을 중심으로 한 신군부세력에 맞서 일으킨 민주화 운동. 계엄군이 광주 시민들을 무자비하게 때리고 죽이면서 대규모 시위가 일어났다. 군인들이 총과 칼로 시민들을 죽이자 시민들도 무장하고 계엄군을 광주에서 몰아냈다. 이후 5월 27일까지 시민들은 평화와 공동체 정신으로 광주를 지켰지만, 5월 27일 군인들이 다시 광주를 점령하면서 광주민주화운동은 끝났다. 그러나 광주민주화운동은 1980년대 내내 민주화 운동을 하는 사람들에게 정신적인 지주 역할을 했으며, 광주 학살과 관련한 미국의 책임을 묻는 이들이 늘어 우리나라에서도 반미 시위가 일어났다. 5·18관련 기록물은 유네스코 세계기록유산이다.

삼청교육대　1980~1981년. 감히 독재에 저항하지 못하게 하려는 의도로 민간인들을 강제로 끌고 가 강압적인 군사훈련을 시킨 기관. 폭력범과 사회질서를 어지럽히는 자들을 정화시킨다는 명분이었지만, 실제로는 권력을 두려워하게 하려는 의도로 마구잡이로 민간인들을 끌고 갔다. 수백 명이 죽고, 수천 명이 정신질환을 앓을 정도로 가혹한 인권탄압이었다.

언론통폐합　1980년 11월. 권력 유지에 필요한 언론을 장악하기 위해 강제로 신문사, 방송사 등을 폐지하거나 통합한 조치. 권력이 언론을 완벽하게 장악하여 독재에 반대하는 시민들의 저항을 없애고자 하였다.

3S산업　스크린, 섹스, 스포츠 산업을 가리키는 용어. 전두환 정권은 1980년대 초 프로 축구와 야구 등 프로 스포츠를 발족시키고, 칼라TV를 보급하고 '애마부인'과 같은 야한 영화를 유통시켰으며, 야간통행금지를 폐지하였다. 이는 시민들을 3S산업에 빠져 들게 하여 독재에 무관심하게 만들려는 의도였다.

박종철 고문치사사건　1987년 1월 14일. 서울대생 박종철이 수사를 받던 도중 물고문과 전기고문 등으로 인해 사망한 사건. 당시 경찰은 '탁치니 억하고 죽었다'며 사건을 숨기려 하였으나 모든 진실이 드러나면서 시민들이 분노하게 되었고 6월항쟁의 도화선이 되었다.

4·13호헌　1987년 4월 13일. 전두환 대통령이 야당과 국민들의 직선제 요구를 거부한 조치. 국민이 직접 대통령을 뽑겠다는 요구를 거부한 전두환은 대통령 간선제를 통해 군부 독재를 계속 이어가려고 하였다.

이한열 열사 1987년 6월 9일, 민주화 시위 도중 경찰이 쏜 최루탄에 맞아 사망한 연세대 학생. 이한열 열사가 최루탄에 맞아 쓰러진 사건은 박종철 고문치사 사건과 더불어 국민들을 분노하게 하여 6월시민항쟁의 불을 당겼다.

6월민주항쟁 1987년 6월 10일부터 20여 일 동안 전두환 정권이 군사독재를 연장하지 못하게 시민들이 들고 일어나 민주화를 이룬 시민 항쟁. 넥타이를 한 화이트칼라는 물론 중산층까지 대규모로 시위에 참가하였고, 전국적인 항쟁으로 전두환 정권에 승리를 거뒀다. 6월항쟁, 6월시민항쟁, 6·10민주항쟁이라고도 불린다.

6·29선언 1987년 6월 29일, 집권당 대통령후보였던 노태우가 국민들의 민주화와 직선제 개헌 요구를 받아들이겠다고 한 선언. 군부 독재 정권이 시민들의 항쟁에 굴복하였음을 선언한 것이며, 뒤이어 대통령 직선제와 5년 단임제 등을 담은 아홉 번째 헌법 개정이 이루어졌다.

59

민주주의 발전

한국사 일기

　아침부터 무언가 기분이 좋지 않았다. 불안의 원인이 무엇인지는 알 수 없었다. 아침 백화점 개장 시간, 내가 위치한 5층에 문제가 생겼다. 건물에 간 금이 눈에 띄게 커졌다. 진동도 느껴졌다. 이러다 무너지지나 않을까 걱정스러웠다. 5층에는 기둥이 거의 보이지 않는다. 5층 전체가 기둥이 거의 없는데 옥상은 어떻게 유지되는 걸까? 혹시 저 금은 기둥 없는 구조에 따른 붕괴 징조는 아닐까? 불안은 점점 커졌다. 영업을 안 하면 좋겠는데 영업을 하면서 수리를 하겠단다. 백화점 지하 식당에서 점심을 먹는데 소화가 안 됐다. '설마 이렇게 큰 백화점이 무너지진 않겠지' 하며 마음을 달랬다. 그러다 문득 작년 10월에 일어난 성수대교 붕괴사건이 떠올랐다. 한강을 가로지르는 다리가 붕괴되는 사건이었다. 아무도 생각지 못하게 성수대교는 무너졌다. 나는 먹던 밥을 그대로 두고 곧바로 건물 밖으로 빠져나갔다. 이렇게 불안한 곳에서 더 이상 일하기 싫었다. 집에 가서 누웠다. 얼핏 잠이 들었다 깼다. 무심결에 TV를 켰는데, 삼풍백화점이 무너졌다는 긴급뉴스가 떴다. 온몸에 소름이 돋았다. TV 속 영상은 말 그대로 지옥이었다. 살았다는 안도감과 죽은 분들에 대한 죄스러움이 동시에 밀려왔다.

_삼풍백화점 근무자의 일기

한국사 그물망

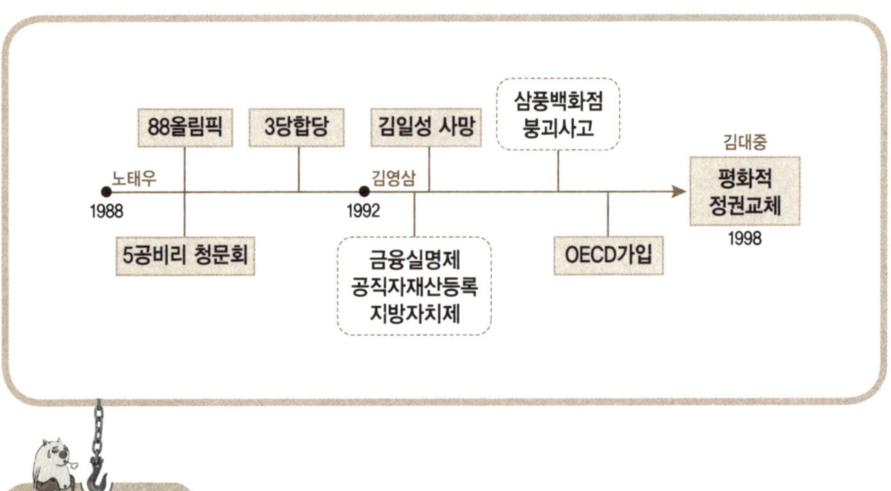

그물망 설명서

1987년 대통령선거에서 야권이 분열하면서 전두환과 함께 군부독재를 이끌던 노태우가 대통령이 된다. 그 이듬해인 1988년에는 서울에서 올림픽이 열리면서 한국의 발전상이 세계에 널리 알려졌다. 같은 해 5공비리 청문회는 군사독재의 비리를 들춰내고 전두환 전 대통령을 백담사로 유배시키게 만든다. 1991년 당시 야당을 이끌던 김영삼과 김종필이 여당에 합류하면서 3당합당을 하였고, 여기서 출범한 당이 민자당^(민주자유당)이다. 민자당은 이후 한나라당, 새누리당으로 이어진다. 1992년 출범한 김영삼 정권 시절엔 금융실명제, 공직자재산등록, 지방자치체가 실행되면서 한국의 민주주의가 많이 발전한다. 김영삼 정권 시절 남북정상회담이 추진되기도 했으나 김일성이 사망하면서 무산된다. 성수대교 붕괴사고, 삼풍백화점 붕괴사고와 같은 대규모 사고가 발생해 속도만을 중시해온 한국 경제 발전의 문제점이 드러나기도 했다. 그러나 이 시기에 선진국 그룹인 OECD에 가입하면서 한국의 발전이 세계적으로 인정받았다. 1998년 야당이었던 김대중이 대통령이 되면서 평화적인 정권교체가 이루어졌고, 한국의 민주주의는 크게 발전하였다.

88올림픽　1988년. 서울에서 열린 제24회 올림픽. 6·25의 폐허를 딛고 일어선 한국의 발전을 세계에 알렸다. 전두환 정권이 군대를 동원해 6월시민항쟁을 탄압하지 못한 것은 88올림픽 때문이었다고 분석하는 이들도 있다.

5공비리 청문회　1988년. 전두환 정권(5공화국)의 비리를 조사하기 위해 국회에서 열린 청문회. 1988년 국회의원 선거에서 대한민국 국회 역사상 처음으로 다수 의석이 된 야당은 전두환 정권(5공화국)의 비리를 조사하는 청문회를 진행했다. 전두환이 청문회 증인으로 출석했고, 나중에 대통령이 된 노무현이 국민적인 스타로 떠올랐다.

3당합당　노태우 대통령이 이끌던 민정당, 김영삼이 이끌던 통일민주당, 김종필이 이끌던 신민주공화당이 하나로 합쳐 민주자유당(민자당)을 결성한 사건. 3당합당으로 여소야대가 끝나고 거대한 여당이 탄생했다.

금융실명제　1993년. 금융기관과 거래를 할 때 본인 실명으로만 거래해야 하는 제도. 금융기관을 이용한 부정과 비리를 막기 위해 김영삼 대통령 때 시작하였다.

공직자재산등록　1993년. 고위 공무원들이나 주요 공직자들의 재산을 신고하여 공개하도록 한 제도. 고위직의 부정부패와 비리를 막기 위해 실시하였다. 공직자재산등록으로 인해 선거나 인사청문회 등에서 재산과 관련해 과거의 잘못이 드러나 사회적인 비판을 받는 경우가 많아졌다.

김일성 사망　1994년. 분단 이후 북한을 통치하던 김일성이 사망하면서 북한은 김일성의 아들인 김정일이 통치하는 체제로 넘어간다. 김일성 사망을 둘러싸고 한국에서는 김일성에게 조문을 하느냐 마느냐의 문제로 조문 논쟁이 벌어지기도 했다.

지방자치체　1995년 시행. 지방 시민들이 뽑은 대표자들이 지방의 행정을 이끄는 제도. 도지사, 시장, 구청장, 지방의회 의원들을 선거로 선출했다. 지역 주민이 자기 지방을 운영하는 시대가 시작되었다.

OECD 가입　1996년. OECD(경제협력개발기구)는 유럽, 미국, 일본, 호주 등 경제 선진국들이 가입한 국제기구인데 한국이 29번째로 가입함으로써 한국의 국제적 위상이 크게 향상되었다.

삼풍백화점 붕괴사고　　1995년 6월 29일. 강남의 유명 백화점인 삼풍백화점이 붕괴되어 수백 명이 희생된 사건. 1994년 발생한 성수대교 붕괴사고와 함께 성장과 속도만을 중요시하고, 안전은 무시하는 그동안의 경제개발 방식의 한계를 적나라하게 보여준 사건이다.

평화적 정권교체　　1998년. 여당에서 야당으로 평화롭게 정권이 교체된 것. 초대 이승만 대통령 이후 여당은 늘 여당이었다. 박정희와 전두환은 군대를 이용해 권력을 잡았으며 야당이 권력을 잡은 것이 아니기에 평화적 정권교체가 아니었다. 김대중 대통령이 취임하면서 처음으로 여당에서 야당으로 평화적인 정권교체가 이루어졌다. 평화적 정권교체는 한국 민주주의가 크게 성장했음을 보여준다.

: 60 :
한국의 경제 발전

배가 고팠다. 눈이 침침했다. 어깨는 뻐근하고 손끝은 아릿했다. 새벽부터 15시간 째 하는 노동으로 몸 곳곳이 아팠다. 백열등 사이로 뿌연 먼지가 가득했다. 창문은 꽉 막혔다. 힘이 없다. 그때 옆에서 일하던 재단사 오빠가 붕어빵을 내밀었다. 고맙다는 말도 못하고 허겁지겁 먹었다. 그 오빠를 쳐다보자 흐뭇한 미소를 짓고 있었다. 가슴이 뛰었다. 며칠 뒤, 그 오빠가 어떤 사람인지 알게 됐다. 붕어빵을 사 준 돈은 차비라고 했다. 차비는 나와 같은 어린 여공들에게 붕어빵을 사주는 데 쓰고서 몇 시간 걸리는 집까지 걸어간다고 했다. 정말 착한 오빠였다.

그러던 어느 날, 그 오빠가 자기 몸에 불을 붙였단다. 믿을 수 없었고, 믿고 싶지도 않았다. 돌리던 재봉틀을 그대로 둔 채 뛰어나갔다. '죽으면 안 돼요' 나는 오직 그 말만 반복하며 뛰어갔다. 경찰이 길을 막았다. "근로기준법을 준수하라!", "우리는 기계가 아니다!" 오빠가 외쳤던 말이라고 한다. 청계천 거리를 가득 메운 노동자들도 오빠가 외쳤던 말을 따라 외쳤다. 며칠 뒤 오빠가 죽었다는 소식이 들렸다. 내 생애 그렇게 통곡하기는 처음이었다. 나와 같은 어린 여공들에게 찾아왔던 천사는 제 몸을 불사르고 그렇게 천국으로 돌아갔다.

_청계천 10대 여공의 일기

한국사 그물망

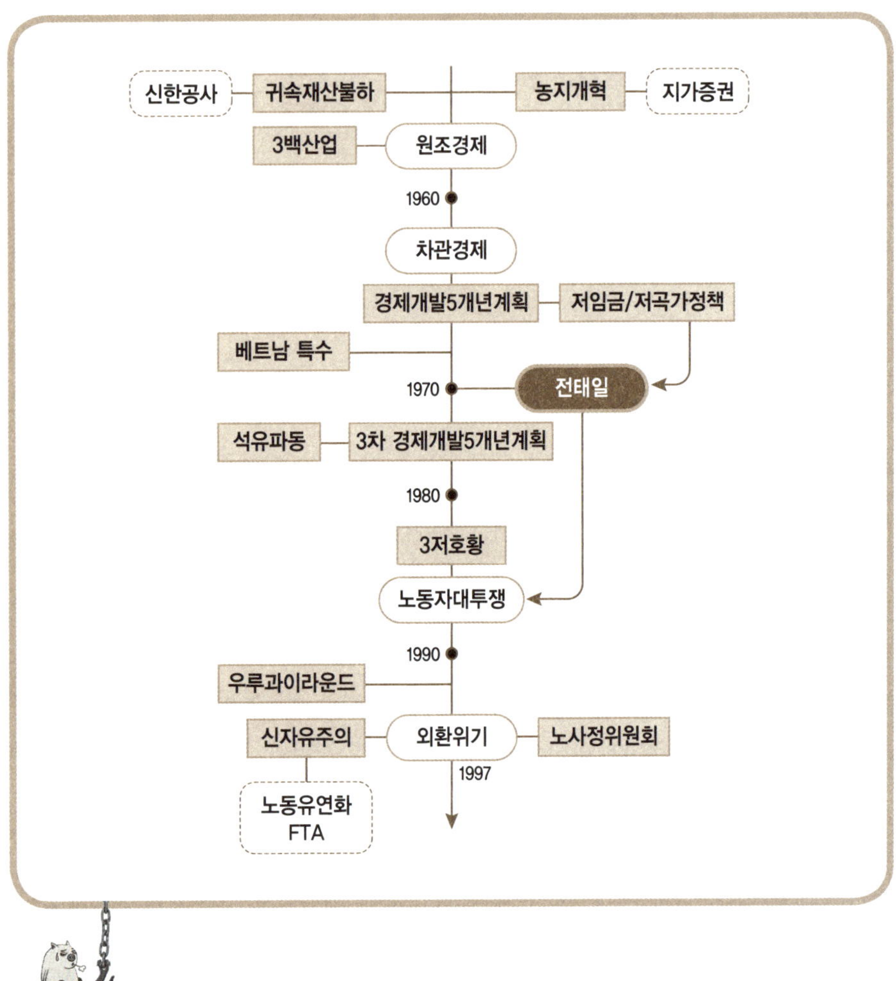

광복 후 귀속재산불하와 농지개혁을 통해 산업이 발전하는 토대를 마련해야 했으나 제대로 시행하지 못했기 때문에 경제발전에 별 기여를 하지 못했다. 1950년대는 원조에 의존하는 경제체제로 3백산업이 중심이었다. 한국의 경제 기반은 형편없었으며 국민들은 궁핍에서 벗어나지 못했다. 그러다가 1960년대부터 경제개발5개년계획을 수립하면서 본격적인 경제개발이 이루어진다. 1960년대부터는 원조가 아니라 차관이 중심이 된다. 베트남전쟁으로 벌어들인 외화는 경제발전에 크게 기여한다. 한국의 경제개발은 외국에서 차관을 들여와 저임금과 저곡가 정책을 바탕으로 싸게 물건을 만든 뒤, 외국에 수출하는 형태였다. 당연히 소수 수출기업에게 혜택이 돌아가고 대다수의 노동자와 농민은 희생을 하는 체제였다. 1970년, 전태일은 경제개발의 문제점이 무엇인지 분신을 통해 적나라하게 보여준다.

1970년대 한국경제는 중화학공업 중심으로 경제를 재편한다. 석유파동이 찾아오고 경제가 마이너스 성장을 하는 등의 위기가 닥쳤지만, 1980년대 중반 찾아온 3저호황을 계기로 한국경제는 비약적으로 성장하며 자동차, 반도체, 조선업, 전자산업 중심으로 세계적인 기업들이 출현한다. 노동자들은 1987년 노동자대투쟁을 통해 노조를 결성하고 임금인상을 쟁취했으며, 경제성장과 노동운동의 발달로 중산층이 대규모로 형성된다.

1990년대의 대한민국은 세계화의 물결이 밀어닥친다. 우루과이라운드가 체결되고 WTO가 출범하면서 시장과 자본의 자유화가 진행된다. 그러나 1997년 외국 돈이 부족하여 국가 부도 위기에 몰리게 되고 IMF구제금융을 받아들여 경제를 구조조정 한다. IMF는 신자유주의를 바탕으로 한 구조조정을 요구했고, 구조조정을 위해 노사정 협의회가 개최되었다. 이후 한국 경제는 노동유연화 정책으로 비정규직 확대되고 양극화가 심화된다. IMF구제금융을 벗어난 뒤 한국경제는 FTA를 세계 각국과 체결하며 개방을 가속화하였다.

요약하면 한국 경제는 원조경제(1950년대) → 경공업중심(1960년대) → 중화학공업중심(1970년대) → 3저호황과 첨단산업 발전(1980년대) → 시장개방과 구제금융(1990년대) → FTA와 세계화, 양극화 심화(2000년대)로 변화하였다.

귀속재산불하	일본이 남기고 간 재산을 미군정이 압류했다가 나누어 준 것. 미군은 일본인이 남긴 공장과 재산을 과거 친일파이거나 미군과 친하던 사람들에게 싼값에 나눠 주었다. 이승만 정권도 귀속재산을 권력에 가까웠던 이들에게 싼값에 넘겼다.
신한공사	1946년. 일본인이 소유했던 재산을 처리하기 위해 미군정이 만든 회사.
농지개혁	1950년. 지주소작제를 없애고 농사짓는 농민에게 농지를 돌려주기 위해 실시한 개혁. 지주들의 땅을 돈을 주고 사서 농민들에게 돈을 받고 파는 '유상몰수 유상분배' 형태로 진행했다. 3정보(1정보=9,917.4㎡) 이상을 소유한 지주에게 연 수확량의 150%를 5년 동안 보상하는 지가증권을 주었고, 토지를 받은 농민은 수확량의 30%를 5년 동안 현물이나 현금으로 내게 하였다. 지주가 사라지고 농민들의 토지 소유가 확립되기도 했으나, 그 전에 이미 지주들이 팔아버려서 농지개혁의 효과가 상당부분 약화되었다.
지가증권	농지개혁에 따라 정부가 지주에게 발급한 증서. 농지개혁을 통해 지주들을 산업자본가로 육성하려 하였으나 6·25전쟁으로 화폐 가치가 폭락하자 많은 사람들이 헐값에 지가증권을 팔아 버렸기에 지주들을 산업자본가로 전환하는데 큰 성과를 거두지 못했다.
원조경제	1950년대. 전쟁 뒤 미국 원조 물자에 의존하던 경제체제. 미국은 농산물과 식료품 등 소비재를 원조하였기에 부족한 식량으로 고통을 받던 우리나라에 큰 도움이 되었다. 그러나 미국의 잉여 농산물이 너무 많이 들어와 우리나라 농업이 큰 타격을 받았다.
3백산업	1950년대 미국의 핵심 원조 물자인 밀가루(제분), 설탕(제당), 섬유(면방직)을 가공하는 공업을 일컫는 말. 우리나라 초기 재벌들은 3백산업을 통해 발전했다. 3백산업의 규모가 너무 커서 산업구조가 기형적이 되었다. 원조 물자 분배를 둘러싸고 권력과 기업이 결탁하는 부작용도 생겼다.
차관경제	차관에 의존하여 경제개발을 하는 경제. 원조가 공짜라면 차관은 정부나 민간이 다른 나라에게 자본을 빌려주는 것이다. 1960년대 우리나라는 미국과 일본의 차관을 들여와 경제개발을 하였다.

경제개발5개년계획　　1962~1986년. 빠른 경제개발을 위해 5년을 단위로 정부가 세웠던 계획. 1960년대는 경공업, 1970년대는 중화학공업, 1980년대는 전자·자동차 산업으로 경제개발의 중심이 이동했다.

저임금·저곡가정책　　수출 경쟁력 확보를 위해 정부가 의도적으로 펼친 정책. 수출위주 경제 → 수출품 가격 경쟁력 확보를 위해 낮은 임금 필요 → 낮은 임금으로 생활이 가능하도록 낮은 농산물 가격 유지 → 저곡가 정책으로 농촌 경제 어려움 → 이촌향도 현상 → 농촌 고령화 → 농촌 붕괴와 식량자급률 하락. 저임금·저곡가는 그동안 수출위주 한국 경제개발 모델의 핵심 바탕이었다.

베트남 특수　　베트남전쟁 파병 대가로 들어온 돈과 미국의 지원으로 1960년대 말에서 1970년대 초까지 이룩한 급격한 경제 발전을 지칭하는 말.

전태일　　1970년. 근로기준법 준수, 열악한 노동환경과 장시간 노동 개선 등을 요구하며 분신한 노동자. 급속한 경제개발의 성과에 가려져 있던 노동자들의 열악한 현실이 전태일의 분신을 통해 널리 알려졌다. 전태일 분신 후 노동운동이 활성화되었고, 많은 지식인들이 노동자들을 돕기 위해 나섰다.

3차 경제개발5개년계획　　1972~1976년. 경공업 중심의 경제 개발에서 중화학공업을 중심으로 한 수출로 경제개발의 방향을 전환한 계획. 3차 경제개발5개년계획을 추진한 결과 중화학공업이 발전하면서 한국 경제가 비약적으로 성장했고 마침내 1977년 수출 100억 달러를 달성하였다.

석유파동　　아랍 지역의 원유 생산 국가들이 원유 생산량을 제한하고 원유 가격을 급격하게 올려 세계 경제에 큰 충격을 준 사건. 1차 석유파동은 1973년 중동전쟁 때 발생했고, 2차 석유파동은 1978년 이란이 혁명에 휘말리면서 발생했다. 1차 석유파동은 아랍 지역의 건설에 참여하여 극복하였나, 2차 석유파동 때 큰 충격을 받아 경제가 마이너스 성장(경제 규모 축소)하는 위기를 겪었다.

3저호황　　1980년대 중후반. 국제적으로 저유가, 저금리, 저달러 상태가 지속되면서 물가가 안정되고 수출이 증가해 무역 흑자가 엄청나게 늘어난 상황. 1980년대 초반 마이너스 성장과 외채 증가로 한국 경제에 위기가 닥쳤으나 3저호황으로 급속하게 경제가 발전했다. 수출품도 자동차, 반도체, 전자 등으로 확대되었고 중산층이 크게 늘어나는 계기가 되었다.

노동자대투쟁 1987년 7월~9월. 수많은 공장과 기업에서 노조가 결성되고 파업이 일어난 사건. 6월민주항쟁으로 열린 민주적인 분위기에서 그동안 헌법에 보장된 단결권과 파업권을 제한받던 노동자들이 노조를 결성하고 노조 인정과 노동조건 개선을 요구하며 파업을 일으켰다. 많은 노조가 결성되었으며 전반적인 임금 상승으로 노동자들의 삶이 나아지는 결과로 이어졌다.

우루과이라운드 1995년. 농산물, 서비스, 금융 등 다양한 분야에서 세계 무역을 활성화하기 위해 시장 개방을 약속한 국제적인 협정. 우루과이라운드로 세계무역기구(WTO)가 출범했고, 우리나라 농산물 시장이 개방되었으며, 초국적 자본이 국내에 많이 진출하여 1997년 외환위기가 발생하는 하나의 원인이 되었다.

외환위기 1997년. 외국돈 부족으로 외국 금융기관에 진 빚을 갚지 못하면서 국가 부도 위기에 몰린 사건. 대기업의 중복 투자, 금융권의 부실한 대출 운영, 외국 투기 자본의 장난질, 오랫동안 계속된 수출 적자가 겹치면서 외환위기가 닥쳤다. 거대 기업들이 연쇄적으로 무너졌으며 국가 부도를 면하기 위해 IMF(국제통화기금)에서 구제금융을 받았다. 이후 뼈를 깎는 구조조정과 금모으기 운동 등을 통해 IMF에서 빌린 돈을 갚고 위환위기에서 벗어났다.

신자유주의 자본시장 개방, 노동유연화, 규제완화, 공기업 민영화 등을 중심으로 한 경제 정책. 1980년대 영국과 미국을 중심으로 시작되었는데 IMF는 우리나라에 구제금융을 지급하는 조건으로 신자유주의식 구조조정을 요구했다. 신자유주의 정책으로 외환위기는 극복하였으나, 이로 인해 부익부 빈익빈 현상이 심화되고, 비정규직이 늘었으며, 고용이 불안정해지고, 외국 투기자본의 진출이 크게 늘었다. 2008년 세계경제 위기를 계기로 신자유주의는 잘못된 정책임이 드러났다.

노동유연화 경제 상황에 따라 노동자를 쉽게 해고할 수 있게 만들어 기업이 경제 상황에 유연하게 대처하게 만드는 것. 신자유주의의 핵심 정책인데, 노동유연화가 높아지면서 해고가 쉬워지고, 비정규직이 느는 등 전반적으로 고용 조건이 나빠지고 임금이 낮아졌다.

노사정위원회 1998년 발족. 노동자, 사용자, 정부가 함께 모여 경제위기 극복방안을 협의한 회의기구. 초기 노사정위원회는 외환위기 극복에 큰 역할을 하였으나, 이후 노동자에게 불리한 경제 정책들이 일방적으로 시행되면서 유명무실해졌다.

FTA 자유무역협정. 두 나라 사이에 자유로운 무역과 투자가 이루어지도록 방해되는 제도를 없애거나 규제를 완화하는 협정. 우리나라는 2004년 칠레와 FTA를 시작으로 한미FTA 등 다양한 국가와 FTA를 체결하였다. 2000년대부터 우리나라 경제는 FTA체결로 인해 경제개방과 무역자유화가 급속하게 이루어졌다.

통일

1994년 어느 날. 상관이 나를 불러 급히 북한의 영변 핵시설 폭격의 영향을 예측해서 보고서를 제출하라는 명령을 내렸다. 현재 폭격을 할 만반의 준비를 마쳤다고 했다. 나는 곧바로 팀원들과 함께 북한 영변 핵시설을 폭격했을 때의 영향을 분석했다. 팀원들은 몇 시간 지나지 않아 고개를 절레절레 흔들었다. 이건 해서는 안 되는 폭격이었다. 겨우 일주일 정도의 영향만 측정했을 뿐인데도 사망자는 수백만 명이고, 동북아시아 경제가 초토화되며, 세계 경제 대공황에 준하는 악영향을 끼치고, 미군이 베트남전쟁만큼 희생된다는 결과가 나왔기 때문이다. 우리는 바로 검토 의견서를 제출했다. 상관은 내가 제출한 보고서를 보더니 얼굴을 찡그렸다.

"그자들과 대화 외에는 선택지가 없다는 뜻이군. 내키지 않은 선택이야."

"옛날 냉전시대 소련과도 협상은 했습니다."

대통령은 우리 팀의 의견을 접하고 폭격 명령을 취소했다. 내가 전쟁을 막은 것이다. 내가 평화주의자여서 전쟁을 반대한 것이 아니라, 전쟁으로 얻을 이익에 견줘 미국이 입을 피해가 컸기에 전쟁은 안 된다고 결론 내렸을 뿐이다. 얼마 뒤 미국과 북한은 제네바 합의를 통해 핵 협상을 타결했다.

_미국 한 군사전문가의 일기

한국사 그물망

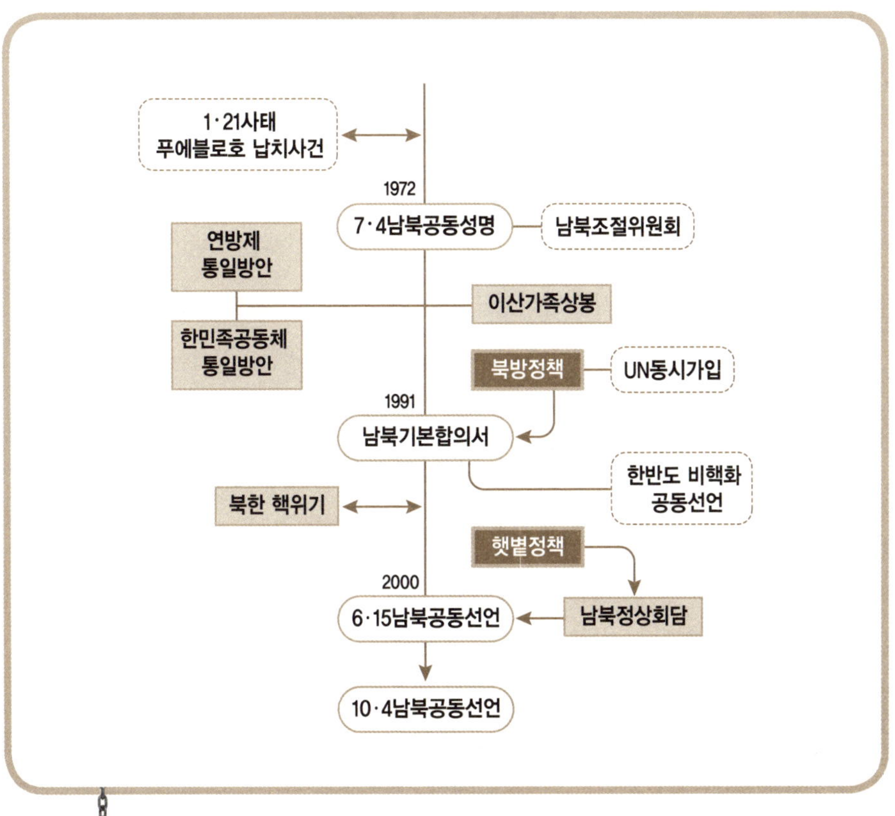

그물망 설명서

남북관계는 기본적으로 긴장관계다. 휴전협정이 전쟁의 종결이 아니라 잠시 쉬는 협정이기 때문이다. 또한 한반도는 남과 북만이 아니라 러시아, 중국, 미국, 일본 등 세계 최강대국들이 주위에 있기에 갈등이 복잡하게 전개되는 경우가 많다. 1960년대까지는 서로 간첩을 파견하고 노골적으로 대립했다. 1·21사태와 푸에블로호 납치사건으로 인해 한반도는 전쟁 위기가 감돌기도 했다. 1972년 7·4남북공동성명은 분단 이후 처음으로 남북이 통일원칙에 합의한 역사적 사건이었다. 그러나 7·4남북공동성명을 이행하기 위해 남북조절위원회가 설치되었으나 큰 성과를 거두진 못했다.

1980년대 들어 북쪽은 연방제 통일방안, 남쪽은 한민족공동체 통일방안을 발표하였다. 또한 1985년에는 전쟁 뒤 처음으로 남북 이산가족상봉이 이루어지면서 분단의 아픔을 씻어내려고 애썼다. 노태우 정권은 북방정책을 통해 공산권 국가와 적극적으로 외교관계를 맺었으며, 북한과 적극적으로 대화하여 남북한 UN 동시가입, 남북기본합의서 체결, 한반도 비핵화 공동선언을 이끌어내는 성과를 거뒀다. 그러나 화해 분위기도 잠시, 북한 핵위기가 발생했고 북한 핵은 계속적으로 남북관계와 국제사회를 긴장으로 몰아넣었다. 그러다가 김대중 대통령은 햇볕정책을 통해 북한과 적극 교류·협력을 진행했고, 2000년에 분단 이후 처음으로 남북정상회담을 개최하였다. 남북의 정상은 회담 뒤 6·15남북공동선언을 발표하였다. 이후 노무현 대통령은 2차 남북정상회담을 개최하여 10·4남북공동성명을 발표하였다.

한국사 어휘사전

1·21사태 1968년 1월 21일. 북한에서 보낸 무장 게릴라들이 청와대를 습격하기 위해 침투한 사건. 북한에 대한 적대감이 높아지고 푸에블로호 납치사건, 울진삼척 무장공비 침투사건 등과 맞물려 전쟁 위기를 고조시켰다.

푸에블로호 납치사건 1968년 1월 23일. 북한이 미국 정보수집함 푸에블로호를 납치한 사건. 이 사건으로 6·25 이후 다시 한 번 한반도에서 전쟁 위기가 증폭되었으나 붙잡힌 미군 승무원의 안전 문제, 베트남전쟁을 하면서 동시에 북한과 전쟁을 할 수 없는 미군의 처지 때문에 미국이 북한에 사과하고 매듭지어졌다.

7·4남북공동성명 1972년 7월 4일. 평화로운 남북관계와 통일을 위해 남과 북이 한 약속. 서로 적대적인 관계를 유지하던 남북이 냉전이 완화되는 세계적인 분위기에 맞춰 화해와 평화를 위해 노력하기로 약속하고 7·4남북공동성명을 발표했다. 자

주, 평화, 민족대단결이라는 평화통일 3원칙을 합의하였다. 그러나 7·4남북공동
성명은 남북이 평화로 가는 길로 이용되지 못하고, 북한은 김일성 유일지도체
제 강화, 남한은 박정희의 유신독재로 가는 데 악용되었다.

남북조절위원회 1972년. 7·4남북공동성명에 따라 남북 관계를 개선하고 통일 문제를 논
의하기 위해 만든 남북한 협의 기구.

이산가족상봉 6·25전쟁으로 인해 헤어진 이산가족들의 상봉을 추진하려는 시도는 1971년부
터 있었으나 최초로 시행된 것은 전두환 정권 때인 1985년이었다. 이후 남북 사
이의 관계가 좋아지면 이산가족상봉이 실시되었다.

한민족공동체 통일방안 1989년. 한국이 제시한 통일 방안으로 자주, 평화, 민주의 원리
에 따른 통일 방안. 7·4남북공동성명의 자주, 평화, 민족대단결에서 민족대단결
을 민주의 원칙으로 바꾸었다. 통일 과정은 ①화해협력단계 → ②남북연합단계
→ ③1민족 1국가 형성 단계를 거친다.

연방제 통일방안 1980년. 정식 명칭은 '고려 민주 연방 공화국 통일 방안'. 남과 북이
서로 인정하여 하나의 나라에 두 개의 체제를 유지하는 방식이다. 남과 북이
각각 '체제를 유지하면서 연방 국가를 만든다' 하여 연방제 통일방안이라 한다.

북방정책 노태우 정권이 사회주의에 속했던 국가와 교류를 확대하고 외교관계를 맺은 정
책. 1980년대 후반 소련의 개혁·개방 정책으로 사회주의권이 붕괴되는 것과 맞
물려 큰 성과를 냈다. 1991년 남북 동시 유엔 가입, 1992년 중국과 외교관계 수
립을 이끌어냈다.

유엔동시가입 1991년 9월 18일에 남북은 동시에 유엔에 가입하였다. 유엔동시가입은 국제 사
회가 남북을 모두 국가로 인정한다는 뜻이기에 분단 상황을 계속 유지하게 만
드는 부작용도 있으나, 국제 사회의 일원이 되어 화해와 공존의 가능성을 높이
는 긍정적 효과도 있다.

남북기본합의서 1991년 12월. 정식 명칭은 '남북 사이의 화해와 불가침 및 교류협력에
관한 합의서'. 분단 이후 처음으로 남북 사이에 체결한 공식적인 합의서. 합
의서의 내용으로는 서로 체제를 인정하고, 서로 침략하지 않으며(불가침), 교류와
협력을 활성화하자는 약속을 담았다.

한반도 비핵화 공동선언 1991년 12월. 핵무기 없는 한반도를 만들기 위해 남북이 함께
약속한 선언. 핵무기의 실험, 제조, 생산, 보유 금지를 주요 내용으로 한다. 공동

선언이 체결되기 얼마 전에 노태우 대통령은 남한에 그 어떤 핵무기도 없음을 선언한다.

북한 핵위기 북한 핵 개발을 둘러싼 일련의 위기. 북한은 1985년에 핵확산금지조약(NPT)에 가입하였으나, 국제원자력기구의 특별 사찰에 반발해 1993년 NPT 탈퇴를 선언하고 핵무기 개발을 추진하면서 북한 핵위기가 발생한다. 1994년에는 미국이 북한 영변에 있는 핵 시설 폭격을 추진하려다 멈출 정도로 북한 핵 문제는 한반도 긴장의 주된 원인이다. 북한은 2006년, 2009년, 2013년에 핵실험을 실시했으며 그때마다 한반도 긴장이 최고조로 올라갔다. 북한은 핵실험을 실시한 뒤 핵무기 보유를 선언했다.

햇볕정책 대결보다 교류와 협력으로 북한을 변화시키기 위해 김대중 정부가 추진한 대북정책. 교류와 협력을 하다 보면 '햇볕에 얼음이 녹듯이 북한이 변화할 것'이라 하여 햇볕정책이라 부른다.

6·15남북공동선언 2000년 6월 15일. 분단 55년 만에 처음으로 남북 정상인 김대중 대통령과 김정일 국방위원장이 만나 함께 발표한 선언. 통일을 자주적으로 하며, 남북한의 통일방안이 서로 공통점이 있다는 점을 인정하고, 이산가족 문제를 해결하며, 교류를 확대하자는 내용을 담았다. 이후 남북 사이에 대화와 교류가 늘었고 개성공단이 열리고, 금강산 관광이 활성화 되었다.

10·4남북공동선언 2007년 10월 4일. 노무현 대통령과 김정일 국방위원장이 제2차 남북정상회담을 열고 발표한 선언. 6·15선언 실천과 상호 교류 및 경제 협력 확대 등에 합의하였다.

연도 기록법

❶ 서양의 연도 기록법

보통 연도기록법은 서기를 쓴다. 서기는 '서력기원'의 줄임말로 예수 탄생 년도를 1년으로 하여 그 전은 기원전(BC)이라 하고, 예수 탄생 뒤를 기원후(AD)라 한다. 기원전을 뜻하는 영어 약자 BC는 Before Christ의 줄임말이니 그 뜻이 분명하다. AD는 라틴어로 '그리스도 기원'을 뜻하는 Anno Domini의 줄임말이다.

'세기'는 서기를 기준으로 연도를 셀 때 '100년'을 1기로 하여 연대를 세는 방식이다. 서기 1년에서 100년까지 AD 1세기, 101년에서 200년까지 AD 2세기, 기원전 1년에서 기원전 100년까지를 BC 1세기, 기원전 101년에서 기원전 200년은 BC 2세기로 부른다.

임진왜란이 1592년에 발생했는데 이는 16세기다. 연도는 15로 시작하지만 세기는 16이다. 우리가 사는 시대는 2000년대인데, 21세기라 부른다. 연도 앞 두 자리보다 세기는 꼭 하나씩 많다. 이는 101년부터 1세기가 아니라, 서기1년에서 100년을 1세기라 불렀기 때문이다.

<h1 style="text-align:center">❷ 60갑자 연도 기록법</h1>

계유정난, 병자호란, 임술민란, 임오군란, 갑오개혁, 갑신정변 등 사건 앞에 붙은 두 글자, 계유·병자·임술·임오·갑자·갑신 등은 60갑자를 이용해 부르는 연도다. 계유정난이란 '계유년'에 일어난 정난(정치적 난리)이란 뜻, 병자호란은 '병자년'에 일어난 호란(오랑캐가 쳐들어온 난리)이란 뜻이다.

연도를 기억하거나 사건을 외울 때 60갑자 연도기록법이 조금 까다로운데, 그 이유는 내가 태어난 해가 '무슨 띠'인지 기억할 때나 쓸 뿐 일상에서 거의 사용하지 않기 때문이다. 역사에 60갑자를 이용한 사건 명칭이 많이 나오므로 60갑자 연도기록법의 원리를 익히면 사건을 기억할 때 도움이 된다.

10간 갑 을 병 정 무 기 경 신 임 계
12지 자 축 인 묘 진 사 오 미 신 유 술 해
(쥐, 소, 호랑이, 토끼, 용, 뱀, 말, 양, 원숭이, 닭, 개, 돼지)

60갑자 연도기록법은 10간과 12지의 글자를 짝지어서 연도를 부르는 방식이다. 첫 해는 '갑자'년, 두 번째 해는 '을축'년, 세 번째 해는 '병인'년이다. 이러한 연도기록법을 60갑자라 부르는 이유는 10과 12의 최소공배수가 60이기 때문이다. 61년째 되면 다시 '갑자'년이 돌아온다. 회갑(回甲)은 갑(甲)이 돌아온다는 뜻으로 60년을 살았다는 말이다.

다음은 조선 말기 중요 사건이 발생한 연도를 60갑자를 활용해 기억하는 방법이다.

| 10간 | 갑 … 갑 을 병 정 무 기 경 신 임 계 갑 을 병 정 무 기 경 신 임 계 … |
| 12지 | 신 … 오 미 신 유 술 해 자 축 인 묘 진 사 오 미 신 유 술 해 자 축 … |

1884 …10년… 1894	1895 …10년… 1905	…5년… 1910
갑신 정변 갑오 개혁	을미 사변 을사 늑약	경술 국치

갑오개혁은 1894년이다. 을미사변(명성황후시해사건)은 1895년이다. '갑' 다음에 '을'이므로 갑오년 다음에 을미년이다. 을미사변과 을사늑약은 모두 '을'로 시작한다. 10간은 똑같은 단어가 10년마다 반복하고, 12지의 '미'와 '사'의 차이가 10이므로 두 사건은 정확히 10년 차이다. 을사늑약에서 경술국치(일제에 나라를 빼앗긴 사건)까지는 5년 차이가 난다. 10간의 '을'에서 '경'까지 차이가 5, 12지의 '사'에서 '술'까지 차이가 5이기 때문이다. 이렇게 따지면 갑오개혁과 갑신정변의 연도 차이가 10년임을 쉽게 알 수 있다.

10간 12지를 그려놓고 연도를 확인하는 연습을 반복해서 해보기 바란다. 특히 조선 말기에 10간 12지(60갑자)를 활용해 이름붙인 사건이 많으므로 그 시대 연표를 두고 10간 12지를 연습해 보면 큰 도움이 된다.

역사는
'이해'와 '감사'가 진짜 공부입니다

史

역사 공부는 암기가 아닙니다. 감사의 대상과 내용을 찾는 공부입니다. 왜 그럴까요? 5·18광주민주화운동을 예로 들어보죠. 5·18광주민주화운동은 1980년 광주에서 벌어진 단순한 사건이 아닙니다. 왜냐하면 지금의 한국 시민들은 5·18광주민주화운동에 빚을 지고 살기 때문입니다. 광주의 피가 군부쿠데타를 막은 원동력이기 때문입니다. 6월민주항쟁이 벌어지자 권력자들은 군부를 동원하고 싶은 충동을 느꼈으나 또 다시 5·18과 같은 항쟁이 벌어질까 두려워했습니다. 전국 곳곳에서 5·18과 같은 항쟁이 벌어지면 자신들이 가진 권력과 부를 송두리째 빼앗기기 때문입니다. 그 두려움으로 인해 군부는 쿠데타를 일으킬 엄두를 내지 못했습니다. 그것은 지금도 마찬가지입니다.

그런데 다른 나라의 군부는 그렇지 않습니다. 민주화가 되지 않은 나라의 군부는 시민들의 항쟁을 두려워하지 않습니다. 지금도 세계 곳곳의 민주화 시위는 군부의 개입으로 실패합니다. 치열했던 아랍의 민주화 시위도 군부의 개입으로 좌절당했습니다. 아시아의 다른 국가들, 아프리카의 국가들에서도 총을 지닌 군인들에 의해 민주화 요구가 좌절당합니다. 반면에 우리나라는 더 이상 군부쿠데타를 염려하지 않습니다. 1980년 광주 시민들이 흘린 피가 군부의 정치 개입을 막고 있기 때문입니다.

　지금 우리가 누리는 민주주의는 광주에서 죽은 분들에게 큰 빚을 지고 있습니다. 우리가 누리는 안락함과 자유로운 발언권, 인터넷에 쏟아내는 자유로운 글은 모두 광주의 피가 있기에 가능합니다. 그러니 당연히 고마워해야죠. 그런데 간혹 1980년의 광주 시민들의 항쟁을 비난할 뿐 아니라 광주 시민을 죽인 자들을 찬양하는 이들이 있습니다. 그런 사람들은 감사할 줄 모르는 자들입니다. 1980년의 광주 시민을 모독하는 짓은 자신을 낳고 길러준 부모님을 욕하는 짓과 다를 바 없습니다.

　어머니, 아버지께 감사해야 합니다. 그분들이 계셨기에 내가 있기 때문입니다. 선조들에게 감사해야 합니다. 선조들의 피와 땀이 지금의 우리를 만들었기 때문입니다. 이순신 장군이 없었다면 우리는 지금 수백 년 째 일본의 노예로 살고 있을지도 모릅니다. 그러니 이순신 장군에게 감사해야 합니다. 어찌 이순신 장군뿐이겠습니까? 역사 속에는 우리들이 감사해야 할 분이 무수히 많습니다. 그러니 역사는 암기 위주로 공부하지 마세요. 선조들의 삶을 이해하고 이해한 후에 지금의 나를 있게 해 주신 그분들께 감사하세요. 역사는 '이해'와 '감사'가 진짜공부랍니다. 지금의 나를 존재하게 해주신 분들에 대한 감사 없이 자기 삶에 감사할 수 없습니다. 자신의 삶에서 감사를 잃어버리면 행복은 찾아오지 않습니다. 그렇기에 제대로 된 역사 공부로 감사를 되찾으면 자신의 삶에도 행복이 찾아오리라 믿습니다.

메마른 대지를 적시는 단비와 같은 삶을 꿈꾸며

時雨

십대를 위한

한국사 어휘력 만점공부법